개혁주의 윤리학

- 책임있는 행동을 위한 기독교적 원리 -

J. 다우마 지음
신 원 하 옮김

기독교문서선교회

Responsible Conduct : An Introduction to Christian Ethics

By
Dr. J. Douma

Translated by
Wonha Shin

1994
Christian Literature Crusade
Seoul, Korea

저 자 서 문

　많은 분들이 개혁주의 윤리학에 대해 지속적으로 관심을 보여 주셔서 기쁩니다. 1983년 제3판이 출판된 후 책 개정의 필요성이 제기되었습니다만 본인의 사정으로 미루어 왔습니다. 그러다가 열 번째 책을 내면서 드디어 전면적으로 손질을 하고 보완한 새로운 개정판을 내게 되었습니다. 부디 이 개정판이 이 책을 사용하는 개인과 교육기관에 도움이 되기를 진심으로 바랍니다.
　저의 책을 읽고 여러 부족한 부분들을 지적해 주시고 또 질문을 통해 이 책의 몇몇 부분을 새로 쓰도록 동기를 부여해 준 여러 독자들에게 진심으로 감사를 드립니다.

1997년 6월 Hardenberg에서 저자　요험 다우마

한국어판 저자서문

I am happy that my introduction in ethics has been translated in foreign languages. Especially I am proud to hear about a new translation in the Korean language. I have the finest remembrance of a visit to Korea in 1980 for lectures in ethics. In that year I prepared the first edition of my introduction in ethics. And now in 2003 I hope to receive the Korean translation of that book in a new translation by Dr. Wonha Shin, following the tenth Dutch edition. I thank the translator for his efforts. Checking up the translation is not possible for me because I don't understand anything of the Korean language. But knowing that we are united in the same meanings about the ethical message of the Bible, I am convinced that Dr. Wonha Shin had given the true translation! May God bless this translation for many readers, far from the author in The Netherlands, but near to him in the same belief that God's Word is the guide for people all over the world. I hope that my book may be a medium for instruction in what Ps.119: 105 says: Thy Word is a lamp to my feet and a light to my path!

March, 1. 2003

Jochem Douma in Hardenberg (The Netherlands)

 본인의 책 개혁주의 윤리학이 여러 나라 말로 꾸준히 번역되어 사용되고 있음을 기쁘게 생각합니다. 특히 이번에 개정판이 한국어로 다시 새롭게 번역되었다는 말을 들으니 더욱 자랑스럽습니다. 한국어판 서문을 쓰면서 본 저자는 1980년도에 기독교 윤리 특강을 하기 위해 한국을 방문했던 기억을 새롭게 떠올리게 됩니다. 본인은 그 해 특강을 위해 원고를 준비하였고, 그것이 결국 이 책 개혁주의 윤리학 초판의 모체가 되었습니다. 2003년 현재 이 책은 네덜란드에서 10판이 나왔고 이어 드디어 한국에서 새로운 개정판이 나오게 되었습니다. 본인은 곧 그것을 받아볼 것을 기대합니다. 개정판 번역을 위해 수고한 신원하 박사의 노고에 감사를 드립니다. 본인이 한국어를 모르기 때문에 한국어판을 살펴보는 것은 불가능한 일이지만 저자나 역자 모두 성경의 윤리적 가르침의 의미를 이해하는데 서로 같은 신앙과 신학의 전통 속에 있기에 신원하 박사가 본인이 의도한 바를 제대로 번역하였으리라고 확신합니다.

하나님께서 이 책을 통해 독자들에게 큰 유익을 주시기를 기원합니다. 비록 한국의 독자들이 화란에 있는 저자와 멀리 떨어져 있기는 하지만 하나님의 말씀이 어디서든 모든 사람들에게 삶을 안내하는 인도자가 됨을 고백하는 그 동일한 믿음 가운데 저와 가까이 있다고 생각합니다. 본인은 이 책이 시편 119편 105절 "주의 말씀은 내 발에 등이요 내 길에 빛이니이다"라는 말씀을 깨닫게 하는 좋은 도구로 사용되기를 진정으로 기원합니다.

2003년 네덜란드의 하르던베르흐에서

저자 요험 다우마

역 자 서 문

이 책은 네덜란드의 캄펜 신학교에서 윤리학을 가르치고 은퇴한 요 험 다우마 교수의 『책임있는 행동: 기독교 윤리학 개론』(*Responsible Conduct: An Introduction to Christian Ethics*)이라는 책을 번역한 것이다. 역자는 이 책의 초판을 1994년에 이미 번역한 바 있다. 그 동안 이 책은 우리 나라의 많은 신학교들과 대학에서 기독교 윤리학의 교재로 사용되어 왔다. 저자는 1981년 이 책의 초판을 완성하고 난 뒤 계속 수정 보완하여 1997년에 현재의 개정판을 네덜란드에서 출판했고, 그것을 그의 미국인 제자 넬슨 클루스터만(Nelson Kloosterman) 교수에게 번역을 의뢰하였고 이 영어판 번역본은 2003년 미국에서 곧 출판을 눈앞에 두고 있다. 다우마 교수는 약 3년 전에 역자에게도 편지를 보내 개정판을 번역해 주기를 의뢰했는데, 역자는 미국을 방문한 기회에 클루스터만 교수를 만나 영어 번역본을 입수하여 번역을 해왔다.

약 10년 전 역자가 이 책의 초판을 번역하면서 역자 서문에 국내에 이미 기독교 윤리학을 전공한 학자들이 쓴 책과 번역한 책들이 더러 나와 있음에도 불구하고 굳이 이 책을 번역하는 이유를 밝힌바 있다. 현재 나와 있는 윤리학 책 가운데 대다수가 정치, 경제, 의료, 성에 관한 구체적인 주제와 관련된 도덕적 문제를 다루거나 또는 윤리학자들의 사상이나 윤리 이론을 다루는 것들이어서, 신학의 기초과정에 있는 학생들이 윤리학 입문으로 공부하기에는 지나치게 전문적이고 편중되었다는 느낌을 가졌다. 또 한편으로 간혹 개론이라는 이름으로 나온 책들도 있으나 분명하고 일관성있는 신학적 토대와 관점을 내용과 아울러 제시해 주는 책이 드물다는 느낌이었다. 이러한 이유로 역자는 기독교인의 행동의 토대와 규범 그리고 그것의 신학적 기초에 대해 조목조목 잘 다루고 있는 이 책이 신학을 갓 시작하는 학생들에게 매우 유익할 것이라고 판단하여 이 책을 번역하였던 것이다.

이러한 생각은 10년이 지난 지금에도 크게 다르지 않다. 이 책은 기독교인의 책임있는 행동을 위한 도덕 원리들을 소개하고 각 주제들을 서로 실을 꿰듯 연관시켜서 다루고 있기에 여전히 유용한 길잡이로서 손색이 없다. 도덕과 윤리는 무엇인가? 개인윤리와 사회윤리는 어떻게 다른가? 그리스도인이 윤리적 결단을 내리는 데 있어서 성경을 어떻게 사용해야 하는가? 십계명과 율법은 현대 그리스도인의 행동에 어떤 기능을 하는가? 양심은 도덕적 행동을 위한 충족한 장치인가? 그리스도인의 자유란 무엇인가? 그리스도인의 최고의 규범인 사랑은 계명과 어떤 관계에 있는가? 상황윤리는 책임 있는 행동을 위한 새로운 기독교적 접근방법인가? 윤리적 중립지대인 아디아포라(adiaphora)는 정말 존재하는가? 경우론(casuistry)은 기독교인의 도덕적 행동을 위한 구체적인 지침으로 유용한가? 경건 훈련 즉 수련은 그리스도인의 도덕적 삶과 어떤 연관이 있는가? 등등의 주요한 질문들과 주제들을 서로 실을 꿰듯이 연결하여서 일관성 있게 다루고 설명하는 것이 이 책의 큰 덕목이다.

이 개정판은 다루는 주제에 있어서 초판에 비해 크게 다르지 않지만 내용은 상당히 개정 보완되었고 그 결과 훨씬 풍성해졌다. 영어번역본도 보다 정확한 단어로 번역이 훨씬 세련되어졌다.

  이 개정판을 탈고하면서 먼저 개정판을 번역할 수 있도록 해 주시고 또 한국판 번역본을 위해 서문을 써 주신 다우마 교수께 감사하지 않을 수 없다. 이 번역본이 다우마 교수의 사상과 의도를 그대로 잘 전달하기를 바랄 뿐이다. 그리고 미국에서 영어본으로 출판되기도 전에 영어 번역 원고를 미리 보내주신 클루스터만(Nelson Kloosterman) 교수에게도 진심으로 감사를 드린다. 마지막으로 이 책을 번역하는데 함께 수고한 조교 배준완군의 수고를 기억하며 고마움의 마음을 표한다. 바라기는 지난 10년 동안 한국의 많은 신학생들에게 도움을 주어 온 이 책이 이번 개정판도 기독교 윤리학의 원리와 신학적 토대를 신학생들에게 제공해 주는데 유용하게 사용되기를 기원한다.

2003년 2월

천안 고려신학대학원에서

신 원 하 識

목 차

저자서문 / 3
한국어판 저자서문 / 4
역자서문 / 7

제1장 **도덕과 윤리** ---------------------------------- 13
제2장 **기독교 윤리학의 정의** ------------------------ 25
제3장 **기독교 윤리학의 범위** ------------------------ 45
제4장 **성경의 사용** -------------------------------- 67
제5장 **십 계 명** ----------------------------------- 101
제6장 **기독교 도덕** -------------------------------- 125
제7장 **사 랑** -------------------------------------- 139
제8장 **양 심** -------------------------------------- 159

제9장 **아디아포라** ---------------------------------- 171
제10장 **의무들 간의 충돌** ---------------------- 191
제11장 **절 충** ---------------------------------- 205
제12장 **경우론** -------------------------------- 215
제13장 **영 성** --------------------------------- 227
제14장 **참고문헌** ------------------------------ 235

·········개혁주의 윤리학························

제1장
도덕과 윤리

1. 도덕과 윤리의 일상성

 신문을 통해서 우리는 매일 국내외에서 일어나는 여러 가지 사건들을 접한다. 정권의 몰락, 세계 각처에서 일어나는 전쟁과 기근, 항공기나 열차 사고 등과 같은 소식은 우리가 일상적으로 자주 대하는 소식이다. 다양한 종류의 스캔들도 일간 뉴스거리이다. 이러한 주요 뉴스와 함께 우리는 출생, 결혼, 사망과 관련된 작은 보도들도 접하게 된다. 그 외에도 여러 종류의 책 소개, 상품 광고, 구미가 당기는 패키지 휴가 선전도 우리가 자주 대하는 것들 중 하나이다.
 그런데 우리가 이와 같이 산더미 같은 정보를 접하는 것만으로 모든 것이 끝나는 것은 아니다. 다양한 정보를 접하면서 동시에 우리는 그러한 다양한 사건들에 대하여 **판단**을 내리게 된다. 신문은 우리에게 단순히 사실만을 보고할 뿐 아니라 그 사건의 배경이 되는 정보들도 제공함으로 우리의 판단을 도와준다. 예를 들면, 어떤 정권이 몰락하게 된 이유가 무엇인가? 지금까지 그 정권이 어떻게 시민들을 압제했고, 시민들의 권리를 침해하였는가? 마약복용이나 유아살해와 같은 범죄의 이면에는 무엇이 있는가? 철도 사고가 있었다면 십중팔구 기관사의 부주의로 인한 것이 아니었을까?

심지어 작은 사건들에 대해서도 우리는 판단을 내린다. 우리는 우리에게 소개되는 모든 것을 구입하지는 않는다. 종종 우리는 상품을 소개받는 것 조차도 싫어한다. 자신의 주머니 사정을 넘어서는 패키지 휴가를 떠나는 것에 대해서는 무책임한 것이라 판단하고 거절한다. 심지어는 사망 기사마저도, 한 때 우리가 알았던 그 사람이 선했는지 악했는지를 기억나게 함으로, 우리의 판단을 불러일으킨다.

앞에서 사용했던 '압제하다', '권리를 침해하다', '책임있는', '부주의한', '선한', '악한'과 같은 표현들을 한번 살펴보자. 이러한 용어들은, 의식하건 의식하지 못하건 우리가 매일 도덕과 윤리를 다루고 있음을 명백하게 보여준다. 도덕과 윤리를 통해 우리는 의도되었거나 의도되지 아니한 인간의 행동에 초점을 맞추고, 그 행동에 대해서 판단을 내린다. 인간의 행동과 판단을 서로 연결하는 과정에서, 불가피하게 우리는 그 행동에 찬성을 표현하는가 반대를 표현하는가에 따라 '선'과 '악'이라는 용어를 사용하게 된다.

2. 용어의 정의

나는 방금 "도덕"과 "윤리"라는 두 가지 단어를 사용했다. 도덕과 윤리의 차이가 무엇일까? 도덕과 윤리는 우리에게 조금 낯선 헬라어와 라틴어로부터 생긴 말이다. "윤리"라는 용어는 헬라어 *ethos*와 *éthos*로부터 나왔는데, 신약 성경에 나타난다. 예수께서는 자신의 '습관'을 좇아(헬라어: *kata to ethos*, 눅 22:29) 감람산에 올라가셨다. 사도행전 기자는 로마인들이 고소한 사람과 대면할 기회도 주지 않고 피고

인을 넘기는 '관습'(ethos)을 가지지 않았다고 언급한다(행 16:21). 관습 혹은 습관이라는 의미 외에도, ethos는 영어 복수형 mores(풍속, 사회적 관습)를 의미하기도 했다. 빌립보 사람들은 바울과 실라가 로마인들이 받아들이거나 따를 수 없는 비합법적인 풍속(mores, éthē)을 가르친다고 고소하였다. 한 서신에서 바울은 악한 동료들이 선한 '행실'(éthē)을 부패시킨다"는 이교도 시인 매난더(Menander)의 격언을 인용하고 있다(고전 15:33).

윤리를 다루는 어떤 책들은, éthos는 관습이나 습관의 의미를 가진 도덕을 뜻하고 ethos는 특성(character)이나 성향(disposition)의 의미를 가진 도덕을 뜻한다고 구분한다. 그러나 이러한 구분은 거의 찾아보기 힘들다. 오히려 이 두 가지의 의미는 서로 혼재되어 있다고 보아야 한다. 관습(custom)이 어떤 특수한 성향(disposition)을 전제로 한다면, 성향은 관습을 통해 표현되기 때문이다.

참으로 흥미로운 것은, ethos와 éthos가 (사람이나 동물의) 거주지(habitat)를 지칭할 수도 있다는 점이다. 이것은 바로 인간의 삶에서 습관이나 관습이 가지고 있는 깊은 의미를 밝혀준다. 관습은 결코 외형적인 문제가 아니다. 우리는 우리의 관습 안에 거주하며(habitate), 우리의 관습은 우리가 존재하는 환경을 구성한다. 어떤 사람의 도덕적 행동으로부터 우리는 그가 어디 출신인지를 유추할 수 있다. "윤리"란 단어는 이만하면 충분한 것 같다. 그러면 "도덕"이라는 단어는 어디로부터 왔는가? 그것은 mos라는 라틴어로부터 나왔는데, mos는 '측량하다'라는 뜻을 가진 동사 metiri와 연관이 있다. 여기서 우리는 mos라는 라틴어 단어가 헬라어 단어 ethos 혹은 éthos와 동일한 의미를 가진다는 점만 간략하게 지적하겠다.

헬라어와 라틴어 단어의 의미를 살펴본 것에 따르면, 윤리와 도덕 사이에는 차이점이 없다. 그러나 우리는 여전히 "윤리"와 "도덕"이라는 단어를 구분한다. 물론 모두가 구분하는 것은 아니다. 이러한 구분을 암시적으로 보여주는 사례가 있다. 도덕과 윤리와 관련해서 동일한 영역을 다루지만 로마 카톨릭 신학자들은 "도덕 신학자"라고 부름으로 도덕을 강조하고, 개신교 신학자들은 주로 "윤리학자"라고 부름으로 윤리를 강조한다.

개인적으로 나는 "윤리"와 "도덕"을 다음과 같은 방식으로 구분한다. "도덕"은 전통적이고 지배적인 관습으로 이루어져 있고, "윤리"는 그러한 관습들에 대한 반성이다. 도덕에 대해서 우리는, 헬라인과 로마인, 중세 그리스도인들 사이에서 과거에 존재했고, 오늘날에도 다양한 표현으로 존재하는 것으로 서술할 수 있다. 그러나 그렇게 서술할 때, 판단까지 내릴 필요는 없다. 그러한 판단은 "윤리"에서 내린다. 윤리는 도덕에 대한 반성이다. 사람들은 이런 저런 행동을 하는데(도덕), 과연 그렇게 행하는 것이 정당한가(윤리)? 비록 도덕이 윤리를 포함하는 것은 아니지만, 정확하게 말해서 도덕 없이 윤리는 존재할 수 없다. 만약 우리가 어떠한 행동에 대한 지식이 없다면, 그 행위가 선한지 악한지 판단을 내릴 수 없다. 그러나 비록 우리가 어떤 행동이나 도덕 전체에 대한 서술과 관련해서 똑같은 판단을 내리지 않는다 하더라도, 그 행동이나 도덕 전체에 관해 서술할 수는 있다.

도덕과 윤리의 차이는 다음과 같은 방식으로 표현될 수도 있다. 우리가 "혼자만의 윤리"(solo-ethics)를 만들 수 있을지 모르지만, 결코 그것을 지속적으로 유지할 수는 없다. 어떤 사람이 윤리에 관한 지침서를 개별적으로 쓸 수 있을지 모른다. 그러나 도덕은 항상 집단의 도덕으로 존재한다. 도덕은 사회적 현상이지만, 윤리는 사회적 현상이 아니다(우리는 "도덕"과 "윤리"보다 다른 용어를 사용할 수도 있다). 다른 용어들은 우리가 "윤리"와 "도덕"를 지칭하는 것처럼 사용할 것이다. 종종 사람들은 "풍습"(도덕의 의미로)과 "도덕적 가르침"(윤리의 의미로)을 언급하기도한다. 풍습은 공동체의 행동 규칙이지만 도덕적 가르침은 그러한 행위의 규칙에 대한 반성이다.

"도덕"과 "윤리"라는 용어가 국제적으로 더 익숙하고 더 많이 사용하기 때문에, 우리는 다른 용어들보다 그 둘을 선호할 것이다. 더욱이 오늘날 풍습(mores) 혹은 관습(convention)이라는 용어는, 관례적인(conventional) 식사시간, 전통(conventional) 도기, 예절 관습(customs), 사회적 모임 관습(customs) 등에서 사용된 것 처럼, 집단 관습 혹은 대중 관습 이상의 의미로 쓰여지고 있다. 우리가 도덕에 관하여 말할 때 이러한 현상에는 거의 주목하지 않을 것이다. 동일하게 우리는 '에티켓'(예절, etiquette)이라는 용어가 윤리와 연관되어 나타날 수 있지만, 그 용어에 대해서도 거의 주목하지 않을 것이다. 네덜란드의 윤리학자 드 흐라프(J. de Graaf)는 예절을 "작은 윤리"(축소된 윤리, a miniature ethics)라고 불렀는데, 그것은 잘못된 것이다. 왜냐하면 "에티켓"(예절)은 헬라어에서 나온 것이 아니라, 고어 불어 동사 estiquer(고정시키다)에서 나온 것이다. 그 동사가 "에티켓"(정중함)의 의미를 가진 것은 1600년 이후부터였다.

이런 여러 가지 측면을 함께 고려한다면, 우리는 무엇이 윤리와 연관되어 있고, 무엇이 연관되어 있지 않은지를 명확하게 할 수 있다.

① 개인적인 습관-열쇠를 오른쪽 주머니에 넣고 다니는가 왼쪽 주머니에 넣고 다니는가, 오후에 낮잠을 자는 것과 같은 문제들
② 문화적 관습-식사시간과 식사방법, 기념과 축하방식, 인격적 상호교류 형태, 그와 비슷한 문제들
③ 윤리-도덕에 대한 반성

개인적인 습관과 문화적 관습은 일상 생활에서 중요하지만, 이 책

의 범위를 벗어난다. 이 책에서 우리는 도덕과 윤리에 관하여 주목할 것이다.

3. 현실적응성(relevance)

도덕에 대한 반성으로서의 윤리는, 비록 지금과 똑같은 방식으로 묘사되지는 않았지만, 항상 존재했다. 구약성경에는 "관습"이라는 특정한 용어가 없었지만, 여전히 관습이 나타나고 있다. 야곱의 딸 디나가 강간당했을 때, 그 형제들은 이스라엘 가운데 행해진 불명예스러운 일, 즉 "행해서는 안 되는 일"에 대해 비통해 하며 분노했다(창 34:7). 다말은 자신을 불명예스럽게 하려고 했던 그의 이복형제 암논에게 이와 똑같은 말을 했다(삼하 13:12).

구약에서는 어리석음에 반대되는 것으로 지혜(*chokma*)를 말하고 있다. 지혜를 가르치는 이유는 젊은이들에게 악을 멀리하고 선을 택하도록 하기 위해서이다. 특별히 잠언은 어리석은 자로 하여금 지혜롭게 하며, 젊은이에게 지식과 근심함을 주려고 기록되었다(잠 1:4). 히브리어로 교육(*moesar*)을 뜻하는 단어는 종종 윤리라는 의미로 사용되는데, 이 용어는 헬라어로 *paideia*, 영어로는 'discipline'(규율)로 번역된다. 선한 양육은 모두 윤리로 구현되는 것이다! 그럼에도 윤리에 대한 관심은 한 영역에서 다른 영역으로 다양하게 나타난다. 50년전과 비교할 때 오늘날 윤리에 대한 관심이 왜 그리 지대해졌을까? 대답은 간단하다. "도덕"은 연속적 요소와 불변하는 요소를 모두 포함하고 있다. 도덕은 비인격적이고 사회적이며 아주 명확한 특징을 가지고 있다. 변화가 거의 없는 사회 안에서, 윤리적 가르침은 새롭게 중요한 문제들을 직면하지 않는다. 그러나 오늘날 우리는 매 순간순간 마다 전통적인 도덕이 의심받거나 거부되는 것을 볼 수 있다. 특히 이러한 현상은 성도덕에서 아주 명확하게 나타나는데, 오늘날 성도덕은 일종의 광범위한 혁명을 겪어오고 있다. 현대인들은 자기 스스로를 성숙하다고 보고, 보통 "사람들은 그런 식으로 행동하지 않는다"는 말에 제한되지 않는다. 전통은 이제 먹혀들지 않고, 한때 자명하다고 생각했던 것들도 이제는 통하지 않는다. 사람들은 행동을 할 때 사회적 동기보다는 오히려 개인적인 동기가 더 결정적이라 생각한다.

"도덕"이라는 용어는 과거의 유물처럼 보인다. 새로운 도덕이 생겨나는 것인가? 각자가 자기가 보기에 옳은 것을 실제로 행하고 있는가, 아니면 우리가 종종 생각하는 것 이상으로 우리가 처한 환경이 우리의 행동을 결정하는가? 이러한 선악과 관련된 질문에 대한 해답은 명백하게 개인적인 문제일 뿐 아니라 사회적인 문제이다.

우리는 또 다른 요소를 고려해야 한다. 옛날 사람들은 대체로 가족, 마을, 도시, 국가와 같이 거의 폐쇄된 세계에서 살았다. 비록 멀리 떨어진 사건들에 대한 관심이 늘 있었다 하더라도, 사람들은 그 사건에 대해 직접적으로 영향을 받지 않으면서 그것들에 대해 배웠다. 그러나 오늘날 우리는 점점 모든 사람들이 우리의 이웃이 되는 하나의 세계가 되어가고 있다. 텔레비전은 이러한 발전에 지대한 공헌을 하고 있다. 동시에 우리는, 세계 곳곳에 사는 모든 사람들이 당면한 동일한 도덕적 문제들을 우리가 다루고 있음을 보게 된다. 예를 들어 환경 문제를 들 수 있다. (빈부를 의미하는) 남북의 대립, 또는 (이념을 의미하는) 동서의 대립을 생각해 보라. 전세계를 파괴할 수 있는 핵무기를 생각해 보라. 이러한 모든 문제들이 윤리에서 논의된다.

4. 윤리학의 분류

만약 윤리학의 주제를 좀 더 깊이 연구하고 싶다면, 다양한 방식으로 접근할 수 있다. 실례로 우리는 윤리를 다음과 같이 분류할 수 있다.

① 서술 윤리학(descriptive ethics)
② 규범 윤리학(normative ethics)
③ 특수 윤리학(special ethics)
④ 메타 윤리학(meta-ethics)

이러한 특정한 세부 분과에 대한 개요들을 살펴보자. 서술 윤리학은 과거와 현재의 다양한 문화들에서 나타나는 관습과 도덕들을 서술하는 것이다. 특히 문화 인류학자와 사회학자들이 이 분과와 관련이 있다. 만약 윤리가 도덕에 대한 반성으로 구성되어 있다면, 이미 앞에서 제안했듯이, 그러한 반성은 항상 평가되어야 한다. 그러나 그러한 평가는 도덕을 서술할 때에는 적용되지 않는데, 왜냐하면 도덕은 항상 사실을 보고하는 것에 관심이 있지 평가하는 것에는 관심이 없기 때문이다. 따라서, 명확히 말해서 "서술 윤리학"이라는 용어는 정확하지 않다. 왜냐하면 이 분과는 단지 도덕을 서술하는 것과 연관이 있고, 윤리와는 연관이 없기 때문이다. 그럼에도 불구하고 이 용어는 이미 익숙해져 있고, 어느 누구나 도덕에 대한 서술을 윤리의 한 요소로 포함시키고 있다. 만약 도덕에 대해서 반성하고자 한다면(이것은 윤리이다), 무엇에 관해서 이야기하는가를 알 필요가 있다(즉, 도덕). 그것을 돕기 위해서 서술적인 연구는 매우 유용하다.

규범 윤리학에서는 우리가 어떻게 살아야 하는가를 지시하는 기준 혹은 척도가 되는 규범을 다루게 된다. 여기서 우리는 도덕이 어떠한가가 아니라(서술 윤리학), 도덕이 **마땅히 어떠해야 하는가**를 유념해서 살펴봐야 한다. 노예제도, 일부다처제, 안락사, 스포츠 폭력에 대한 도덕적 측면을 서술할 수 있지만("사람들이 이러한 일들을 이렇게 바라본다"와 같이), 동시에 우리는 이러한 도덕적 측면을 특정 규범에 따라 평가할 수 있다("이 일을 이렇게 바라보아야 한다"와 같이). 이 책에서 나는 규범 윤리학을 다룰 때, 성경에 있는 하나님의 말씀을 규범으로 삼아 논의를 진행할 것이다.

특수 윤리학은 규범 윤리학 안에서 좀 더 세분화된 것이다. 오늘날 어느 누구도 윤리학의 전 분야를 완전히 섭렵할 수 없다. 어떤 사람은 의료 윤리, 다른 이는 환경 윤리, 또 다른 사람은 비즈니스 윤리, 또 어떤 사람은 성 윤리를 전공한다. 사회의 노동자, 간호사, 법률가, 저널리스트와 같은 전문인 윤리를 공부할 수 도 있고, 각각의 직업에 확립된 윤리 규약을 연구할 수 도 있다. 이런 모든 것들이 규범 윤리학의 분과이다.

5. 메타 윤리학

메타 윤리학에 대해서 조금 더 언급할 필요가 있다. 이 용어는 이전에 철학적 윤리학 혹은 비판 윤리학 혹은 형식 윤리학의 영역에 포함되어 있었다. 종종 메타 윤리학은 규범 윤리학에 포함되어 있었다. 놀랄 필요가 없는 것이, 메타 윤리학은 윤리학에 대한 근본적인 질문들을 다루기 때문이다. 선, 악, 의무, 규범과 같은 단어들의 의미가 무엇인가? 우리의 행동은 자유로운가 아니면 결정되었는가? 도덕적 행동은 상대적이기에 특정 시간이나 특정 장소에서는 선했다가 다른 장소와 다른 시간에서는 악할 수 있는가? 너무나 자주 언급되는 실례로, 어느 에스키모 소녀에게 하나님과 이웃에 대한 사랑을 말한 18세기 선교사에 대한 이야기가 있다. 그 소녀는, 나이가 들고 병들었지만 스스로 죽을 수 없는 한 여인의 요구로 그녀를 가파른 절벽으로 끌고가 떠밀

고는, 이웃에 대한 자신의 사랑을 보여주었다고 생각했다. 어떤 사람은 살인 혹은 자살방조라 보지만, 다른 사람은 이웃 사랑의 한 형태로 보는 것이다.

메타 윤리학은 언어 분석 철학 안에서 폭넓게 논의되어 왔다. 그 중 중요한 문제는 윤리적 언설(言說, ethical assertion)의 성격이다. 이것을 분석하기 위해, 윤리적 언설이 다른 종류의 언설들과 함께 다루어진다. 비록 그 종류가 다르다 하더라도, 여러 언설들은 문법적으로 동일시된다.

① 달은 하늘에 떠 있는 물체이다.
② 달은 아름답다.
③ 달은 인류에게 유용한 것이다.

첫 번째 언설은 검증될 수 있는 사실을 포함한다. 두 번째 언설은 자신의 감정을 포함한 개인적 평가를 제공한다. 나는 달이 아름다운 것을 발견한다. 만약 내가 "달이 하늘에 떠 있는 물체라는 것을 발견했어요"라고 말한다면 이상한 것이다. 세 번째 언설은 다음과 같이 가치 판단을 내리는 것이다. 나는, 예를 들어 달에 우주 연구소를 건설하는 것처럼, 인류가 달을 사용하는 것이 좋다는 것을 발견했다.

첫 번째와 두 번째 진술은 세 번째 진술과는 달리, 윤리적 언설이 아니다. 그 진술은 여러 가지의 윤리적 측면을 포함하고 있다. 달이 인류에게 유용한 것이 참으로 사실인가? 만약 인류가 달을 더 이상 이용하지 않는다면, 환경 혹은 기타 다른 일에 더 유익이 되지 않을까? 어떤 사람은 인류가 달을 이용해 발전시키는 것이(도덕적으로) 선하다고 말하지만, 다른 사람들은 그것이 잘못되었다고 말한다. 메타 윤리학에서는 여기서 한 걸음 더 나아간다. 왜 우리는 어떤 것이 선하다고 하거나 악하다고 하는가? "이모티비즘"(emotivisim)으로 알려진 입장에서 주장하는 것과는 달리, 도덕적 선이나 도덕적 악은 일종의 감정 이상의 것인가? 이모티비즘에서 윤리적 주장은 위에서 언급한 두 번째 주장과 비슷하다. 우리가 달이 아름답다는 것을 발견한 것처럼, 달빛을 맞으며 로맨틱하게 발걸음을 옮길 수 있기 때문에 도덕적 선과 악은 우리의 취향에 따라 결정되는 것이다. 그 주장이 아니라면, 달이 하늘에 떠 있는 물체라는 첫 번째 주장에서 표현된 사실처럼 검증할 수 있기 때문에, 선한 것과 악한 것은 우리 모두가 인정할 수밖에 없는 것인가? 만약 선이 측량 가능하다면, 모든 사람이 검증할 수 있는 용어로 바꾸어 쓸 수 있단 말인가? 예를 들어, 공리주의자들(Utilitarians)은 이러한 견해를 채택한다. 그들은 선한 것은 무엇이든지 "선은 바로 최대 다수의 최대 행복을 이끌어 내는 것"이라는 측량 가능한 원리에 적합하다고 주장한다.

메타 윤리학이 아무리 우리의 흥미를 자극하더라도, 이 책에서 메타 윤리학을 직접 다루지는 않을 것이다. 앞으로 우리가 살펴보겠지만, 메타 윤리학은 항상 규범 윤리학의 배경 역할을 담당한다. 메타 윤리학은 규범 윤리학의 가치를 담고 있다. 메타 윤리학은, 정리된 윤리적 사고를 연습하는 것 이상이다. 메타 윤리학은 선, 악, 덕, 악덕, 규범, 의무와 같은 단어들이 정확하게 무엇을 의미하는가를 반성하는 것이다.

드 흐라프는 메타 윤리학을, "규범 윤리학과 특수 윤리학을 다루는 사람들을 어깨 너머로 바라보고 윤리적-규범적 주장들을 검증하는 것이 가능한지 불가능한지에 관하여 이론을 제안하는" 윤리학의 한 분과로 묘사한다(1986: 3). 그러나 어깨 너머로 바라본 후, 그 다음 이론을 제안하는 것은 매우 다른 방식으로 진행될 수 있다. 윤리적 판단을 감정적인 주장으로 환원시키는 이론을 발전시킬 수도 있다. 반면 윤리적 판단과 삶의 전개, 그 둘을(삶이 전개되면서 주어지는) 하나님의 명령을 통해 의미 있게 연결시키는 이론을 발전시킬 수도 있다. 이 점은 추후에 다룰 것이다. 먼저 우리는 윤리가 포함하고 있는 바가 무엇인지 좀 더 살펴볼 것이다.

6. 참고문헌

De Graaf, J. *De ethiek van het immoralisme*. 3rd edition. Nijkerk. 1969.
─────. *Elementair begrip van de ethiek*. 4th edition. Utrecht: Bohn scheltema Holkema. 1986.

제 2 장
기독교 윤리학의 정의

1. 목적

앞 장에서 우리는 윤리학에서 다루는 내용을 개괄적으로 살펴보았다. 선, 악, 규범, 의무, 덕과 같은 용어는 윤리학에서 중요한 역할을 담당하고 있다. 그러나 좀 더 명확하게 우리가 다루는 주제들의 한계를 설정할 필요가 있다. 우리가 다루는 주제들의 한계를 가장 잘 정할 수 있는 것은 바로 "정의"(definition)라는 방법을 통해서이다. "정의"는 문자적으로 "제한"(limitation) 혹은 "명세화"(specification)라는 의미를 지니고 있다. "명세화" 혹은 "제한"의 방법을 통해 우리는 윤리적 작업의 영역을 규정할 것이다. 또한 이 시점에서 우리는 "윤리학"이라는 말에다 "기독교"라는 용어를 첨가시키기를 원한다. 요컨대 이 책은 **기독교** 윤리학을 다루는 것이다.

우리는 경계를 설정하기 위해서 정의를 사용한다. 그럼으로써 우리는 윤리학이 담고 있지 않는 것이 무엇인가를 지적하도록 하겠다. 무엇이 윤리학 안에 있고, 윤리학 밖에 있는 것인가? 우선 나는 기독교 윤리학에 대해 다음과 같은 정의를 내리고자 한다.

> 기독교 윤리학은 성경이 우리에게 제공하는 관점의 조명을 통해서 도덕적 행위를 반성하는 것이다.

이 정의의 첫 번째 부분은 이미 제1장에서 살펴보았다. 윤리학은 도덕적 행위에 대한 반성이다. 그러나 고유하게 윤리적 반성에 속한 것이 무엇인가를 명확하게 지적하기 위해 몇 가지를 더 언급해야 겠다. 도덕적 행위와 윤리적 반성을 연결시키기 위해 다음 7가지의 특징들을 먼저 주목해 보자.

2. 인간의 행위

도덕은 **인간의** 행위이다. 식물이나 동물의 행동은 모두 기독교 윤리학의 범위 밖에 있다. 물론 우리는 개가 충성스럽다거나, 개미가 성실하다, 돼지는 게으르다고 말한다. 충성, 성실, 게으름은 윤리와 관련된 것이다. 그러나 우리가 이런 말을 동물과 연결시켜 말할 때는 비유적이다. 동물의 행동은 본능이나 훈련에 기초하고 있기 때문에, 우리는 그 동물의 행동이 도덕적 자질을 담고 있는 것으로 묘사하지 않는다.

이것은 너무나 자명한 것으로 보이지만, 이렇게 바라보는 것 자체가 이미 구체적으로 하나의 윤리적 입장을 선택한 셈이 된다. 환경 윤리학에서는 도덕 공동체의 경계를 인간 이상으로 설정한다. 인간중심적인 사고(즉, 인간을 항상 중심으로 두면서 생각하는 것)에 반대해서, 어떤 사람들은 감정적 고통을 느낄 수 있는 포유동물 혹은 모든 동물들을 도덕 공동체에 포함시킨다. 비록 내가 도덕 공동체의 경계를 넓게 설정하지 않는다고 해서, 우리가 다루는 도덕 혹은 윤리가 동물들을 전혀 고려하지 않는다고 결론내리지 말기를 바란다. 인간의 도덕적 행동 역시 식물과 동물과 같은 사물들을 포함하고 있다. 동물을 학대하고 환경을 오염시키는 사람은 도덕적으로 잘못 행동하고 있는 것이다. 그러나 그렇다고 그러한 주장이 동물들을 도덕 공동체의 구성원으로 포함시켜야 한다는 말은 아니다. 동물들은 본능적으로 행동하며 선택할 능력이 없다. 윤리학은 우리가 책임질 행동에 대한 반성에 관심을 둔다. 우리는 동물들에게 행동에 대한 반성을 요구할 수는 없다. 분명히 우리는 동물에 대한 책임을 가지고 있다. 그러나 동물들은 우리에 대한 책임을 가지고 있지 않다. 비록 사람은 동물을 향해 잘못 행동할 수 있지만, 모든 동물들은 사람에 대해서 비도덕적으로 행동할 수 없다.

3. 규범적 행위

도덕적 행위는 **규범적**이기도 하다. 인간의 모든 행동이 규범적인 성격을 가지고 있는 것은 아니다. 사람들도 본능이나 강요에 의해, 도저히 저항할 수 없는 일을 할 수 있다(하품, 꿈에서 도출된 행동들, 몽유, 배고픔과 목마름을 채우는 것, 그 외 여러 가지 행동). 이러한 행동들은 모두 "must"(도저히 그렇게 할 수 밖에 없는)의 성격을 가지고 있다. "must"라는 말은 우리가 다른 식으로 행동할 수 없음을 가리킨다. 그러나 도덕은 "ought"(해야 하는)의 성격(즉 이렇게 혹은 저렇게 "되어야만 하는"〈should〉 것)을 가진 행동들을 다룬다. 적절한 행위와 부적절한 행위에는 차이가 있다. 어떤 행동은 적절하고 또 어떤 행동은 적절하지 않다는 기준은, 특정하고 유효한 "규범"(norm)에 따라 측정된다. 규범이라는 단어는 "척도" 혹은 "기준"을 의미하는 라틴어 단어에서 나왔다. 따라서 우리는 사람이 책임질 수 있는 선택에서 나온 행동을 다룬다(responsible conduct). 이 점이 바로 이 책의 제목을 설명해 준다!

'책임질 수 있다'는 말은 더욱 명확하게 이해하기 위해, 책임을 지울 수 없는 사람들에 대해 잠시 고려해보는 것이 유익할 것이다. 예컨대, 어린 유아나 정서적 장애가 있는 사람들에 대해서 생각해 보라. 그들은 부분적으로 혹은 전반적으로 선택할 능력이 부족하다. 그들이 이상한 짓을 할 때, 우리는 "아직 아기일 뿐이야" 혹은 "환자라서 어쩔 수 없어"라고 말하며 그냥 넘어간다. 이와 같이 우리는 그들이 도덕적으로 행동할 위치에 있는지, 혹은 행동할 수 없는 위치에 있는가를 주목한다. 우리가 강요나 본능적인 "must"에 대해서 이야기할 수도 있지만, 도덕적 행동의 성격을 규정하는 "ought"는 자유와 책임감을 전제로 한다.

자유 없이는 도덕을 생각할 수 없다. 대부분의 사람들이, 개인적으로 혹은 집단적 관계 안에서 행동할 수 있는 자유의 정도에 대해서 거의 생각을 못하고 있다. 여기에 대해서는 **결정론**(determinsim)과 **비결정론**(indeterminism)이라는 두 가지의 극단적 견해가 있다. 결정론은 모든 인간의 행동은 결정되었다는 주장이다. 인간의 행동은 자유롭지 못하며, 전적으로 조건화되었고 인과 관계에 의해 결정되었으며, 우리는 오직 한 방향으로만 갈 수밖에 없다는 것이다. 그러나 비결정론은 우리가 수많은 방향으로 갈 수 있다고 주장한다. 우리는 자유를 가지고 행동하는데, 비록 우리가 어떤 특정한 행동을 하더라도 그 전에 우리는 다르게 행동할 수도 있었다는 것이다.

이 두 가지 견해는 비현실적인 양극단이다. 한계와 자유는 항상 공존한다. 사람들은 생물학적으로, 역사적으로, 사회적으로, 문화적으로 강하게 조건화되어 있다. 예를 들어 어떤 사람의 전기를 읽으면서 우리는 그의 행동을 그가 속한 가족, 그가 살았던 시대(심지어 우리는 "그때 그는 어린이였다"고까지 말한다), 그가 속했던 사회적 집단, 혹은 그가 자랐던 문화적 환경과 연관시킬 수 있다. 반대로, 사람들은 각자의 행동 양식을 적극적으로 발전시킨다. 드 흐라프가 언급한 것처럼, 역사적 상황, 사회적 맥락, 문화적 환경, 특정 심리학적 성향과 같은 상황들로 인해서 "인간의 행위가 이미 주어진 그 상황이 처방하는 방식대로 결정되지는 않는다. 오히려 그 상황들은 인간을 조건화한다. 즉 여러 가지 행동들 중 선택을 할 수 있는 영역의 경계를 설정해 주는 것이다… 따라서 어떤 사람이라도 자신이 생각할 수 있는 모든 가능성 안에서 선택할 수 없으며(비결정론), 단지 실질적이며 성취 가능한 몇 가지의 대안들 사이에서 선택할 수 있는 것이다"(1986: 22). 이러한 사실로 인해 나는, 사람들이 왜 자신들이 의식적으로 어떤 것은 하고 어떤 것은 하지 않는가를 스스로 자문하는 것처럼, 대부분의 사람들이 행동해야만 하는 공간에 대한 균형잡힌 관점을 가지게 되었다. 그들은 동물처럼 본능적으로 행동하지도 않으며, 전적으로 결정되어 행동하지도 않는다. 오히려 그들은 기존의 다양한 규범들에 따라서 선택할 수 있는 자유를 가지고 있다.

4. 선악의 측면에서

도덕은 어떤 면에서 규범적인 행위이다. 도덕은 **선과 악**의 측면에 따라 조망되는 행위이다. 우리가 내린 정의에 따라서 윤리학은 **도덕적** 행위를 다룬다. 모든 규범적인 행동이 도덕적 행동은 아니다. 이것을 몇 가지 방식으로 설명해 보겠다.

당신이 어떤 시험을 통과하기를 원한다면, 부과된 자료들을 완전히 섭렵해서 무엇이 틀리고 무엇이 맞는지를 답할 수 있어야 한다. 시험에서의 규범은, 정확한가 정확하지 않는가라는 측면에서 답이 **옳은가 그른가**이다. 만약 당신이 시험에서 부정확한 답을 했다면, 당신은 지적으로 모자란 것이다. 그러나 그렇다고 해서 당신이 비도덕적으로 행했다고 말하지는 않는다. 실수하는 것과 거짓말을 하는 것은 분명히 다르다!

집을 지을 때 정확한 기술적인 규범에 따라야 기형적인 건물이 되지 않는다. 우리는 좋고 나쁘다는 측면에서 전문적인 건축가를 평가한다. 나쁜 건축가는 도덕적 면에서 나쁜 사람이 될 필요가 없다. 장사꾼의 자질에 대해서 우리는 경제적 통찰력으로 측정한다. 그는 자신의 사업에 대해서 어느 것이 효과적이며 비효과적인가를 알 필요가 있다. 만약 장사꾼이 가난한 사람에 대한 동정심 때문에 제 가격에 비해 훨씬 싸게 물건을 팔았다면, 비록 도덕적인 존경을 받을 수는 있지만 경제학적으로는 무책임한 것이다. 미술가의 그림은 멋있는가 흉한가에 따라서 평가된다. 도덕적으로 명망이 좋다고 해서 미술가로서 반드시 성공한다고 볼 수는 없다. 반면 위대한 미술가라도 도덕적으로 훌륭하지 못한 경우가 많다. 우리는 판사의 선고를 합법적인가 불법적인가에 따라 평가한다. 만약 그가 현행법과 갈등을 일으킬만한 불법적인 판결을 내리더라도 그 판결이 선한 도덕적 판단에 분명한 근거를 둔 경우라면, 오히려 그 현행법이 잘못된 도덕을 표현한 것이 되고 말 것이다. 다시 말해서, 인간의 행동은 사람들이 범할 수 있는 규범을 근거로 측정될 수 있다. 그러나 이러한 규범을 어기는 모든 행동들이 필연적으로 도덕적 범죄가 되는 것은 아니다.

5. 적절한 동기에 의한 행위(properly motivated conduct)

이제 어느 정도 윤리학의 정의를 명확히 했는데, 위의 세 가지 측면에 몇 가지를 더 보충하고 싶다. 만약 우리가 인간의 **행위**(conduct)를 다루고 있다면, 우리는 행위에 나타나는 표면 그 이상을 보아야 한다. 당연히 우리는 행위의 표면, 즉 행위에 포함되는 **행동**(act)에 주목할 수밖에 없다. 선한 의도로는 충분하지 못하다. 우리는 선한 의도를 행동으로 옮겨야 한다. 분명히 윤리학은 그러한 외적인 행동과 연관되어 있다. 그러나 이 시점에서 나는 인간 행위의 내적인 측면을 강조하고 싶다. 도덕적 행위는 **적절한 동기에 의한** 행위여야 한다.

도덕적 반성을 할 때 너무 많은 사항들을 다루어서는 안 된다. 윤리학은 규범적이라 부를 수 있는 모든 행동에 대해서 반성하지 않는다. 그렇다고 해서 윤리학의 경계를 너무 좁게 잡는 것도 피해야 한다. 우리가 그 행위의 이면에 놓여있는 것들을 조사하지 않은 채 도덕적 행위만을 바라볼 때 그와 같은 상황이 발생할 수 있다. 이렇게 행동하고 저렇게 행동하지 않은 나의 동기가 무엇이었는가? 무엇이 나를 그렇게 이끌었는가?

위대한 철학자 임마누엘 칸트(Immanuel Kant)는 도덕의 본질로 사람의 "의향"(disposition)을 지적했다. 율법주의(legalism)는 법이 그것을 명령하기 때문에 우리가 어떤 일을 하는 것을 뜻한다. 우리가 그것을 반드시 행해야 하지만, 마음으로부터 우러나오기 때문에 하는 것은 아니다. 즉 정직하게 세금을 내지만, 단지 그렇게 하지 않으면 안 되기 때문에 하는 것이다. 그것은 단지 자기 이익을 고려함으로 나온 행동이다. 감사를 받아서 문제가 생긴다고 가정해 보라! 우리가 만일 그런 식으로 행동한다면, 우리는 법적으로 행동한다고 볼 수 있지만 도덕적으로 행동하는 것은 아니다. 우리는 마음으로부터 행동하고 있지 않다. 우리는 진정한 "법에 대한 존경"에 의해 행하고 있지 않다. 그것에 대해서 칸트는 우리의 **의지**(will)가 선하지 않다고 말한다. 칸트에 의하면, 선한 것은 오직 '선의지'(good will) 밖에 없다.

동기(motive)는 윤리학에서 본질적인 요소이다. 이것은 우리가 객관적인 행동과 그 사람이 행동할 때의 주관적인 태도의 차이를 직관적으로 감지할 때 명백해 진다. 성경에서 바리세인들이 세리를 깔보면서 열정적으로 기도하고 보란 듯이 금식하는 것을 생각해 보라. 그는 자신의 경건을 다른 사람에게 보임으로 존경받기 위해서 그렇게 행동했다. 두 사람이 객관적으로는 동일한 행동을 할 수 있지만, 우리는 그들의 행동을 완전히 다르게 평가할 수 있다.

6. 감정이 실린 행위

행위를 볼 때 우리는 쉽게 선과 악의 구별과 관련지어 이해한다. 동기를 생각할 때 우리는 의지를 포함시킨다. 그러나 마찬가지로 선한 도덕적 행동에는 그 행동의 대상이 되는 사람들의 **감정적 관심**도 포함되어야 한다. 칸트가 의향에 대해서 지적한 것은 매우 중요하다. 그러나 그는 의도에서 감정이나 열정과 관련된 것은 무엇이든지 제거할 것을 강력하게 주장했다. 칸트의 윤리학은 지적(인식적) 경향이 너무 강하다. 그의 견해는 지식적, 합리적 동기로 요약될 수 있다. 그러나 행동하는 사람의 감정과 연관되지 않은 도덕적 행동은 상상하기 어렵다. 엄격하게 규칙과 기술에만 기초하고, 그 행위가 요구하는 적절한 감정도 없이 행동하는 사람은 도덕적으로 뭔가 결함이 있다. 다른 사람의 느낌과 고통을 이해하고, 도움이 필요한 사람들과의 일체감을 세우기 위해 필요한 것을 생각해 보라! 선한 돌봄은 감정을 실은 것이다.

때로는 분노, 증오, 과도한 사랑의 감정이 우리를 지배해서 책임있게 행동할 수 있는 안목을 잃어버리게 만들 수 있다. 이러한 점을 고치기 위해서 우리의 감정을 억제하는 것만으로는 부족하다. 우리는 지성과 의지뿐 아니라 감정도 부여 받았다. 따라서 우리는 감정이 행동으로 표현될 때 수치심을 느낄 필요가 없다.

7. 덕스러운 행위

윤리학은 우리가 덕(virtue)이라고 부르는 것에 대해서도 다룬다. 동기가 인간 행위의 깊이에 대해서 초점을 맞춘다면, 덕은 인간 행위의 연속성에 초점을 맞춘다. 덕을 주목할 때, 우리는 인간이 도덕적으로 되는 것이 단 한번의 행동 그 이상이라는 사실을 알아야 한다. 어떤 사람이 한 번의 정직한 행동을 했다고 가정해 보자. 아직 우리는 그 사람이 정직한 사람이라고 선언하지 않는다. 사람이 행하는 것을 보고 그 사람이 어떠하다고 단순히 결론 내릴 수는 없다. 어떤 사람의 행동이 지속적으로 정직하고, 지속적으로 공정하며, 지속적으로 동정심이 있을 때에, 비로소 우리는 그 사람은 정직하고, 공평하며, 동정심이 있다고 선언할 수 있다. 덕은 인간의 성품(character)에 대한 것이다.

모두가 이점을 알고 있다. 만약 행위에 연속성이 없다면, 우리는 그 어느 누구도 신뢰할 수 없다. 우리가 사람을 신뢰할 수 있는 것은 그 사람으로부터 어느 정도 수준이나 일종의 (선한) 행동을 기대하기 때문에 가능하다. 심지어 "그 사람에 대해서는 신경 껐어"라고 말할 때 조차도, 우리는 일종의 기대를 가지고 말하는 것이다. 예를 들어 우리가 어떤 사람이 정직한 성품을 가지고 있다고 예상하면서도, 하나의 거짓말 때문에 그 사람을 함정에 빠뜨린다고 생각해 보자. 그때에도 우리는 그런 사람은 거짓말쟁이라고 말하지 않는다. 한두 마디의 거짓말 때문에 어떤 사람이 거짓말장이가 되는 것은 아니다. 마찬가지로 한번 진실을 말하는 것만으로 정직한 사람이 되는 것도 아니다. 어느 누군가가 20번이나 진실을 말하더라도, 우리는 "나 여전히 그 사람 못 믿겠어"라고 말할 수 있다.

　분명히 이러한 측면은 성장이나 훈련과 많은 관련이 있다. 인간은 덕스러운 행위를 훈련할 수 있다. 우리는 아이들에게 정직하라, 도움이 되라, 나누라고 가르친다. 오래전 아리스토텔레스(Aristotle)는 이러한 훈련의 요소에 대해서 언급했다. 하퍼의 줄을 당긴다고 하퍼 연주자가 아니다. 하퍼 연주자는 하프를 연주하는데 "익숙한"(good) 사람이다. 이와 동일하게, "선한"(good) 혹은 덕스러운 사람이 되기 위해서는 덕을 행하고 연습하는 것이 필요하다.

　이천년의 교회사 속에서 자주 제기된 "우리가 무엇을 해야 하는가?"라는 질문은 "우리가 어떤 사람이 되어야 하는가?"로 바뀌었다. 우리는 특별히 어떤 사람이 다른 사람에게 본보기로 비칠 때 이 질문의 능력을 감지한다. 다른 사람에게 본보기로서 감동을 받은 사람은 단순히 그의 모범을 따라 행동하기만 할 뿐 아니라, 그의 모범과 같은 사람이 되기를 바란다.

　오늘날 종종 많은 사람들은 덕성과 덕에 대해서 부정적으로 말한다. 순결, 복종, 용기, 애국심과 같은 덕은 시대에 뒤떨어졌으며, 진정성(authenticity), 직업정신(professionalism), 신뢰성(plausibility)에 자리를 비껴주어야 하는 것으로 생각된다. 그러나 이러한 변화는 상대적일 뿐 이다. 우리 조국이 국제 스포츠에서 경쟁을 할 때, 우리나라에 대한 충성은 중세의 기사가 자신의 혈족과 나라에 대해 가졌던 의협심만큼이나 강하다. 덕은 강조점과 대중성에 따라서도 변화한다. 오늘 "유행하는" 것이 내일이면 "한물 갈" 수 있다. 그러나 "덕"이라는 관념은 지속된다.

8. 목적지향적 행위

아직 마치기 전에 **"목적 지향적"**(purposive)이라는 행위의 또 다른 중요한 측면을 살펴볼 것이다. 우리는 늘 "우리가 왜 이렇게 하고 있는가?"라는 질문에 관심이 있는데, 그 질문은 "무슨 목적으로 우리가 이렇게 하고 있는가?"라는 의미이다. 사실 이 물음을 통해 우리는 도덕의 외적 한계를 다루게 된다. 왜냐하면 우리는, 그것 자체로는 도덕적 본질에 속하지 않는 문제들을, 종종 도덕적 행위의 동기를 통해 다루기 때문이다. 윤리적 반성에서 이와 같은 종류의 목적은 자주 "가치" 혹은 "선"이라는 용어로 표현된다. 비록 "선"이라는 용어는 다소 한물간 표현이지만 말이다. 우리는 건강, 아름다움, 표현의 자유, 종교적 자유, 민주주의, 행복, 이상의 성취, 하나님을 섬기는 것과 같은 많은 가치들을 언급할 수 있다. 각각은 비도덕적인(non-moral), 좀 더 잘 표현하면 초도덕적(supra-moral)인 것으로 서술할 수 있다. 더욱이 우리는 도덕적 행위를 통해서 뿐 아니라, 다른 방법들을 통해서도 그러한 가치들을 실현하기를 애쓴다. 행복이라는 가치를 예로 들어 보자. 만약 각 사람이 도덕적으로 행한다면, 그것은 확실히 개인적 사회적 행복을 증진시킨다. 반면 예를 들어 그들이 가진 지적, 미학적 은사들이나 사업가적 통찰력의 발전에 의해서 많은 사람들의 행복이 증진될 수도 있는 것이다.

목적이 무엇인가라는 질문에 주목하지 않고서 도덕의 문제를 온전히 이해할 수 없다. 규범과 가치는 서로 영향을 끼친다. 우리가 무엇인가를 해야 한다고 할 때, 왜 그것을 해야 하는가에 대한 이유를 말할 수 있어야 한다. 우리가 덕에 대해서 이야기할 때, 그 덕이 무엇인가에 대해서 "선"하다는 점은 명백하다. 의사가 사용하는 도구는 농부가 사용하는 연장과는 아주 다르게 보인다. 왜냐하면 그 둘은 서로 다른 목적으로 사용되기 때문이다. 마찬가지로, 규범과 가치는 개인이나 사회가 추구하는 가치에 의존해서 극단적으로 다를 수 있다.

가치는 다른 가치에 종속될 수 있다. 모든 사람이 건강을 높이 평가한다. 그러나 건강은 더 높은 가치에 종속된다. 그리스도인들은 건강, 복지, 행복이라는 가치를 하나님을 섬기고 그 분께 영광을 돌린다는 더 고상한 가치에 종속시킬 것이다.

목적에 부합한 행동은 동기와 밀접한 관련이 있다고 볼 수 있다. "왜 우리가 이 일을 하는가?"라는 질문은 목적 뿐 아니라 동기를 다루는 것이다. 차이점은 우리가 동기와 함께 도덕적인 활동무대 안에서 여전히 움직이고 있다는 점이다. 그러나 동기가 우리 행위의 목적이 될 때, 우리는 "우리가 왜(다른 일이 아니라) **이 일**을 하는가?"라고 물음을 던지면서, 도덕적 영역 너머로 움직인다.

9. 공리주의적 윤리와 의무론적 윤리(utilitarian or deontological ethics)

논의가 점점 진행되면서 윤리적 행동에는 다양한 측면이 있다는 점이 분명해지고 있다. 우리는 행위 그 자체뿐 아니라 그 행동의 이면에 있는 동기 또한 살펴야 한다. 우리는 행위를 반드시 고려해야 한다(마 7:21-27). 이전의 윤리학은 최근의 윤리학보다 행위에 대해서 훨씬 더 주의를 기울였다. 구약의 율법에서 우리는 율법의 대부분이 특정한 행동에 대한 형벌을 다루고 있음을 주목한다. 범죄자로 선언되는 이유는 금지된 행위를 저질렀기 때문이다. 의도적으로 즉 "고의로" 저지른 죄와 부지중에 저지른 죄는 차이가 있다(민 15:22-31; 35:9-28). 사고로 이웃을 죽인 사람은 희생자의 가족의 복수를 피해 이스라엘 중에 있는 여섯 개의 도피성으로 피할 수 있었다. 그럼에도 불구하고 그가 저지른 행위 그 자체는 매우 심각했기 때문에, 도망자는 오랜 기간동안 도피성 안에만 머물러 있어야 했다. 만약 그가 도피성의 경계를 넘어간다면, 그는 복수의 희생물이 될 수도 있었다. 따라서 살인이라는 행위는 쉽게 무시될 수 없었다. 도둑질에는 보상이 요구되는 것처럼, 피흘림은 속죄를 요구했다. 이점은 오늘날 우리에게도 교훈을 준다. 비록 우리에게 도덕적으로는 책임이 없다 하더라도, 우리의 행동이 다른 사람에게 해를 끼쳤다면 쉽게 무시할 수 없다.

그럼에도 행위를 적절하게 분석하기 위해서 행위 그 자체에만 국한되어서는 안 된다. 윤리적 행동을 적절하게 평가하기 위해서 우리는 이미 살펴본 것과 같이, 의향 또한 살펴보아야 한다. 바울은, "무슨 일을 하든지 마음을 다하여 주께 하듯 하고 사람에게 하듯 하지 말라"(골 3:23)고 했다. 그러나 어떤 사람은 의향를 너무 지나치게 강조한다. 행동의 결과를 무시할 때 우리는 그렇게 된다. 물론 행위 자체만이 유일한 고려대상이거나, 동기만이 유일한 고려대상은 아니다. 그러나 의향만을 일방적으로 강조할 때 태도 윤리(attitudinal ethics)만이 남는다. 독일 시인 테오도르 스토름(Theodor Storm)은 이러한 윤리 체계를 사행시로 표현하고 있다.

한 사람은 "그 결과가 무엇인가"라고 묻네
다른 이는 "그것이 옳은가"만 묻네
자유인과 노예의 차이가
바로 여기에 있네

명백하게 이 시인은 오직 결과만 바라보는 것을 노예적이라고 생각했고, 그가 보기에는 올바른 윤리학은 오직 의도의 윤리뿐이었다. 철학자 칸트 역시 이와 비슷한 윤리를 세웠다. 칸트에 의하면, 결과에 기초한 행동은 잘못된 행동이다. 그것은 선의지(good will)와 의무를 행하는 것보다 떨어지는 것이다. 상인들은 고객들과 정직하게 거래해야 하는데, 그것은 고객들을 잃어버리지 않으려는 이유가 아니라(비록 정직하게 대함으로 자신의 고객들을 잃어버린다 하더라도) 정직한 것이 그의 의무이기 때문이다. 여기서 칸트는 옳은 것을 말했지만, 그것은 한 면에서 그럴 뿐이다. 만약 스토름의 시를 다시 살펴본다면, "결과가 무엇인가"라는 "노예"의 질문에 대한 대답하는 것에 대해 우리는 진심으로 동의할 수 있고, 또한 우리 자신과 관련되어서만 우리는 어떤 행동의 결과를 자기중심적으로 평가할 수 있다. 그러나 이웃의 복지와 관련이 있다면, 우리는 그런 행위의 동기가 아무리 선하다 하더라도 결과를 고려하지 않은 행동을 할 수 없다. 만약 "자유인"이 결과를 무시한다면, 그는 추상적인 자유에 묶여있는 것이다. 우리는 자유를 행위의 결과로부터 분리할 수 없다. 행동(action)은 반응(reaction)을 부르며, 우리는 그 반응에도 책임을 질 수 있어야 한다.

여기에 대한 유용할 실례로 일방적인 군비축소의 문제를 들 수 있다. 만약 어떤 나라가 전쟁이 항상 혐오스럽다고 해서 모든 무기를 버린다면, 그것은 도덕적으로 선하게 보일 수 있다. 평화주의는 선한 의도에서 진행된다. 그러나 우리가 추구하는 평화주의의 결과로 다른 나라들이 우리 나라를 제멋대로 위협하며 짓밟는다면, 과연 우리는 그 결과를 책임질 수 있는가? 지혜가 결여된 선한 의도는 별로 선하지 못하다. 희생을 계산하는 것도 지혜의 한 부분이다. 한 왕이 다른 왕과 싸우려면 반드시 1,000명의 군사로 2,000명의 적군을 무찌를 수 있는가를 먼저 생각해야 한다. 만약 그럴 수 없다면, 그는 화친을 추구해야 하는 것이다(눅 14:31-32). 아마 그 왕은 적들과 전쟁을 수행할 수 있는 모든 정당성을 가지고 있을지도 모른다. 그러나 그의 윤리적 행위가 선한 의도에 의해서만 수행되어서는 곤란하다. 그는 행위에 수반되는 결과들도 고려해야만 한다.

"세계가 멸망하더라도 정의를 행하라"(fiat justitia, pereat mundus)는 뜻을 가진 라틴 격언이 있다. 지조 있게 들릴 수 있지만, 행동의 규칙으로서는 받아들이기는 곤란하다. 선한 의도를 가진 나의 행동이 별로 영양가가 없는 결과가 나온다고 예측한다면, 나는 그러한 결과에 대해서 책임이 있다. 나의 행위는 단순히 선한 의도에서 수행될 뿐만 아니라, 정확한 목표물을 맞추어야 한다. 의도, 행위, 결과는 우리가 고려해야 할 세 가지 본질적 요소이다. 우리가 그 세 가지를 구분할 수는 있지만 절대 분리할 수는 없다.

따라서 우리는 특별히 우리가 여러 가지 선택에 직면할 때에 불균형을 피해야 한다. 내가 지금 설명해온 것은 우리가 쉽게 빠지는 딜렘마와 관련이 있다. 우리가 공리주의 윤리와 의무론적 윤리 사이에 선택을 해야 한다고 가정해보자. 공리주의자들은, 어떤 행위가 가져다 주는 이익이 무엇이냐고 물으면서, 행동의 결과에 초점을 맞춘다. 영국 철학자 제레미 벤담(Jeremy Bentham, 1748-1832)과 존 스튜어트 밀(John Stuart Mill, 1806-1873)은 사회적인 성격의 공리주의를 옹호했다. 그들은 최대 다수의 최대 행복에 관심을 기울였다. 만약 이웃에게는 불이익이 돌아가지만 개인적인 이익을 위해 행동을 한다면, 분명히 최대 다수의 최대 행복을 바라는 것이 아니다. 공리주의자들은 행동을 할 때 중간지점을 찾는다. 내 행동이 가져오는 좋은 결과와 나쁜 결과가 무엇인가? 그 둘을 각각 저울질해서 이익은 최대로, 손해는 최소화하는 행동을 한다.

의무론자들은 다르게 접근한다. 헬라어 deon은 "마땅히 일어나야 할 일"이라는 의미이다. 의무론자들에게는 의무가 핵심이라고 말할 수 있다. 의무론자들은 행동의 결과가 아니라 규범적인 원리와 의도를 주목하는데, 규범적인 원리와 의도가 무엇이 선하고 무엇이 악한가를 결정하는 지침을 제공한다. 만약 규범이 언제든지 참말을 하라고 요구한다면, 우리와 다른 사람들에게 이익이 된다 하더라도 거짓말을 해서는 안 된다. 법은 법이고 규칙은 규칙이다!

이 두 가지 접근중 어떤 것을 선택해야 하는가? 먼저 의무론적인 접근을 살펴보자. 우리는 우리 자신에게는 손해가 되는 행동을, 하나님이 우리에게 요구하기 때문에 결정해야 하는 경우가 종종 발생한다. 이러한 점에서 우리는 의무론자이다. 우리는 비록 우리 순종의 결과가 우리 자신에게 해가 되는 **것처럼 보이더라도**, 하나님의 계명에 순종해야 한다고 결론을 내린다. 나는 해가 되는 것 '**처럼 보인다**'는 점을 강조한다. 하나님이 당신의 인생을 인도하신다고 믿는다면, 하나님이 당신에게 요구하는 것이야말로 당신에게 가장 선한 것이라고 믿는 것이다. 즉각적으로 유익이 극대화되지 않는 결정을 하더라도, 점진적으로 그 유익은 나타날 것이다. 유익을 결정하는 우리의 지평은 죽음을 넘어서까지 확대된다. 예수님은 그분과 복음을 위하여 집이나 형제나 자매나 어미나 아비나 자식이나 전토를 버린 자는 백배나 돌려받을 것이라고까지 말씀하셨다(막 10:29-30). 이 말씀에 기초해서 우리는 공리주의적 결과를 가져오는 의무론적 행위에 대해서 논의할 수 있다. 이미 언급했지만, 나는 공리주의와 의무론 사이의 구분이 상대적이라고 지적하고 싶다. 우리는 하나님의 계명을 생각해야 한다. 그러나 동시에 우리는 우리 행동의 결과를 예측할 수 있다. 모세가 하나님의 계명을 이스라엘 백성에게 선언했을 때, 그는 그분의 계명을 지키는 것이 **안녕**(well-being)으로 이끌 것이라고 지적했다(신 6:24). 계명 그 자체가 본질적으로 유익하다. 우리가 하나님의 계명에 관해 말할 때 "무조건 순종해 그러면 끝나!"와 같은 어조로 해서는 안 된다. 앞으로 5장에서 살펴보겠지만, 하나님의 계명은 우리의 자유를 보호한다. 따라서 우리는 공리주의나 의무론을 우리들의 윤리학의 기초로 선택해서는 안 된다. 우리의 행위는 의무론적인 것은 틀림없지만, 결코 일방적으로 그런 것은 아니다. 우리는 공리주의자들처럼, 유익에 대해서 늘 주의를 기울이고 가늠질 한다. 가끔씩 이러한 두 가지의 접근으로 인해 긴장이 발생할 수 있다. 비록 우리가 많은 행동이 우리들 자신과 다른 사람들에게 주는 유익을 평가할 수 있음에도, 우리가 항상 그러한 유익들을 볼 수 있는 것이 아니다. 하나님이 우리와 다른 사람들에게 선하다고 말씀하는 것을 선한 것으로 받아들일 때, 우리가 내적인 갈등을 경험할 수 있다. 하나님을 경외하는 것과 그분을 경외할 때 선과 유익이 일치하리라는 믿음은, 내적으로 갈등하는 경우에 우리가(공리주의적 관점처럼) 이전보다 훨씬 더 나아질 것이라 믿으면서 의무론적으로 행동한다는 것을 의미한다.

10. 기독교 윤리

나는 본 장을, 윤리학이 도덕적 행위에 대한 반성이라는 정의의 첫 번째 요소를 명료화시키는 것으로 시작했다. 우리는 윤리학에 관해서 다소 "일반적인" 것을 다루었다. 우리가 생각할 수 있는 모든 윤리는 선과 악, 동기, 덕, 그리고 가치를 생각한다. 윤리는 그리스도인들만의 전유물이 아니다. 로마서 2장 14-15절에서 바울이, 율법의 행위가 그들의 마음에 새겨져 있음을 보여주고, 또한 그들 자신과 다른 사람과 관련해서 그들의 양심 안에서 끊임없이 율법의 행위와 상호 작용하는 이방인들을 언급하고 있음을 기억하라. 그럼에도 사람들이 무엇을 선하거나 악하다고 생각하는지, 어떻게 동기를 부여받는지, 어떤 덕과 가치를 소중하게 생각하는가를 질문할 때, 우리는 엄청난 차이에 직면하게 된다. 분명히 사람들은 윤리적 문제를 아주 다르게 바라본다. 우리는 이점을 공리주의와 의무론의 개념을 논의할때 이미 살펴보았다. 사람들이 무엇을 "유익"하다고 이해하는지, 어떤 규범과 계명들을 존경하는가는 극단적으로 갈라질 수 있다. 이러한 시각의 차이를 명료화하기 위해, 나는 "관점"(perspective)이라는 용어를 나름대로 정의하고 싶다. 우리 모두는 자주 동일한 이슈를 다루는데, 그럼에도 우리 모두가 그것들을 다르게 본다. 이러한 문제들을 평가하기 위한 출발점이 무엇인가? 예를 들어 휴머니즘, 이슬람, 불교의 관점인가, 아니면 기독교적 관점에 의해 인도를 받는가? 모든 윤리적 반성의 체계는 세계관 안에 포함되어 있다. 나의 세계관은 성경의 조명에 기초해있다. 나는 "주의 말씀은 내 발의 등이요 내 길의 빛이니이다"라는 시편 119장 105절 말씀을 고백한다. 따라서 나에게 윤리란, 도덕적 행위를 성경이 우리에게 제공하는 관점의 조명 아래 반성하는 기독교 윤리학이다.

여기서 나는 "성경"(Holy Scripture)이라는 표현을 사용했는데, "성경"(Bible) 혹은 "하나님의 말씀"(the Word of God)도 동시에 사용할 것이다. 물론 "성경"(Holy Scripture)이라는 단수 대신, "성경들"(Holy Scriptures)이라는 복수로도 사용할 수도 있다. 왜냐하면 성경은 모두 66권이며, 신약과 구약으로 엮여져 있기 때문이다. 이 책에서 나는 성경 자체에서 사용된 것처럼, 단수로 사용할 것이다(요 10:35; 17:12; 딤전 5:18). 이점은 비록 66권이 의미의 다양성을 보이지만 그럼에도 우리는 성경을 하나의 책으로 다루고 있음을 의미한다. 바울은 각 성경의 내용에 대해서 "모든 성경은 하나님의 감동으로 된 것으로 교훈과 책망과 바르게 함과 의로 교육하기에 유익하니 이는 하나님의 사람으로 온전케 하며 모든 선한 일을 행하기에 온전케 하려 함이니라"(딤후 3:16-17)라고 말하고 있다. 각 성경에 있는 하나님의 말씀은(방금 인용한 말씀에 강조되었듯이), 우리의 모든 삶과 무엇이 선한가에 대한 우리의 반성을 확실히 이끌어 준다.

11. 성경 윤리학 혹은 기독교 윤리학?

결론적으로 우리는 **기독교**(Christian) 윤리학을 공부할 것이다. 다른 명칭은 조금 적절하지 못하다. 이점을 약간 더 언급하겠다. 우리는 **성경**(Biblical) 윤리학이라는 제목을 선택할 수도 있다. 그러나 만약 우리가 성경적 윤리학이라고 한다면 금방 오해가 생긴다. 성경이 우리의 윤리를 위한 기본 재료는 제공하지만, 단순히 성경 자체가 우리가 간단히 우리 것으로 채택할 수 있는 윤리를 제공하지는 않기 때문이다. 그것은 우리가 성경에서 서술하는 도덕을 잠시 생각해면 명백해진다. 아브라함, 모세, 다윗, 선지자들, 그리고 사도들은 각각 자신들이 처한 시대에 특정한 도덕(때에 따라서 다양한 도덕)을 가지고 살았다. 이러한 도덕들은 자체경비(vigilantism), 일부다처제, 노예제도와 같은 고대적인 요소를 포함하고 있다. 지금 내가 기독교 윤리를 오늘날 행동의 인도자로 소개하려기 때문에, 단순히 성경에 등장하는 시대의 사람들이 어떻게 했고 어떻게 하지 않았는가를 이끌어 낼 수 없다. 만약 내가 아브라함, 다윗, 바울의 시대에 사람들이 추구했던 도덕과 같은 것들을 서술한다면, 기독교 윤리학은 "서술" 윤리와 다를 바 없다. 그러나 우리는 분명히 규범적 윤리에 관심이 있다. 규범적 윤리를 위한 성경이 담고 있는 의미가 무엇인가?

윤리를 성경에서 발견할 수 있다. 잠언과 같은 책은 인간 행위에 대한 반성으로 가득 차 있다. 그러나 우리는 잠언조차도 윤리 그 자체로 채택할 수 없다. 우리는 고대나 근대가 처한 문제들과는 다른 시대에 살고 있다. 우리가 살아가는 시대와 그 문제들에 대한 지식을 잘 구비해서, 우리는 성경 전체가 우리에게 말씀하고자 하는 것이 무엇인가를 주의 깊게 들어야 한다. 여기 저기서 텍스트나 구절을 인용함으로 우리의 목표에 도달하지 않는다. 윤리학에서 성경을 어떻게 사용해야 할지에 대해서는 다음 장에서 좀 더 자세히 설명하고자 한다.

신학적(theological) 윤리학이 라는 명칭을 사용하는 것도 이 책에는 적절하지 못하다. 나는 내가 신학자로서 윤리에 대해서 글을 쓰고 있음을 의식하고 있다. 그러나 "신학적"이라는 말은 오해를 불러 일으킨다. 이러한 혼란은 신학적 윤리와 의료 윤리를 나란히 두고 보면 분명해 진다. 의료 윤리가 의료 전문가들을 **위한** 윤리인 반면, 신학적 윤리는 신학자에 **의해 쓰여진** 윤리이다. 의료 윤리는 직업 윤리(professional ethics)에 속하였지만, 신학 윤리는 적어도 신학자라는 직업에 속하였거나, 편파적으로 말씀의 사역자의 직무를 위한 것만은 아니다. 신학자들이 오늘날 주목하고 있는 윤리는 각각의 그리스도인들이 이러 저러한 방법으로 다루고 있는 윤리보다 더 폭넓다거나 더 좁은 것이 아니다. 요컨대, 우리는 더 이상 신학적으로 고립되어 윤리적 반성을 하지 않을 것이다. 오히려 똑같이 성경을 읽을 수 있는 비신학자들과 협력해서 다루는 것이 일반화되었다. 그 때문에, 우리는 신학적 윤리보다 기독교 윤리로서, 우리의 윤리적 반성의 결과들을 더욱 명확하게 규정할 수 있다.

12. 참고문헌

Aristotle, *The Ethics of Aristotle: The Nicomachean Ethics.* Trans. by J. A. K. Thomson. Rev. by Hugh Tredennick. New York: Penguin Books. Reprint. 1986.

De Graaf, J. *Verandering van de moraal.* Baarn: Boschen Keuning. 1972.

De Graaf, J. *Elementair begrip van de ethiek.* 4th edition. Utrecht: Bohn scheltema Holkema. 1986.

제3장
기독교 윤리학의 범위

1. 왜 정의(definition)가 달라졌는가?

만약 당신이 이 책의 이전 판인 『기독교 도덕과 윤리』(*Christian Morals and Ethics*)의 내용을 기억하고 있다면, 지금 내가 기독교 윤리학에 대해서 이전과는 다른 정의를 내리고 있음을 알아 차렸을 것이다. 이전에 나는 "윤리학은 하나님과 이웃에 대한 책임 있는 행위를 반성(reflection)하는 것이다"라는 정의를 내렸다. 가장 중요한 변화는 현재 내가 윤리학을 하나님에 대한 우리의 행위를 반성하는 것으로 말하고 있지 않다는 점이다. 윤리학을 성경의 관점으로 접근하겠다고 이미 주장한 내가 윤리학에 대해 이렇게 정의를 내렸다는 사실이 이상하게 보일 수 있다! 우리 모두는 하나님의 율법이 두 개의 돌판으로 이루어져 있음을 알고 있다. 첫 번째 돌판은 어떻게 하나님을 사랑하는가에 대해서, 두 번째 돌판은 어떻게 이웃을 사랑하는가를 다룬다. 그렇다면 왜 내가 윤리학을 정의하면서 하나님을 언급하지 않은 채, 도덕적 행위를 다른 사람들과 우리와의 관계로 제한시켜 분석하려고 할까?

비록 윤리학의 정의에서 하나님을 언급하지는 않았더라도, 나는 계속 이어지는 논의마다 거의 예외 없이 하나님을 언급할 것이다. 사실 이 말 한마디로 나는 이와 관련된 다른 모든 논의들을 불식시키고 싶다. 성경의 관점에서 윤리학을 다루고자 하는 사람은, 예수 그리스도 안에서 자신을 계시하신 하나님에 대해서 말하려고 한다. "기독교 윤리학"에서 "기독교"라는 용어를 사용하는 이유는 단순히 우리가 다루는 윤리를 "이웃 사랑", "긍휼", "정의"와 같은 몇몇 성경적 단어로 겉모습만을 치장하기 위함이 아니다. 물론 우리가 여기서 사용하는 "기독교"라는 용어는 예수 그리스도를 핵심 인물로 규정하면서 성경 전체가 가르치는 바를 의미한다. 우리는 적어도 이 점 만큼은 명확하게 해야 한다.

그러나 여기에서 우리는 또 다른 뭔가를 고려할 필요가 있다. 나는 초기 개혁주의 윤리학자들에 대해서 공부하면서, 그들이 윤리와 도덕에 대해서 생각할 때 우리의 행위를 이웃과의 관계에서 바라보았다는 사실에 깊은 인상을 받았다. 그들은 사람과 사람 사이의 관계를 "도덕"이라고 부른 반면, 하나님과 사람 사이의 관계는 종교적인 성격을 가진 것으로 보았다. 예를 들어 네덜란드 암스테르담의 자유대학에서 1890년부터 한동안 윤리학을 가르쳤던 헤이싱크(W. Geesink)는 하나님에 대한 이중적인 예배를 말했다. 우리는 그분께 기도하고, 그 분을 찬양하고, 교회에서 선포되는 그분의 말씀을 들음으로 우리는 **직접적으로** 하나님을 예배한다. 그러나 우리는 우리의 이웃을 사랑하고, 부모님을 존경하고, 이웃의 생명과 재산을 존중하고, 이웃을 향하여 진실을 말하는 것으로 **간접적으로** 하나님을 예배한다. 따라서 우리가 기도를 하든지 이웃을 사랑하든지 상관없이 모두 하나님을 예배하는 것이다. 그러나 모든 예배가 도덕적 혹은 윤리적 성격을 가진 것은 아니다. 헤이싱크에 의하면 도덕적 혹은 윤리적 문제는 사람들 간의 관계에서 수행되는 행위들에만 적용된다.

이러한 구분은 우리가 단어를 사용하는 용례에서도 나타난다. 우리는 "죄"(sin) "범죄하다"(transgress)와 같은 무거운 단어들을 하나님에 대한 우리의 관계를 말할 때만 '특별히' 사용한다(여기서 '특별히'라는 말이 중요한데, 그것은 성경 곳곳에서 이웃에 대해서 죄를 짓는 것을 말하고 있기 때문이다. 창20:9; 40:1, 삼상2:25; 대하6:22; 눅15:18). 시편 51편을 생각해 보면, 밧세바와 간음을 한 후 다윗은 "내가 주께만 범죄하여, 주의 목전에 악을 행하였사오니"라고 고백하고 있다(4절).

우리는 사람과 갈등이 있을 때 그 어려움은 윤리적인 성격을 띠지만, 그 갈등이 하나님과 관계있을 때에는 윤리적 갈등이라고 말하지는 않는다. 분명히 종교(신앙)와 도덕은 구분된다. 신앙으로 인해서 우리가 이웃과 극단적으로 다투는 경우가 발생할 수 있는데, 그럼에도 이웃과의 그 다툼이 필연적으로 도덕적 갈등은 아니다. 정치의 영역에서 우리는 자주 신앙을 공유하고 있지 않는 사람들과도 잘 공조할 수 있다. 그 이유는 우리와 그들 사이에 도덕적으로 공유하는 부분이 많기 때문이다.

기독교 철학자 헤르만 도예베르트(Herman Dooyeweerd)는 실재(reality)를 15가지의 양상(aspect)으로 구분하면서, 도덕적 양상을 법적 양상과 신앙적 양상 사이에 분류하고 있다. 이미 우리는 제2장에서 도덕적 행위를 규정하면서 모든 행동이 도덕적 행동은 아니라는 것을 살펴 보았다. 양상이라는 계층적인 잣대로 실재를 바라볼 때, 도덕적 양상은 다른 양상들의 가운데 위치해 있다. 도덕적 양상의 바로 아래에는 법적 양상이 있다. 법적 양상은 도덕과 관련이 있기는 하지만 그렇다고 도덕과 동일하지는 않다. 도덕적 양상의 바로 위의 있는 것이 바로 종교적(혹은 신앙적) 양상이다.

기독교 신앙 그 자체의 관점에서 본다면, 도덕은 다른 사람을 향한 행위로 구성된 것으로 하나님과 우리와의 직접적 관계와 일치하지 않는다. 우리는 창녀와 세리들이 악행을 저질렀음에도, 도덕적으로 높은 수준을 가지고 있는 바리새인들보다 먼저 하나님 나라에 들어간다는 성경의 메시지를 알고 있다. 만약 도덕이 인간 실존의 가장 궁극적이고 최고의 양상이라면, 이런 사실을 설명하기 어렵다. 그러나 나중된 사람을 먼저 되게 하시는 하나님의 은혜야말로 다른 어떤 양상보다 더 강력하다. 우리는 불경건한 자에게 공의를 베푸시는 하나님을 믿는다. 그 믿음으로 인해 우리는, 스스로를 높이고 자신을 세리보다 도덕적으로 훨씬 낫다고 여겼던 바리새인들의 기도로부터 우리 자신을 지킬 수 있다. 바리새인과는 달리 세리는 하나님 앞에서 스스로를 겸손하게 낮추었다. 도덕과 윤리가 최고는 아니다!

도덕과 윤리를 이와 같은 위치에 둔다고 해서, 도덕과 신앙이 다른 두 개의 세계에 속했다는 말은 아니다. 우리는 하나님에 대한 하나의 예배에만 주목한다(헤이싱크가 말한 것을 상기해보라). 비록 우리가 두 개의 돌판을 구분함에도 불구하고, 그 둘은 하나님이 주신 한 율법을 구성하고 있다. 창녀와 세리들은 하나님 나라에 들어가 여전히 창녀와 세리로 남지는 않는다. 예수님은 바리새인들이 돌을 던지려고 했던 간음한 여인을 용서하셨다. 그분은 그 여자를 자유케 하시면서 "가서 다시는 죄를 범치 말라"고 하셨다(요 8:11).

하나님과의 관계 안에서 도덕과 윤리가 모든 것과 연관되어 있다는 사실은, 다름 아니라 성경을 중심적인 위치로 언급하면서 우리가 이미 내렸던 윤리학의 정의에서 도출된 것이다. 우리는 성경이 우리에게 제공하는 관점에서 윤리학의 문제를 다룰 것이다. 결국 우리가 다루는 것은 **기독교** 윤리학이다.

2. 기독교 윤리는 환경을 포함하는가?

우리가 방금 내린 정의에서 기독교 윤리학은 도덕적 행위에 대한 반성이지, 그 이상은 아니라고 했다. 이전 판에서 나는 윤리학을 정의하면서 하나님과 이웃을 향한 우리의 행위에 대한 반성이라고 서술했다. 그런데 이번에는 '하나님과 이웃을 향한'이라는 말을 의도적으로 빼버렸다. "왜 정의(definition)가 달라졌는가?"를 읽은 후 어떤 사람은 단순히 기독교 윤리학의 정의를 "기독교 윤리학은 다른 사람을 향한 도덕적 행위의 반성이다"라고 기대했을 수도 있다. 그러나 우리는 윤리학의 경계선을 너무 좁게 그려서 마치 윤리학이 사람들 간의 관계만을 다루는 것처럼 정의내리지 않았다. 왜냐하면 사람외의 나머지 피조물들도 고려되어야 하기 때문이다.

우리는 환경, 사물, 식물, 동물을 어떻게 생각해야 하는가? 이 모든 것들을 우리가 책임있게 다루어야 하지 않겠는가? 만약 누군가가 동물을 학대한다면 비록 그것이 다른 사람에게 해가 되지 않는다고 해서 도덕적 악이 아니겠는가? 이 점에서 우리의 행위는 이웃 뿐 아니라 하나님이 우리에게 맡겨주신 다른 피조물과도 연관되어 있다. 인간과 동물은 질적으로 차이가 있다.

인간이 동물보다 높은 지위를 부여받았기 때문에(창 1:26-28) 우리는 동물을 우리의 이웃으로 보지는 않는다. 그러나 인간이 동물보다 높은 지위를 부여받았다는 이유로 인해 우리는 여전히 동물에 대한 도덕적 책임이 있다. 사실상 우리는 우리가 살아가는 모든 자연 환경에 대해서도 도덕적 책임을 가진다. 심각하게 환경을 파괴하는 행위는 도덕적인 잘못이 분명하다. 그러나 그 이유가 환경 파괴로 인해 다른 사람들이 피해를 입었다거나, 부주의한 환경 정책과 실행으로 야기된 파괴적인 결과들을 우리 후손들에게 남겼다는 이유 때문만은 아니다. 비록 이웃에게 해를 입히지 않았다 하더라도 단지 자신의 이익을 위해 나무, 산, 식물, 동물들을 함부로 다루는 것 자체가 도덕적 악이다. 따라서 도덕은 사람들에 대한 우리의 책임뿐 아니라 인간과 뒤엉켜 있는 모든 만물에 대한 우리의 책임과도 연관되어 있다. 환경과 자연은 인간과 동등하게 존재하는 독립적인 것이 아니다. 따라서 우리는 마땅히 이웃 뿐 아니라 환경과 자연을 향해서도 도덕적 책임을 져야 한다.

3. 기독교 윤리학은 '행동하는 주체'도 포함하는가?

우리가 이웃을 향한 도덕적 책임을 가지고 있다면, 우리 자신을 향해서도 이러한 책임을 가지고 있는가? 다시 말해 "나"라는 주체를 윤리학의 영역에서 배제시킬 수 있는가? 만약 그렇다면 윤리학에서 동기, 덕, 의무, 자살, 장기 이식의 문제를 다루는 것이 이상하게 된다. 결국 우리는 자기 자신의 개인적 책임에 대한 경험도 지금까지의 논의된 내용의 연속선상에서 다루어야 한다. 타인에 대한 우리의 행위는 타인이 우리에 대해서 어떻게 해 주기를 원하는가에 비유된다. 마태복음 7장 14절의 "무엇이든지 남에게 대접을 받고자 하는 대로 너희도 남을 대접하라"라는 황금률을 떠올려 보라. 타인들을 향해 당신이 어떻게 할 것인가는 타인들로부터 당신이 받기를 원하는 행위로부터 나온다.

개인 윤리와 사회 윤리는 구분된다. 개인 윤리는 개개인의 개인적 삶을 반성한다. 동기, 덕, 양심, 사랑과 같은 주제들이 여기서 다루어진다. 사회 윤리는 사람들이 공동체적 존재로서 각자의 역할을 감당하는 구조들에 대해서 반성한다. 여기서는 특별히 경제적, 정치적 구조가 주목을 받는다. 물론 개인 윤리와 사회 윤리의 구분이 뚜렷하지 않다. 어떻게 생각하느냐에 따라 그 구분이 달라진다. 우리가 사회 윤리를 다룰 때에도 개인 윤리에서 처럼 행동하는 "주체"(I)가 고려된다.

윤리학에서 이웃과 나 자신은 모두 관심을 기울여야 할 대상이다. 인간의 삶의 모든 영역에 대해 도덕적 행위를 반성하는 것은 동시에 우리들 스스로를 반성하는 것이다.

이웃을 향한 사랑을 자기 사랑과 동일선상에 놓아야 하는가는 전적으로 다른 질문이다. 우리는 이웃을 사랑하는 것처럼 우리 자신을 사랑하라고 명령받았는가? 이 문제는 제7장에서 "사랑"이라는 주제를 다룰 때 논의될 것이다.

4. 교의학과 윤리학

지금 우리는 기독교 윤리학의 범위를 정하는데 주의를 집중하고 있다. 기독교 윤리학은 무엇을 포함하고 있으며, 무엇을 포함하고 있지 않는가? 기독교 윤리학의 범위를 정할 때 기독교 교의학 혹은 조직 신학과 비교하는 것은 큰 도움이 된다. 교의학은 성격상 신학 분과에 속하지만 윤리학은 그렇지 않다. 그러나 초창기에 윤리학은 교의학과 마찬가지로 신학 분과에 속했다. 그 때에는 거의 신학자들만이 윤리학을 가르쳤다. 종종 교의학과 윤리학을 동일한 사람이 가르치기도 했다. 그러나 윤리적 문제의 범위가 늘어나면서 이 두 분야를 함께 다루는 것이 더 이상 힘들게 되었다. 사실 이러한 분리는 원리의 문제가 아니라, 단순히 분업의 문제이다. 오늘날 윤리학이라는 분야가 너무 방대해서, 윤리학을 신학 분과로 부를 수는 없다. 어느 누구나 윤리를 다루기 때문에 윤리학은 오히려 교의학보다 더 인기가 있게 되었다.

그렇다면 윤리학과 교의학의 차이가 무엇일까? 교의학이 교회의 교의(dogma, 教義)를 다룬다면, 윤리학은 그리스도인들의 삶을 다룬다. 우리가 '교리에 대한 교의'와 함께 '실천에 대한 교의'를 말할 때, 기독교적 삶의 기초로서 십계명과 산상수훈을 생각할 수 있다. 이전에

"교의"라는 단어는 '신앙의 수칙'(articula fidei)과 '십계명의 교훈' (praecepta decalogi)을 가리켰다. 거기에는 소위 말하는 '믿음의 규범'(norma credendorum)도 있었지만, 그와 함께 '행위의 규범' (norma agendorum)도 존재했다.

교리적 관점과 윤리적 관점이 섞여 있을 때에는 원칙상 문제가 되지 않는다. 칼빈의 『기독교 강요』는 근대적 학문의 의미로 '교의학'이라 던가 혹은 '윤리학'이라고 부를 수는 없다. 그러나 우리는 『기독교 강요』가 처음부터 끝까지 교리와 함께 삶을 다루고 있음을 확실히 알 수 있다. 그리스도인의 삶을 다루는 "그리스도인의 삶에 관하여"(『기독교 강요』3.6-10)라는 절을 그 외의 다른 부분에서 따로 떼내어 버린다면, 우리는『기독교 강요』를 훼손시키는 셈이 된다. 모든 교리(교의학에서)에는 윤리적 측면이 있고 모든 윤리적 물음은 교의라는 토양에 깊이 뿌리내리고 있다는 사실을 모든 교의학자 혹은 윤리학자들은 인지하고 있어야 한다. 성경은 믿음이 없는 행함과 마찬가지로 행함이 없는 믿음은 죽었다고 가르친다(약 2:14-26, 롬 4:1-4). 한 윤리학자는 교의학과 윤리학의 통일성을 설명하기 위해 그 둘을 동전의 양면에 비유했다. 앞면(교의학)은 동전의 법적 자질을 가리키고, 뒷면(윤리학)은 실생활에서 동전이 가지고 있는 가치를 규정한다. 교의학과 윤리학은 똑같은 동전의 양면이다. 어떤 사람은 다음과 같이 설명하기도 한다. 교의학은 '올바른 믿음'(correct faith)을 강조하고 윤리학은 '지도된 믿음'(directed faith)을 강조한다.

오늘날 우리는 교의학과 윤리학 사이에 있는 통일성을 알아야 한다. 어떤 형태의 신학은 거의 윤리학과 같다. 그런 형태의 신학에서는 사람을 위해 '무엇인가 행하는' 기독교 신앙의 진리만이 신뢰할 수 있는 것처럼 보인다. 삼위일체, 그리스도의 신성과 동정녀 탄생과 같은 교리들은 요즈음 사람들에게는 별로 '해 줄' 것이 없기 때문에 무시해도 된다고 생각한다. 그들은 그 교리들이 너무 급진적으로 변질되었기 때문에 지금은 그것의 원래 의미가 전혀 남아있지 않다고 생각한다. 그들은 고대의 교리들을 그 실용성에 따라서 평가한다. 만약 실용적인 면이 전혀 없다면 빼버려도 상관이 없다. 이런 관점은 교의학보다 윤리학을 훨씬 더 중요하게 여기는 결과를 낳았다. 윤리학을 가지고는 무엇인가 성취할 것이 있지만, 교의학으로는 별로 성취할 것이 없다는 것이다.

그러나 만약 우리가 기독교 윤리학을 극단적인 근대정신(modernity)으로 환원시키지 않고 진정으로 그 본질을 되찾으려면 성경에 나타난 하나님의 계시로 항상 돌아가서 교의학적 문제들과 부딪혀야 한다. 만약 우리가 우리 자신을 윤리학에만 제한시킨다면, 아브라함 카이퍼(Abraham Kuyper)의 표현을 빌자면, 나무의 뿌리가 병들어 가는데 나무 가지를 들고 주문을 외우려는 것과 같다. 하나님의 넓고 깊은 계시를 존중하는 것, 다시 말해서 전체 가운데 한 부분만을 따로 떼어서 이해하지 않는 것이야 말로, 결과로부터 진리를 도출하는 실용주의적 태도로부터 우리를 보호할 수 있다.

윤리학은 중요한 분과이지만, 하나님의 계시는 단순히 행위에 대한 이야기를 훨씬 넘어선다. 윤리학 안에 교의학을 가두는 것은 인간의 기준으로 하나님을 측정하려고 하는 것과 마찬가지이다. 잘 알려진 칸트의 표현을 조금 바꾸어 표현하자면, 윤리학 없는 교의학은 공허하고 교의학 없는 윤리학은 맹목적이다. 삶에서 던져주는 의미가 분명히 드러나지 않을 때 교의학은 무미건조한 스콜라주의가 된다. 반대로 우리의 삶에서 그리스도와 성령께서 수행하시는 사역과는 동떨어진 행동으로 윤리학이 조명된다면 그것은 도덕주의로 전락해 버리고 말 것이다. 이점은 하이델베르그 교리문답 제32주일 편에 잘 표현되어 있다. "왜 우리가 선행을 해야 합니까?"라는 질문에 대해서 다음과 같이 답한다.

"그리스도께서 그분의 보혈로 우리를 값 주고 사신 후 그분의 형상을 따라 성령으로 우리를 새롭게 하시기 때문에, 우리는 모든 삶을 통해서 그분의 유익을 위해 하나님께 감사를 드려야 한다. 이러한 감사는 열매가 맺히는 것과 같은데, 감사의 열매는 그리스도이신 포도나무에 가지가 붙어 있을 때에만 맺히게 된다"(요 15:1-8). 만약 윤리학을 삶의 성화를 위한 자리로 본다면 그 성화가 그리스도께서 주신 자유에서 나오는 것임을 밝혀야 한다.

5. 기독교 윤리학과 철학적 윤리학

우리가 논의해야 할 중요한 구분이 아직 하나 더 남아있다. 우리는 기독교 윤리학에 대해서 다루기를 원한다. 그렇다면 기독교 윤리학과 철학적 윤리학은 어떻게 차이가 날까? 이미 내가 언급했던 것처럼 윤리학은 일차적으로 신학자들이 해야 할 일이다. 그러나 우리는 윤리학은 항상 철학의 한 분과였다는 사실도 살펴보았다. 다양한 철학사들을 살펴보면 역사가들이 종종 어떤 철학자가 윤리학에 대해서 가졌던 사상들을 다루는 것을 보게 된다.

종종 기독교 윤리학과 철학적 윤리학의 구분을 다음과 같이 묘사한다. 즉 철학적 윤리학은 도덕적 사실 그 자체에서 시작하지만, 기독교 윤리학은 성경과 성경에서 발견되는 하나님의 명령에서 시작된다. 철학적 윤리학은 자율적이라고 가정되지만, 기독교 윤리학은 타율적이다.

실례로, 임마누엘 칸트는 『실천이성비판』(Critique of Practical Reason)에서 철학적 윤리학을 제시한다. 여기서 우리가 주목할만한 것은 칸트가 자신의 윤리학에서 죽음 이후의 삶과 신의 존재에 대한 가정을 받아들이고 있다는 점이다. 이런 가정을 받아들이는 자체가 그리 자율적인 것으로 보이지 않는다. 우리는 칸트가 그 가정을 성경으로부터 차용한 것으로 가정할 수 있다. 그러나 칸트는 자신의 견해에서 그러한 결론은 오직 합리적 반성의 기초에서 도달한 것이라고 한다. 칸트는 우리가 비록 삼각형의 세 각의 합이 180도라는 것을 증명하는 것과 똑같은 방식으로 증명할 수는 없지만, 신의 존재나 영혼의 연속성을 받아들여야만 한다고 지적하면서, 신의 존재와 영혼의 불멸을 '**요청**'(postulates)으로 불렀다. 칸트는 성경에 나타난 하나님의 계시가 아닌 도덕적 사실 그 자체에 기초해서, 오성 혹은 이성으로 신의 존재나 영혼의 연속성을 증명할 수 있다고 믿었다. 그러나 윤리학을 다루는 다른 철학자들은 신의 존재 혹은 영혼의 불멸에 대해서 '요청'하지 않는다. 영혼의 불멸성을 다루면서 칸트가 내린 결론은 모두 기독교 신앙을 그대로 반영하고 있다. 그는 기독교 신앙 안에서 자랐고 따라서 기독교 신앙에 대해서 영향을 받지 않을 수가 없었다.

기독교적이든 비기독교이든 모든 윤리학은 어떤 가정들에서 시작한다. 칸트가 말한 "순수" 이성 같은 것은 사실상 존재하지 않는다. 종교적 견해와 같이 서로 갈라질 수 있는 상층부와는 달리, 윤리학이나 정치학과 같은 영역처럼 모든 사람이 동일한 결론에 도달할 수 있는 일종의 하층부가 존재한다는 것조차도 있을 수 없다. 이러한 견해는 로마 가톨릭 신학에서 철학적 윤리학을 바라보는 관점이다. 그들은 철학적 윤리학은 보편적 일치가 가능한 일종의 하층부와 같은 반면, 기독교 윤리학은 그 자체로 유효한 상층부에 속한 것으로 본다. 사람들 사이에서 이성은 보편적이지만, 신앙은 보편적이지 않다.

그러나 "철학적"이나 "기독교적"이라는 말은, "자연"(하층부)과 "은총"(상층부)과 같이, 계급적으로 동시에 현존하는 두 단계가 아니다. 기독교 신앙은 기초로부터 지붕까지 모든 것에 대해서 결정적이다. 고린도후서 10장 5절에서 "모든 생각을 사로잡아 그리스도에게 복종케"

한다고 말하는데, 이성은 오직 그리스도께 복종할 때만이 순수하게 된다. 따라서 원리상 기독교 윤리학이나 철학적 윤리학을 선택할 때 어떤 딜레마도 일어나지 않는다. 철학자들 역시 하나님의 계시에 복종해야 한다. 물론 철학과 신학 사이에는 문제를 정의하는 것이나 방법론의 차이는 확실히 존재한다. 그러나 철학자와 신학자는, 믿음이 없이 철학자들이 일하는 세계와 믿음으로부터 신학자들이 수행하는 것처럼 서로 분리된 세계에서 결코 살지 않는다.

기독교 윤리학과 철학적 윤리학은 인간에 관한 근본적인 결론들을 기록한다. 윤리학은 인간학의 문제와도 마주친다. 우리가 내린 정의는 인간의 도덕적 행위에 대한 반성을 언급한다. 두 종류의 인간학을 간략히 설명함으로 그것이 다른 종류의 윤리학을 만들게 되었는가를 명확히 할 수 있다. 나는 하나의 윤리학을 이끌어낸 다소 광범위한 범위에서의 근대 인간학을 염두해 두고 있다. 내가 보기에, 기독교 인간학과 그 결과로 생겨난 기독교 윤리학은 근대적 인간학에서 도출된 윤리학을 뛰어 넘는다.

많은 사람들이 도덕이라는 현상은 인간이 동물로부터 진화된 결과로부터 나왔다고 주장한다. 그들은 동물을 사전에 프로그램화된 존재로 이해한다. 동물의 특징은 이미 대부분 고정된 유형의 행동을 하거나 잘 발달된 본능을 가졌다는 것이다. 보통 말하듯이, 행동의 측면에서 동물은 아주 단순하게 행동한다. 그러나 사람의 행위는 다르다. 아놀드 겔런(Arnold Gehlen)의 말처럼, 인간은 결핍된 존재(Mängelwesen)이다. 동물과는 달리, 사람은 거의 사전에 프로그램화된 세계에서 살지 않고, 자기 스스로가 구성한 세계에서 살아간다. 사람은 아주 제한된 범위에서만 본능적으로 행동하기 때문에, 많은 경우 여러 가능성 가운데 선택할 수밖에 없다. 제한되지 않는 무한한 가능성들로부터 선택을 하는 것은 너무 어렵기 때문에, 필연적으로 그 선택의 범위를 제한할 수밖에 없다. 거기에 바로 바로 도덕이 관련되어 있다. 도덕은 제한된 행위의 규칙들을 제공함으로, 사람들이 무엇을 해야 하고 무엇을 해서는 안 되는가를 매번 새롭게 평가하고 결정하는 수고를 덜어준다. 실례로 결혼은 한 파트너에 대한 헌신의 관계이다. 우리는 매번 반복해서 새로운 파트너에 눈을 돌릴 필요가 없다. 이러한 상설적인 관계는 안정과 영속성을 준다. 그렇게 함으로 인간은 절약된 창의력과 에너지를 다른 일을 위해 사용할 수 있다. 도덕은 영원히 똑같은 방식으로 남지 않는다. 왜냐하면 이미 수용된 도덕이 해방이 아니라 사람을 얽어매는 식으로 작용할 경우 그 도덕은 폐기되어야 하기 때문이다. 결국, 철학적 관점에서 볼 때 도덕은 인격의 발달을 목표로 한다. 그들에게는 인간이 도덕의 중심이다.

인간과 도덕에 관한 이러한 철학적 관점에 반대해서, 나는 인간이 진화하는 '결핍된 존재'가 아닌 하나님의 형상을 따라 지음 받은 하나님의 피조물로 이해하는 기독교적 관점을 제시하고자 한다. 인간이 아니라 하나님이 도덕의 중심에 서 있는데, 왜냐하면 만물이 그에게서 나오고 그로 말미암고 그에게로 돌아가기 때문이다(롬 11:36). 입법자는 하나님이지 인간이 아니다.

인본주의에 바탕을 둔 철학적 윤리학과 기독교 윤리학의 차이가 여기서 결정적으로 가장 명확하게 나타난다. 무엇을 해야 하고 하지 말아야 할지 나의 자유를 결정하는 것은 자기 자신이 아니다. 하나님의 계명이 내가 무엇을 해야 하고 하지 말아야 할지를 결정해 준다. 자신의 결혼이 파경에 이른 것으로 생각하고 다른 여인과의 관계에서 구제받으려는 사람을 생각해 보라. 그 사람은 아마 그는 그것이 해방을 경험하는 것처럼 보일 것이다. 그러나 "간음하지 말지니라"라는 제7계명을 하나님의 교훈으로 받아들이는 사람에게는 확실히 그것은 해방이 아니다.

앞선 논의(제2장 "목적 지향적 행위" 참조)로 되돌아가 공리주의를 떠올려 볼 때에도 역시 이러한 두 부류의 윤리학의 차이를 볼 수 있다. 도덕은 자주 이익이나 유용성으로 평가받고 있다. 도덕이 만약 사람들의 이익을 증진시킨다면 유용한 것이지만, 그렇지 못하면 도덕은 폐기되어야 할 것으로 여겨진다. 도덕적 규칙은 인간성을 더욱 발전시키거나, 혹은 단순히 그러한 발전을 방해한다. 예를 들어, 과거에는 혼전이나 혼외의 정사는 금지되었지만, 오늘날 사람들은 자유로운 성적인 표현을 위한 여지를 남길 필요가 있다고 한다. 따라서 과거의 성도덕은 더 이상 현대 사람들의 필요들에 대해서 더 이상 적절한 해답을 주지 못하기 때문에 해롭게 되었다.

이미 우리가 보았듯이, 확실히 기독교 윤리학은 "실용성"을 배제시키지 않는다. 그러나 정말 실용적인 것이 무엇인가? 만약 우리가 가진 시각이 짧은 이 세상의 한계를 넘어서지 못한다면, 아마 우리는 이생에서의 최고만을 추구하는 인본주의적 윤리학을 선택할 수밖에 없었을 것이다. 그러나 성경은 경건이 "범사에 유익하니 금생과 내생에 약속이 있느니라"고 말한다(딤전 4:8). 우리는 이점에 관해서 스스로 눈을 가려서는 안 된다. 비록 하나님의 계명에 순종하는 것이 단기적으로는 별로 유익이 되지 않는다고 느끼더라도 결국은 하나님의 계명에 순종하는 것이 유익이 된다는 점을 의심해서는 안 된다. 하나님이 요구하신 자기부인은 결코 자기파괴가 아니라, 우리가 이미 살펴본 대로 결국은 완전한 자기개발로 인도한다. 이생의 제한된 시각으로 본다면 자기부인은 전적으로 유익하지 못하다고 말할 수 있다. 그러나 더 넓은 시각을 가지고 믿음의 선택을 하는 사람에게 자기부인은 참으로 유익하다. 이 땅에서 삶 이후에 또 다른 내세의 삶이 있기 때문에, 비록 이 땅에서는 아직 명확하게 드러나지 않지만, 하나님이 주신 계명이 선할 뿐 아니라 유익하다는 점도 명확하게 드러날 것이다.

어쩌면 부분적으로 우리가 제시한 방식으로 인간학들을 바라보는 사람이 있을지 모른다. 그러나 분명한 것은 중립적이고 객관적인 철학과 기독교적이고 주관적인 종교와 윤리 사이에 완벽한 분리가 존재하는 것은 아니다. 그 어느 것도 세계관의 영역에서 중립적이지 않다. 이점은 철학에서도 마찬가지이다. 이점에서 비기독교철학과 기독교 철학은 엄연히 구분되어 있다. 인간은 자율적이며, 그래서 스스로 법을 제정하는가? 아니면 인간은 하나님의 계명 아래 있기 때문에 타율적인가?

많은 사람들이 "타율적"이라는 말에 혐오감을 느낀다. 타자의 명령 아래 있다고 주장할 때 자신들의 자유가 위태롭게 된다고 보기 때문이다. 이는 충분히 이해할만하다. 그러나 그 타자는 다름 아닌 하나님 자신이시다. 그분은 우리의 삶을 속박하기 위해서가 아니라 오히려 성숙시키기 위해서 법을 제정하셨다. 그러므로 하나님에 의한 속박은 오히려 우리에게 자유를 의미한다. 진정한 자유는 하나님의 법에 귀를 기울이는 것이다.

여기서 나는 서로 상반되는 두 종류의 인간학을 실례로 들었다. 다른 예도 얼마든지 들 수 있다. "인간에 대한 당신의 철학적 관점을 보여주면, 당신이 지지하는 윤리학이 무엇인지를 알 수 있다"라는 말은 어느 경우든지 옳은 말이다. 어떤 사람들은 인간을 여러 가지 가능성으로부터 선택할 수 있는 자유로운 존재로 본다. 다른 사람들은 인간을 결정적이고 전적으로 부자유하며 필연성으로 나오는 행동을 하는 존재로 본다. 또 어떤 사람들은 인간을 자신의 육체에 의해 결정된 존재로 본다. 이성이 감정과 욕망을 다스리는 것이 아니라, 오히려 감정과 욕망이 이성을 다스린다(유물론적 윤리학). 마르크스주의 윤리학은 인간이 전적으로 경제적 관계에 의해 조건화되었다고 주장한다. 이런 유의 윤리학은 오늘날 거의 지지를 받지 못한다. 인간이 선택의 자유를 가졌다고 목청을 높이던 사람들은 주변을 조금만 둘러보면 곧바로 자신의 목소리를 낮추게 된다. 이 지구에 살아가는 대부분의 사람들은 자유와는 동떨어져 살아가는데, 그들은 여러 가지 방식들에 의해 이미 규정되고 제한된 삶을 살아가고 있다.

더욱이, 이미 우리가 살펴보았듯이, 타율적이라는 것(다른 이의 법에 복종하는 것)은 인간에게 결코 수치가 아니다. 진짜 문제는 "당신 스스로를 누구의 아래에 두고 있는가?"이다. 하나님과 그분의 법에 고개를 숙이는 사람이라면, 자신들이 자유롭고 그들의 실존이 정말 인간적이라고 말할 수 있다. 정말 진정한 의미로서 인간적이라고 말이다.

6. 보편적 논변(universal argument)과 기독교적 논변 (christian argument)

이 시점에서 우리가 철학적 윤리학, 적어도 비기독교적인 철학적 윤리학과는 아예 접촉을 피하려고 한다고 생각할지 모른다. 그러나 그렇지 않다. 이전에 이미 나는 신앙이 다르다고 해서 그것이 곧 도덕성에서 차이를 만드는 것은 아니라고 지적한 바 있다. 이것은 곧 철학적 윤리학이 근본적으로 기독교적 확신에서 출발하지는 않는다 하더라도, 우리가 그것으로부터 배울 수 있음을 의미한다. 우리는 인간으로서 많은 공통점을 간직하고 있다. 그 때문에 우리는 기독교 윤리학 안에서 오로지 기독교적인 논변만 고집하는 방식에 제한되어 보편적 논변만을 사용하는 철학적 윤리학에 맞서지는 않을 것이다. 우리는 기독교적 논변과 보편적인 논변 모두를 필요로 한다.

내가 **보편적** 논변라고 말했을 때, 그것은 신앙의 차이에 상관없이 우리 모두가 윤리적 주제들에 관한 합의에 도달하기 위해 사용하는 논변이라는 의미이다. 여기에는 '**합리적**' 논변을 사용하는 도덕적 토론, 즉 모든 사람이 특별한 경우(이 경우에는 기독교적 논의)에 호소하지 않고 참여할 수 있는 토론이 포함된다. 이런 토론에는 종종 공의와 특별히 불의의 문제들이 포함된다. 우리 모두는 무엇이 불의와 불공평을 만들어 내는가를 감지하고 있다. 우리가 살아가는 세계는 엄청나게 많은 인간의 권리들이 명확하게 규정되어 왔고, 총체적인 불의에 투쟁하는 보편적 논변들이 수용되고 있다. 우리 모두는 "다른 사람으로부터 네가 받기를 원하지 않는 것은, 너도 남에게 하지 말라"는 황금률에 익숙하다. 그것은 성경에만 등장하는 것이 아니라, 다른 문화들에도 등장한다. 우리는 그리스도인들보다 비그리스도인들이 더 많이 황금률을 사용해서 불의를 폭로하는 것을 경험하게 된다. 이런 사실에 비추어서, 넬슨 만델라(Nelson Mandela)와 같은 사람은 인종차별을 없애야만 한다고 생각했는데, 그에 비해 개혁파 신자들은 일부 소수를 제외하고 성경 구절까지 사용하면서 너무나 오래 동안 인종차별 체제를 옹호하기도 했다.

물론 윤리학은 정의와 불의 외에도 많은 문제들을 다룬다. 나는 엄격하게 불의에 맞서는 것이 아니라 보살핌, 공감, 동정, 사랑도 고려하고 있다. 비록 그 어느 누구도 우리들의 돈과 시간을 주장할 권리가 없지만, 우리는 도움을 필요로 하는 이웃들을 위해서 자신을 드릴 준비가 되었는가? 우리들은 단순히 우리들이 해야만 하는 의무 그 이상의 것들을 할 준비가 되어 있는가? 이러한 질문들에 직면하는 그리스도인들은 예수님과 그분이 가난하고, 병들고, 소외된 사람들에 대해 헌신했던 것을 생각하지 않을 수 없다. 타인들이 우리에게 가깝거나 먼 이웃들을 위해서 우리 자신을 헌신할 것을 호소할 때, 우리는 항상 우리가 가진 기독교적 동기들에 직면할 것이다. 확실히 이점들은 우리의 논변 속에 자명한 기독교적 요소를 이룬다. 만약 어느 누군가가 자신의 이웃을 위해 뭔가를 해야 한다고 한다면, 확실히 그 역할에는 그리스도인인 우리가 적격이다. 고귀한 신분이 은혜를 베푼다(고귀한 사람일수록 고상한 성품을 지녀야 한다). 여기서 우리는 병든 자와 노인들을 보살핌, 가난과의 싸움, 그 외에도 장기 기증과 같은 문제들을 염두할 수 있다.

그럼에도 이러한 모든 정의로운 행동들이 종종 (부끄럽지만) 우리 그리스도인들에게서 보다 비그리스도인들에게서 더 많이 발견되는 것이 사실이다. 정의와 마찬가지로 사랑 역시도 그리스도인들만이 쓰는 단어도, 그리스도인들만이 가지는 관심사도 아니다. 동기가 다를 수 있지만 사랑을 보여주는 결과는 종종 같을 수 있다. 우리가 다원화된 사회 안에서 효과적인 협의회를 통해 논의한 많은 문제들을 인식한다면, 기독교적 동기냐 비기독교적 동기냐에 상관없이 공유된 결론과 행동들을 이끌 수 있을 것이다.

이것이 우리가 말할 수 있는 전부인가? 기독교적 진영을 포함한 많은 윤리학자들은 그렇다고 믿는다. 그들은 도덕적 행위의 기독교적 **동기부여**에 관해 이야기하는 것을 가치 있게 여긴다. 그러나 이렇게 동기부여가 차이난다고 해서 우리가 공공의 행동을 취하기 위한 길이 방해받는 것은 아니다. 도덕적 공통성이 확실히 존재하기 때문에, 그들은 기독교적이라고 구분될 수 있는 활동이나 행위의 유형들은 존재하지 않는다고 믿는다. 물론 우리는 보편적인 논변을 통해 도덕적 문제들에 대해 계속해서 논의할 수 있다. 우리 모두는 우리의 차이를 명확하게 하기 위해 보편적 논변을 사용함으로, 동일한 테이블에 머물러 있을 필요가 있다. 그리고 우리 모두는 공통의 행동을 위해 노력을 기울일 필요가 있다. 윤리학의 영역은 보편성이 지배한다. 각 사람이 저마다의 신앙을 가지고 있는가? 참 좋은 일이다. 그러나 각자가 행동을 위한 동일한 해법을 목표로 해야 한다.

불행하게도 상황을 그렇게 묘사하는 것은 너무 낙관적이다. 여기에 대한 하나의 명확한 실례가 안락사이다. 여기서 이 문제는 보편적 논변만으로는 별로 진전이 되지 않는다. 자기 스스로 혹은 직계가족과의 상담 가운데, 의식적이고 지속적으로 안락사를 요구하는 환자를 생각해 보라. 그의 관점에서 보면, 자신의 인생 말년이 고통과 수치로 가득 차 있고 아무런 의미도 찾을 수 없다. 여기에 대응해서 내가 무엇을 말할 수 있는가? '스스로 결정할 수 있는 권리'에서 시작하는 사람에게 보편적 논변을 통해서, 그가 힘겨운 삶을 영위하고 있을 때, 비록 가족들도 그가 쉽게 죽기를 바라고, 의사가 그 죽음을 중재할 준비를 하고 있는 데에도, 그가 계속 살아야만 하는 것을 분명하게 말할 수 있는가? 그러나 만일 우리가 '스스로 결정할 수 있는 권리'가 아니라 우리의 삶이 하나님의 손에 이끌려 간다는 사실에서 시작하면, 상황은 완전히 달라진다. 하나님이 우리들을 이러한 삶으로 부르셨다. 하나님은 우리를 이러한 삶으로, 우리의 때가 아닌 그분의 때에 부르셨다. 그리스도 안에서 죽어가는 누군가에게 안락사를 요구할 수는 없는데, 이점은 보편적 논변으로는 명확하게 주장할 수 없는 것이다. 따라서 우리는 다음과 같은 결론을 내릴 수 있다. 다른 사람들이(실례로) 죽음의 순간을 스스로 결정한다는 비기독교적 출발점에서 나온 결론을 주장하는 것에 대항해서 우리는 기독교적 논변을 사용할 수 있다(안락사 논의와 관련해서 "보편적" 논의와 "기독교적" 논의를 좀 더 확대한 토론은 J. Douma 1997:267-269를 보라).

내가 안락사의 예를 든 것은 바로, 모든 사람이 이 문제가 사적인 측면 뿐 아니라 공적인 측면이 있다고 생각하기 때문이다. 안락사는 늘 정치적 사안에 거듭 등장하는 문제 중 하나이다. 현대 사회에서 도덕적으로 수용할 수 있다고 판단된 것들을 수용하거나 결정할 때 기독교적 논변이 명백하게 어떤 역할, 심지어는 결정적인 역할을 하는 문제들을 더 많이 언급할 수 있다. 동성애와 이성애 모두를 다양한 성적 생활방식으로 바라보거나, 임신 혹은 피임을 위한 현대 의학 기술의 사용과 연관된 결혼에 대한 최근의 견해들만 바라봐도 이 점을 알 수 있다. 결국 우리는 동일한 행동으로 이끌려지는 서로 다른 동기부여가 아니라, 공통의 행동의 여지를 주지 않는 서로 다른 동기부여의 문제를 다루고 있다. 일반적으로 이것은 다음과 같은 질문으로 이어진다. 우리가 우리 스스로의 삶을 다스릴 수 있는가? 혹은 우리의 삶을 위해 법을 주신 하나님과 독립적으로 살아가는가? 이런 주장에서의 믿음과 행동은 서로 연결부위가 존재하지 않기 때문에, 공통의 공적 도덕을 기대하기는 어렵다.

물론 우리는 늘 이러한 문제에 대해서 우리 스스로를 시험해야 한다. 보편적 논변을 통해 다른 사람들과 일치를 이루려고 하는 것이 별로 의미 없다고 생각하고 서둘러 토론을 마칠 수도 있다. 네덜란드 신학자 스킬더(K. Schilder)는 하나님의 법이야말로 세계라는 몸에 가장 적합하게 맞는 옷이라고 말한바 있다. 만약 그것이 사실이고, 또한 하나님의 법을 듣는 것이 인간의 삶을 변영시키는 것이고 하나님의 법을 듣지 않는 것이 인간에게 해롭다면, 우리는 이점을 보편적 논변을 통해서도 증명할 수 있을 것이다. 격언이 말하는 것처럼, "쓴 것인지 단 것이지 그 열매로 그 나무를 안다." 따라서, 우리는 선과 악을 구분하기에 유효한 보편적 논변이 결코 존재하지 않는다고 섣불리 속단해서는 안 된다. 잠언과 같은 책에서처럼 성경 자체에서는, 우리가 삶을 위한 법을 무시하려 할 때 그 무시하는 것이 죄된 것일 뿐 아니라 특별히 미련하다고 말하지 않는가? 우리가 보편적 논변을 사용해서, 일주일에 하루를 쉬는 것, 부모와 다른 사람들의 권위를 존중하는 것, 이웃의 생명과 재산에 손대지 않는 것, 진실을 말하는 것이 사람에게 좋다고 하는 것은 실제로 우리에게 무의미하지 않다. 우리가 신중하게 십계명을 설명할 때 이러한 계명들이 주는 유익들을 보여주고 있다. 우리가 제2장("공리주의적 윤리와 의무론적 윤리" 참조)에서 논의했던 것을 기억해 보자. 기독교 윤리학자들은 "하나님의 계명을 들으라 그것이 전부이다"라고 말하는 일종의 의무론자들이 아니다. 기독교 윤리학자들은 공리주의자가 되어, "하나님의 말씀을 들으라 그러면 당신에게 진짜 유익한 것이 무엇인지 알게 될 것이다"라고 말할 수도 있다.

따라서 보편적인 논변도 우리에게 유효하다. 그러나 이미 내가 분명히 언급했듯이 보편적 논변에는 한계가 있다. 우리는 보편적 논변과 기독교적 논변 모두를 필요로 한다. 그리고 보편적 논변을 사용할 때 철학적 윤리학(기독교적이건 비기독교적이건)으로부터 우리가 많은 것을 배울 수 있다는 점은 분명하다.

결국, 기독교 윤리학은 교회 안에서 그리스도인들에게 좋은 조언을 제공하는 것 이상이다. 기독교 윤리학은 널리 알려진 일반적 도덕을 분석하고, 이러한 도덕을 승인하거나 비판함으로 공공 사회를 섬기는 것을 목적으로 해야만 한다. 그리스도인들은 보편적 논변으로 의사소통을 할 수 있어야 하며, 단지 기독교적 논변만 사용함으로 최후방으로 후퇴해서는 안 된다. 자주 이러한 보편적 논변들은 일반 사람들의 도덕에서 하나님의 계명을 지키는 것이 얼마나 선하고 유익한가를 명확하게 보여준다.

기독교 윤리학자와 비기독교 윤리학자 모두가 그들의 믿음에 의해서 이끌려진다는 사실을 기독교 윤리학은 밝히 드러낼 수 있다. 자신들의 삶을 자기 스스로 다스린다고 믿는 것은, 하나님이 우리의 삶을 다스린다는 믿음과 같은 신앙적 헌신과 같다. 인간 스스로가 자신의 삶을 결정한다는 믿음이 현대사회에 지속적으로 끼친 수많은 영향력은 쉽게 우리의 눈을 멀게 했다. 즉 인간이 인간 스스로를 통제한다는 주장이 보편적 논변이라는(잘못된) 인상을 우리에게 심었던 것이다. 그러나 그러한 인본주의적 호소는, 우리 자신이 아니라 하나님이 삶과 죽음의 과정을 다스린다는 기독교적인 논변과 마찬가지로 신앙에 의해 이끌려진 것과 다르지 않다.

어떻게 우리가 그것을 알 수 있는가? 우리는 성경에 호소하기 때문이다. 나는 기독교 윤리학에 대한 정의를; 성경이 우리에게 제공하는 관점의 조명아래 도덕적 행위를 반성하는 것이라고 공식화시켰다. 내가 내린 정의의 마지막 부분에 대해 진지하게 토론해야 할 때가 되었다. 우리는 우리의 윤리학에서 성경을 사용할 것이다. 그러면 우리가 어떻게 성경을 사용해야 하는가?

7. 참고문헌

Geesink, W. *Gereformeerde Ethiek*. 2 vols. Kampen: Kok. 1931.

Dooyewerd, Herman. *A New Critique of Theoretical Thought*. Trans. by David H. Freeman and H. de Jongste. 4 vols. St. Catharines, Ontario: Paideia Press. 1984.

Douma, J. *Medische ethiek*. Kampen: Kok. 1997.

Kuyper, A. *De Gemeene Gratie*, 3rd edtion. Kampen: Kok.n.d.

Rothuizzen, G. Th. *Wat is ethiek?* Kampen: Kok. 1973 .

Van Oyen, H. *Evangelische Ethik*. Grundlagen. Bazzel: Reinhardt. 1952 .

제 4 장
성경의 사용

1. 어려움

만약 우리가 기독교 윤리학이 가능하다고 믿는다면, "기독교적"이라는 용어가 가진 내용을 구체적으로 밝힐 수 있을 것이다. 왜 우리는 어떤 것은 기독교적이라고 생각하고, 어떤 것은 비기독교적이라고 생각하는가? 이 질문에 대답하기 위해서는 무엇이 기독교적이고 무엇이 비기독교적인가를 측정할 수 있는 규칙, 즉 규범이 있어야 한다. "규범"(norm)이라는 단어는 라틴어 $norma$에서 유래 했는데, 이 단어는 원래 모서리가 직각이고 똑바른지를 결정하는 도구로 사용된 "목수의 직각자"를 의미했다. 규범은 옳고 그름을 평가하는, 안내 지침, 측량 도구, 규칙이다.

그렇다면 우리는 기독교 윤리학을 위한 규범을 성경에서 찾는다. 하나님은 무엇이 선한지, 우리에게 어떤 것을 기대하시는지를 계시하셨다(미 6:8). 하나님의 말씀은 내 발의 등이요 내 길의 빛이시다(시 119:105). 하나님의 말씀은 교훈과, 책망과, 바르게 함과, 의로 교육하기에 유익하기에, "하나님의 사람으로 온전케 하며 모든 선한 일을 행하도록 구비시킨다"(딤후 3:16). 그러나 이 점 때문에 어려움이 발생한다. 왜냐하면 많은 사람들이 자신들의 행위를 정당화하기 위해 성경에 호소하기 때문이다. 그러나 그들이 동일한 방법으로 성경에 호소하는 것은 아니다. 가장 극단적으로 모순되는 입장들이 모두 성경에 호소했고, 지금도 성경에 호소하면서 옹호되고 있다. 정부에 대한 복종과 권위에 대항하는 혁명 모두 성경에 의해 옹호되어 왔다. 사유재산권과 몰수권도 동일하다. 동성애적 생활방식을 옹호하는 자와 반대하는 자 모두 성경에 호소한다. 그렇다면, 누가 옳은가를 결정하는 것은 별로 소망이 보이지 않는 일이 아닌가? 우리의 규범으로 성경을 사용하면서 무엇이 남아있는가?

이 질문에 대한 대답은, 비록 성경이 수많은 방식들로 오용되지만 그렇다고 그러한 오용이 올바른 성경의 사용을 무효화시키지 못한다는 것이다. 만약 사람들이 서로 모순된 입장을 옹호하기 위해 늘 성경을 사용한다고 해서 성경에 호소하는 것이 별로 가치가 없다고 생각한다면, 그 문제가 현대에만 나타난 현상이 아님을 알 필요가 있다. 성경을 사용하면서 바리새인들은 예수님을 반대했고, 유대주의자들은 바울을 반대했다. 그러나 예수님도 바울도 그 이유로 인해서 성경 사용을 피하지 않았다. 사도 베드로는 바울의 서신들이 몇몇 난해한 구절을 포함하고 있음을 알았다. 그러나 동일하게 바울은 "무식하고 굳세지 못한" 자들이 그의 서신뿐 아니라, 성경의 다른 부분들도 억지로 풀다가 "스스로 멸망에 이르렀다"고 비판하고 있다. 성경은 하나님의 감동으로 된 것이다. 비록 많은 손들이 성경을 더럽히더라도 여전히 우리에게 성경은 하나님의 말씀으로 남아 있다.

두 번째 어려움은 성경의 역사적 특징에 있다. 성경은 우리에게 예수 그리스도를 통한 하나님의 구속 역사가 진전됨을 보여준다. 예수님의 오심으로 너무 많은 것들이 변화되었기 때문에, 하나님이 이스라엘의 역사 속에서 이전에 자신의 백성 이스라엘 민족에게 명령하신 모든 것들이 오늘날 모두 유효하지는 않다. 예를 들어, 봉헌되는 희생제사들, 농경사회의 냄새가 물씬 풍기는 법률과 의례적 절기들, 다양한 범죄에 대한 엄격한 처벌들 등 모세의 율법에 포함되어 있는 이런 모든 것들을 생각할 수 있다.

모세와 선지자들의 시대에 효력이 있었던 모든 것들이 지금 신약 시대에 유효한 것은 아니다. 그것으로 인해 우리는 다른 질문에 직면하게 된다. 오늘날에도 여전히 효력 있는 것이 무엇이며, 효력 없는 것은 무엇인가? 모세의 율법 중에 어떤 부분은 오늘날까지 유효하며, 어떤 부분은 그 당시에만 유효했는가?

세 번째 우리가 직면하는 어려움은 바로 현대적 상황에서 발생하는 많은 윤리적 문제들이 성경의 시대에는 존재하지 않았다는 점이다. 사실 오늘날 우리가 주목해야 하는 많은 주제들을 불과 백 년 전의 사람들이 얼마만큼 알았겠는가? 피임이나 불임수술로 산아를 제한하는 것에 관해 우리는 어떻게 결정해야만 할까? 핵무기, 장기 이식, 시험관 아기에 대해서 우리는 어떻게 결정해야 하는가? 단순히 성경 본문만을 찾는 것은 이런 문제를 해결하는데 별로 도움이 안 된다. 이런 현대적 상황에 대해 과연 성경은 우리에게 어떤 메시지를 던지고 있는가? 만약 성경이 우리에게 어떤 메시지를 주고 있다면, 우리는 어떻게 그것을 발견할 수 있는가?

2. 해석학(Hermeneutics)

우리는 지금 위에서 언급한 질문들에 대한 답을 찾고 있다. 답을 찾을 때 우리에게는 흔히 말하는 해석학이 필요하다. "해석학"이라는 용어는 "번역하다"(to translate)라는 뜻을 가진 헬라어 단어, *herméneuo* 로부터 생겨났다. 우리가 윤리적 성찰에 대해서 판단할 때 성경을 어떻게 해석해야 할까? 도덕적 행위에 대하여 하나님이 오늘날 우리에게 무엇을 요구하는지를 알려고 한다면, 우리가 성경을 어떻게 다루어야 하는가?

해석학에 대해서 논의하면서, 나는 해석학이라는 개념이 초기에 어떻게 사용되었는가에서 시작하려고 한다. 나는 그리스도의 교회가 하나님의 영에 이끌리어 하나님의 말씀을 적용하는 위치에 있다고 믿는다. 우리는 성경을 개인주의적으로 자기 혼자 읽는 것이 아니라, "모든 성도들과 함께" 읽는다(엡 3:18). 개인적으로 성경을 읽을 때에 우리는 아무 것도 없는 백지 상태에서 시작하는 것이 아니다. 우리가 처한 여러 가지 상황 속에서 무엇을 해야 하는가에 대한 자각과 의문을 가지고 스스로 성경을 읽을 때, 이미 우리는 많은 부분에서 우리가 추종하는 성경 해석과 적용의 한 전통에 서 있다. 성경은 이전부터 **계속 적용되어 왔으며**, 따라서 우리가 수용할 수 있는 다양한 적용의 실례를 발견할 수 있다는 점도 명백하다.

성경을 적용할 때 우리는 하나님의 말씀인 성경을 성경 해석의 전통과 동일한 수준으로 놓지는 않는다. 그러나 그 이유로 인해 성경 해석의 전통은 매우 중요하다. 어느 누구도 전통이 없이는 살아갈 수 없다. 성경 해석의 전통도 마찬가지이다. 만약 우리가 아무 전통도 없이 무엇을 한다면, 우리는 모든 것을 스스로 발견하고 만들어야 된다. 경외심으로 하나님의 말씀을 듣는 교회 안에서 우리가 성경해석을 올바르게 하기 위해서는 교회의 보증자가 되시는 성령의 인도하심을 의지해야 한다(요 14:15이하). 그 때문에 우리는 쉽게 이전에 살았던 그리스도인들의 삶의 방식을 상기해 볼 수 있다. 우리 시대의 도덕은 다윗이 살던 시대의 도덕과는 다르다. 그러나 다윗의 삶과 그의 시편들을 주목할 때 우리와 다윗이 그렇게 낯설게 느껴질 만큼 극단적인 두 세계에 살고 있지는 않음을 알게 된다. 어거스틴은 성(sexuality)을 우리가 표현해서는 안 될 아주 부정적인 것으로 묘사했다. 그러나 우리는, 명목상 그리스도인이라 불렸지만 혼전이나 혼외의 성적인 쾌락을 허용해야 한다고 주장했던 많은 근대의 사람들보다 초대 교부 어거스틴이 참된 그리스도인이라고 분명히 말할 수 있다. 칼빈은 제네바에서 아주 엄격한 규율을 실천했다. 그러나 그의 그러한 실천은 오늘날 근대 서구의 "기독교적" 도시에서의 삶에서 나타나는 것 보다 더욱 법과 복음의 이상을 보여주었다. 세월이 흐르면서 많은 것들이 변했지만, 많은 것들이 이전과 변함없이 유지되고 있다. 만약 그렇지 않다면 내가 방금 묘사했던 초대 교회, 중세, 종교개혁기에 살았던 그리스도인들의 삶도 알 수 없을 것이다.

여기에서 반드시 더 추가해야 할 부분이 있다. 도덕의 역사를 통해 우리는 이미 저질러진 많은 실수들을 보게 된다. 심지어 우리가 어떤 것이 우리를 향하신 하나님의 뜻이라고 선언할 때조차도 실수를 할 수 있다. 전통에 큰 가치가 담겨져 있지만, 그렇다고 이전의 우리 조상들이 그랬기 때문에 우리도 그렇게 해야 한다는 전통주의가 되어서는 안 된다. 우리가 도덕에 대한 성경의 의미를 최초로 발견할 수는 없지만, 분명히 그것의 의미를 늘 새롭게 재발견할 수 있다. 그 어느 것도 이전과 동일하게 머물러 있지 않다. 과거 좋았던 그 시절은 대부분 사라져 버렸다. 만약 교회가 배교로 인해 어려움에 처해 있다면, 좋은 교리뿐 아니라 선한 삶도 끝난다. 만약 하나님의 말씀이 더 이상 순수하고 능력 있게 선포되지 않는다면, 그로 인해 기독교적인 삶이 큰 손상을 입게 될 것이라 쉽게 예상할 수 있다. 그러나 만약 우리가 모든 것을 이전에 있었던 방식으로 유지하기 위해 삶 속에 나타난 새로운 발전들을 보지 못한다면, 그것 역시 기독교적인 삶에 큰 손상을 입힐 것이다. 왜냐하면 역사에서 새 시대에는 새 대답을 요구하는 새로운 질문들이 생긴다는 사실을 우리가 망각했기 때문이다. 예를 들어, 기술(핵무기, 유전공학 등)의 발전과 관련되어 생긴 윤리적 질문을 생각해 보라. 옛 것에 대하여 그것이 가치 있는지 시험해야 한다면, 그와 동시에 우리는 새로운 것들에 대해서는 그것이 건전한지 해로운지에 대해 평가해야 한다. 우리는 성령의 인도하심을 믿지만, 그 인도하심으로 인해 우리 스스로 아무런 행동도 취해서는 안 된다고 생각해서는 안 된다. 이전 세대가 우리에게 제공했던 해석학의 통찰력에 감사해야 하겠지만, 언제나 우리는 때때로 옛 전통을 보충하고 때로는 교정하면서 우리의 것으로 만들어야 한다. 해석학은 우리로 하여금 성경을 잘 사용하여 우리의 생각들을 비판적으로 평가하는 자리로 인도해 준다.

여러 종류의 해석학들이 존재하기도 한다. 이 문제는 너무 복잡하기 때문에 윤리학을 소개하면서 그 전부를 논의하기는 어렵다. 그러나 간단하게 성경이 하나님의 말씀이라는 고백에서 시작하는 해석학과, 그 고백을 무시해 버리는 해석학이 얼마나 엄청난 차이가 나는가를 이해할 수 있다. 성경이 하나님의 말씀이라는 전제를 무시한다면, 오랜 역사를 통해 근본적으로 동일하게 하나님의 성령의 인도하심 아래에서만 성경을 이해할 수 있었고 또한 마땅히 그러해야 한다는 것을 믿지 못할 것이다.

근대의 해석학은 상당히 부정적인 방향으로 우리에게 영향을 끼칠 수 있다. 근대 해석학의 출발점은 하나님이 무엇을 말씀하셨는가가 아니라 우리 자신이 누구인가이다. 근대 해석학은 인간의 자기 이해를 향한 것이었다. 문제는 텍스트가 정확하게 무엇을 말하는가(과거에 어떻게 말하여 졌고, 오늘날 그것이 유효한가)라기 보다, 텍스트가 나를 감동시키기 위해 어떻게 해석될 수 있는가이다.

한 가지 예를 드는 것이 좋을 듯 하다. 사람들은 더 이상 그리스도가 무덤에서 육으로 부활했다는 사실이나, 그분의 승천과 재림을 믿지 않는다. 왜냐하면(사람들의 말하는 것처럼) 현대인들은 부활, 승천, 재림과 같은 사건들을 문자적으로 받아들이지 않기 때문이다. 그럼에도 그들은 그러한 주제와 연관된 성경본문들이 우리에게 여전히 말하는 바가 있다는 식으로 해석한다. 그들이 볼 때 그리스도의 부활은 실제로 어떤 메시지를 담고 있다. 그러나 그것은 항상 현대인들이 "연관"시킬 수 있는 한계 안에서만 그러하다. 문자 그대로 무덤으로부터 시체가 부활했다는 것을 믿는 것은 그 한계를 넘어선다는 것이다. 따라서 그들은 현대인들이 수용하기에 적합한 다른 해석의 가능성들을 찾을 필요가 있다고 주장한다.

성경의 계명들에 대해서도 동일하게 적용할 수 있다. 오늘날 동성애에 반대하는 것이 낡아빠진 것처럼 보인다. 그러나 성경은 명백하게 동성애적 행위에 찬성하지 않는다. 그때 우리는 성경을 무시하지 않으면서도 여전히 우리의 윤리학에서 성경의 역할을 인정하기 위해서 어떻게 해야 할까? 동성애를 금지하는 텍스트를 해석할 때, 그러한 금지가 인간 발전을 위해 그 시기에만 의미가 있었지만 지금은 유효하지 않다는 식으로 해석할 수 있다. 예를 들어, 동성애는 이스라엘 인구의 필연적인 성장과 충돌되었지만 오늘날은 그렇지 않다고 해석한다. 오히려 오늘날 우리가 당면한 문제는 인구 과잉이기 때문에, 이것이 동성애 행위를 추천하는 기초가 될 수도 있다는 식으로 말이다! 그러한 이유로 동성애를 옹호하는 사람들은, 성경이 비록 소돔(창 19장)이나 로마서 1장 24-32절의 세계에서 발견되는 것과 같은 갖가지 형태의 방탕은 거부하지만, "현대적" 형태의 동성애는 거부하지는 않는다고 말한다.

이런 방식으로 성경은 현대인들에게 적합하게 해석되었다. 현대인이 성경에 맞춘 것이 아니라, 성경이 현대인들에게 맞추어진 셈이다. 가장 결정적인 것은 인간에 대한 우리의 선이해(독어로 Vorverständnis)이다. 어떤 사람이 특정 견해로 성경을 이해하게 되면, 그때부터 그는 자신의 견해를 절대 포기하지 않는다. 만약 우리 시대에 예수님이 육체로 부활했다는 사실을 더 이상 주장하지 못한다면, 육체적 부활을 다루는 성경의 모든 자료들은 일괄적으로 이런 현대의 주장을 극복할 능력을 상실한다. 그리고 만약 동성애를 지지하는 특정한 도덕적 확신이 만연되면, 결혼과 성에 관한 성경의 모든 자료들은 이런 현대의 주장을 극복할 능력이 결여된다. 그러한 해석학에서 성경은 더 이상 현대인에게 비판적으로 말할 수 없다. 이러한 견해의 밑바탕에 존재하는 것은 바로 우리가 성경에서 발견할 수 있는 것도 신적 계시가 아니라 인간의 종교적 경험뿐이라는 확신이다. 그러한 종교적 경험은 시대에 따라 변화하며, 그 경험에 따라 성경에서 수용할 수 있는 우리의 견해도 변한다는 것이다.

조금 전 나는 해석학이 매우 복잡한 주제라고 언급했다. 성경에서 하나님의 말씀을 발견한다는 전제를 가지고 접근하는 모든 사람이, 성경을 해석하면서 동일한 결론에 도달하는 것이 아님을 주목할 필요가 있다. 심지어 정통 개혁파 진영에서조차 서로 견해가 엇갈린다(Loonstra와 Wierenga를 보라). 우리 모두는 성경에 대해서 선이해를 가지고 접근한다는 점을 정직하게 인정하지 않을 수 없다. 그러한 선이해는 성경의 권위를 반대하는 사람들 사이에만 존재하는 것이 아니다. 우리 모두는 성경을 펴기 전에 도덕에 대한 나름대로의 관점을 가지고 있다. 그리고 기독교 도덕에서 이미 나타난 많은 치명적인 실수를 보면서 우리는(비록 그것이 기독교적으로 포장되었지만) 너무나 명백하게 모든 그리스도인이 전적으로 동일한 선이해를 가진 것이 아님을 알 수 있다.

따라서 우리 모두는 자기 나름대로의 전제를 가지고 성경을 바라본다. 그러나 중요한 문제는, 만약 성경이 우리에게 무언가를 요구한다면 우리가 우리의 선이해를 굴복시키려고 하는가 아니면 궁극적으로 성경을 지배하기 위해 우리의 선이해를 고집하는가이다. 성경은 우리가 회심할 것과, 동일하게 성경을 신실하게 해석하고 우리의 관점에 맞추어 성경을 곡해시키지 말 것을 요구한다. 그러나 회심은 오직 우리가 성령의 권위에 복종하려고 하며, 우리들의 선이해에 오류가 있음을 전적으로 인정할 때만이 가능하다. 현대 해석학에 대해 우리가 거부한다고 해서 하나님이 우리에게 말씀하시려는 바를 성경에서 항상 발견할 수 있다는 것을 보장하지는 않는다. 계속해서 나는 많은 그리스도인들이 지금까지 계속 빠져왔고 지금도 여전히 빠지고 있는 오류인 성경문자주의(biblicism)에 대해서 논의할 것이다. 어떤 사람은 중심으로 하나님의 말씀의 권위 아래 자신을 두지만, 여전히 성경을 자기 생각의 대변자로 바꾸어 버리는 오류에 빠지기도 한다. 그런 사람은 자신의 행위가 당연히 옳다고 생각하기 때문에, 하나님의 말씀이 자신의 행위를 정죄한다고 도저히 생각할 수 없다. 이점에 대해서 그는 이미 자기에게 있는 생각을 성경으로부터 읽을 뿐이다.

3. 성경문자주의(Biblicism)

성경문자주의를 어떻게 이해해야 할까? 성경문자주의는 성경 본문을 그것 자체만 고립된 방식으로 사용하는 것을 말한다. 본문(text)을 그것이 위치한 문맥(context)으로부터 떼어 버리는 것이다. 성경문자주의는 주어진 본문의 분위기와 색깔을 제공하고 있는 시대와 상황에 전혀 주의를 기울이지 않는다. 성경문자주의는 그때의 행위와 지금의 행위를 너무 쉽게 동일한 것으로 본다. 이런 방법으로 보면 성경은 그저 다양한 사례들을 모아놓은 책으로 전락해 버린다. 그 사례들은, 그때 그들이 그렇게 행했던 것처럼 오늘날 우리도 이렇게 해야 한다는 식으로, 일종의 도식 안에서 적용된다.

성경문자주의에 빠져 성경을 잘못 적용한 몇 가지 실례들을 살펴보자. 윌리엄 퍼킨스(William Perkins, 1558-1602)는 창세기 41장 42절(바로가 요셉에게 세마포 옷을 입혔다)에 호소하여 그 당시 사람들에게 각 사람은 자신의 사회 계층에 적합한 옷을 입어야 한다고 경고했다(1659, 3:7). 그는 장인(trademan)은 향사(鄕士, esquire)처럼, 향사(esquire)는 귀족(nobleman)처럼, 귀족들은 백작(count) 처럼, 백작들은 왕족(prince)처럼 옷 입기를 원한다고 불평했다. 그러한 행동은 다양한 사회 계층을 지명한 하나님의 명령을 깨뜨리는 행동이라는 것이다. 오로지 창세기 41장 42절만 가지고 그렇게 적용했다! 그는 동일하게 스바냐 1장 8절에 근거해서 외국 옷을 입는 것을 정죄했는데, 그 본문은 하나님이 방백들과 왕자들을 벌하실 것인데 그들 모두가 이방의 의복을 입었다는 내용을 담고 있다.

화려한 장식과 치장에 대해서 터툴리안은 여성들이 다른 이의 머리카락으로 만든 가발을 쓰는 것이 적절하지 않다고 생각했다. 왜냐하면 마태복음 6장 27절에 우리 스스로 키를 더할 수 없다고 했기 때문이었다! 또한 그는 여성들이 "두루마리 같은 장식물을 옷깃 주변에 쌓는 것"과 같은 인위적인 방법으로 체중을 더하는 것도 허용하지 않았다. 오늘날 우리는 이러한 터툴리안의 말을 웃어 넘길 것이다. 그러나 여전히 여성들이 헐렁한 바지를 못 입는다고 주장하는 사람들이 있다. 그들은 신명기 22장 5절에 여성들이 남자의 옷을 입지 말것과 남자들이 여성의 옷을 입지 말라고 명백하게 진술되어 있다는 것을 그 이유로 든다.

의복의 영역 뿐 아니라 사회적 관계의 문제에서도 성경문자주의의 실례가 나타난다. 함에 대한 저주(창 9:25)는 수없이 노예제도(특히 흑인들)를 옹호하기 위해 사용되었다. 하루 8시간제 노동이 낮이면 열심히 일해야 한다는 예수님의 말씀(요 9:4)에 위배되는 것으로 여겨지기도 했다. 왜냐하면 그들은 성경에서 낮이 12시간이라고 지적하고 있기 때문이다(요 11:9). 주 5일 노동제 역시 6일 동안 열심히 일해야 한다는 계명과 배치되는 것으로 생각되었다(출 20:9). 이전 시대에는 포도원(선조로부터 물려받은 기업)을 넘기기를 거부했던 나봇에 대한 아합의 행위에 경고하면서, 토지의 국유화를 거부하기도 했다(왕상 21장). 어떤 사람들은, 보아스가 노조 같은 것이 없이 자신의 일꾼들과 좋은 관계를 유지했다는 것을 지적하면서 노동조합이 불필요하다고 주장한다. 마태복음 20장 15절의 "내 것을 가지고 내 뜻대로 할 것이 아니냐"라는 포도원 주인의 말에 호소하면서, 노동조합에 반대하는 고용주의 권리가 옹호되기도 한다.

성경문자주의의 사례를 계속 들 수 있다. 기독교 가정에서 주사위 놀이가 금지되었는데, 왜냐하면 잠언16장 33절이 주사위 던지는 것을 거룩하고 놀이에는 부적합함을 가르치는 것으로 생각했기 때문이었다. "사람이 제비를 뽑으나 일을 작정하기는 여호와께 있느니라." 오늘날 어떤 사람들에게 순대는 금기시 된다. 이유는 사도행전 15장 20절에서 "목매어 죽인 것과 피를" 삼가라고 명령하고 있기 때문이라는 것이다.

지금은 우리가 과거의 이런 실례들에 대해서 씩 웃어 넘기기 쉽다. 그러나 윤리학에서 현대적 형태의 성경문자주의는 지금도 존재한다. 예수님의 성전 청결 사건을 근거로 어떤 사람들은 그분을 위대한 혁명가로 선언한다. 마르크스주의의 영향을 받은 신학자들은 돈 바꾸는 자들의 탁자를 뒤엎으신 그분의 행동을 정치적 경제적 구조를 전복시키는 것과 동일시한다. 아모스가 당시의 부유한 자들을 저주했듯이(암 5:11; 6:3이하; 8:4이하), 오늘날 우리는 자본주의를 정죄해야 한다고 한다. 모든 빚진 자들이 해방되었던 이스라엘의 희년은 오늘날 권력 있는 자들의 권익이나, 군대 경찰 관료들을 가진 군주 제도에 대한 항거로 보여 진다.

사실 이러한 두 가지 형태의 성경문자주의는 그들이 끌어내고 싶은 결론에 성경을 억지로 맞추는 잘못을 범하고 있다. 사람들은 성경을 억지로 자신들의 시대에 발생하는 명령으로 끼어 맞추는데, 사회계층 혹은 적절한 의상의 문제에 관한 것이든 상관없이 그러한 가르침을 성경에서 "발견"하려고 한다. 성경 본문은 각자의 관점을 위한 면허를 제공하는 셈이 된다. 만약 누군가가 현제 상황을 변화시킬 가장 적기라 믿는다면, 그 요구를 위한 "증거"를 성경에서 찾는다.

앞서 언급한 여러 실례들에 나타난 오류들을 더 이상 분석할 필요는 없다고 본다. 단지 우리는 반복되는 근본적인 오류의 징후들에 대해서 몇 마디 언급하는 것으로 충분하다. 그것은 바로 인용된 성경구절과 연관되어 반드시 고려되어야 할 상황, 시대, 배경을 무시한 채 성경을 고립된 방식으로 사용하는 것이다.

여자들이 바지를 입는 것을 비판하기 위해서 신명기 22장 5절에 호소해서는 안 된다. 그 본문은 당시 이방 가나안족의 종교적인 행위를 다루는 것인데, 그들은 성적 부도덕을 저지르는 일환으로 남녀가 옷을 바꾸어 입었다. 만연된 방탕과 음란을 배경으로 한 성경구절을 단순히 추운 날씨에 따뜻하게 하기 위해 바지 입는 것을 좋아하는 여성들에게 적용해서는 안 된다. 그와 동일하게, 어떤 사람이 특정 대학의 로고가 있는 스포츠 티를 입는 것과, 스바냐 시대에 이방 종교를 선전하는 외국의 옷을 입는 것은 전적으로 다르다.

함이 저주를 받았지만, 만약 우리가 성경에 기초해서 복음이 아프리카의 흑인들에게도 전파되어야 한다고 믿는다면, 우리는 그들로 하여금 사회적, 정치적, 경제적 노예상태에 머물러 있게 할 수 없다. 그것은 진정한 형제애와 모순된다. 이스라엘 백성들은 서로에 대하여 종이 아니라 오직 하나님께만 종이었다(출 13:3; 19:44; 레 25:42; 26:13). 이러한 믿음은 그 과정이 즉각적이든 점진적이든 자연스럽게 노예제도의 폐지로 이어진다. 시대가 바뀌면서 노예제도와 식민주의는 말도 안 되는 제도임이 판명되었고, 어떤 그리스도인들도 그러한 관행들을 유지하기 위해 성경에 호소하는 것은 부당하게 되었다.

사유 재산권을 무시하는 국유화는 잘못된 것이다. 그러나 재산을 국유화하는 것을 거부하기 위해서 나봇의 이야기에 호소하는 것은 타당하지 못하다. 특별히 사회에서 대부분 민중들이 가난하게 사는데 극소수만이 부유한 재산을 가지고 살아가는 경우에 더욱 그렇다.

우리의 선조들은 주사위를 던지는 것을 아주 특별하게 보았다. 그러나 잠언 16장 33절을 근거로 볼 때, 주사위를 던지는 것은 아주 일상적인 일이었다고 보는 것이 더 명확하다. 마음으로 자신이 가야할 길에 대해서 생각하고(잠 16:9), 어떻게 우리가 자신의 걸음을 계획하며(잠 10:24), 사람과 가축을 위한 풀과 잎이 자라는 것을 보며(시 104:14), 참새가 땅에 떨어지는 것을 보거나 아니면 우리의 머리카락 한 올이 빠지는 것을 보는 것(마 10:29)과 마찬가지로 주사위를 던지는 것은 일상적이었다. 정확하게 성경이 말하는 바는 이러한 모든 일상적인 것들에서 우리들이 하나님의 인도하심을 보아야 한다는 것이다. 주사위를 던진 결과를 보는 것도 마찬가지이다. 그 이유로 인해서 주사위를 사용하는 놀이를 금지해야 할 필요가 없다.

초대 교회 이교에서 개종하여 그리스도인이 된 사람들은 피를 먹지 않았는데, 그것은 자신들의 유대인 동료들의 믿음을 다치지 않게 하기 위해서였다. 그러나 교회의 역사에서, 순대나 이교 제사와 연관된 음식(고전 8:1이하)을 먹는 것이 더 이상 구약의 피의 제사나 이방 신전과 연관시켜 꺼림직해 하는 시대는 지나갔다(고전 8:1이하). 오늘날 우리는 자연스럽게 로마 카톨릭의 성당을 구경할 수 있다. 심지어 로마 카톨릭의 가르침에는 반대하거나, 그 건축물이 개신교 그리스도인들이 화형에 처했던 때를 연상할지라도 말이다.

우리는, 부자와 가난한자 사이에 대조적으로 나타나는 경제적인 남용과 궁핍을 비판하는 아모스의 구절들을 언급할 수 있다. 그러나 아모스와 예수님은 동일하게 사람들로 하여금 자신의 중심을 하나님께 드릴 것을 설교했다. 그 두 분에게 사회적 경제적 남용은 동시에 종교적 남용이었다. 따라서 우리는 항상 수직적 측면을 지적해야 한다. 만약 이런 논쟁을 하면서 우리가 하나님과 하나님을 향한 회심을 생략한다면 성경을 피상적으로 다루게 된다.

4. 구약에서 신약으로의 변화

윤리학에서 성경을 사용할 때 반드시 고려해야 하는 것에 대해서 성경 자체에 나타나 있는 명백한 변화를 규정할 수 있다. 우리는 구약과 신약을 다루고 있다. 신약의 법에서 많은 구약의 규정들은 더 이상 강제적이지 않다. 베드로는 과거 자신에게 부정했던 것들을 먹을 수 있다는 점을 명백하게 보았다(행 10:9이하). 음식, 절기, 월삭이나 안식일 등, 이 모든 것들은 그리스도라는 실체를 보여주는 그림자 역할을 했기에, 그리스도인들은 유대인들보다 훨씬 더 허용된 것이 많았다(골 2:16-17). 구원이 유대인들에게 한정되지 않고 만국의 이방인들에게로 확장되었을 때, 사회적 경제적 규례를 포함하는 구약은 법률로서 그 효력이 상실되었음이 분명해 졌다. 여기서 우리는 토지의 분배와 매입, 종의 권리와 자유, 형사상의 규정, 정부의 형태를 생각할 수 있다.

그럼에도 모든 교회에서 구약은 신약과 함께 권위가 존속되었기 때문에, 시간이 지나면서 강제적으로 적용할 수 있는 구약의 법과 적용할 수 없는 구약의 법이 자연스럽게 구분되었다. 요컨대, 의식법, 시민법, 도덕법 이렇게 세 종류로 구분된 것이다.

　의식법은 성전 사역, 결례의 문제, 제물과 같은 문제에 관한 것이다. 이러한 법들은 그리스도안에서 성취되었기 때문에, 비록 그 법들에 대한 지식이 현재 우리가 그리스도 안에서 소유하게 것이 무엇인지를 이해하기 위해서는 여전히 유효하지만, 실제로는 이제 더 이상 효력을 가지지 못한다고 볼 수 있다.

　시민법은 가나안 땅에서 언약 백성의 삶에서 유래되었는데, 다른 땅에서 살아가는 그리스도인들에게는 더 이상 효력이 없다. 시민법은 비록 전 세계가 기독교화 되었다 하더라도, 통합적인 법률 체계로서 채택될 수는 없다. 그러나 이러한 시민법은 법률로서 오늘날까지 여전히 깊은 존경을 받아오고 있다. 그러나 지금은 다른 사회의 삶에서도 그대로 재현될 수는 없는데, 왜냐하면 그 법들이 너무 이스라엘이라는 특정 국가와 밀접하게 연관되어 있기 때문이다.

　마지막으로 십계명이 그 핵심인 도덕법은 오늘날에도 여전히 효력을 가지고 있다. 도덕법에서 우리는 옛 언약에서 뿐 아니라 새 언약에서도 여전히 효력을 가지고 남아있는 불변하는 원리들을 다루고 있다.

　의식법, 시민법, 도덕법 사이의 이러한 구분은 인위적이다. 이스라엘 백성은 그러한 구분을 만들지 않았다. 이스라엘 백성에게, 그들의 땅에서 성막과 성전, 정부의 구조와 형사법은 자연스럽게 하나의 법이었다. 성전이 더 이상 필요 없게 되고 가나안에서 살아갈 가능성이 없어졌을 때 이러한 구분이 반드시 필요했고 또 정당화되었다.

　그러나 이러한 세 종류의 법에서 오늘날 여전히 효력이 남아있는 것이 무엇인가를 정확하게 규정하는 것은 어렵다. 의식법과 시민법 역시 기독교 윤리학에서 중요한 의미를 지니고 있다. 우리는 이러한 의식법과 시민법이 담고 있는 핵심, 본질을 찾을 필요가 있다. 예를 들어, 대부분의 그리스도인들은 더 이상 금식이라는 형식을 주목하지 않는다.

그러나 하나님 앞에서 자신을 겸손하게 낮춘다는 문제의 핵심은 오늘날에도 유효하다. 우리는 더 이상 안식년이나 희년을 지키지 않지만, 하나님이 그 당시 그 법을 통해서 자신의 백성에게 요구하시는 바, 즉 그분만이 모든 수확물을 다스리시고 땅을 소유하시는 분이시라는 사실은 오늘날에도 유효하다. 하나님이 사람과 사회적 관계 뿐 아니라 땅과 동물들에도 관심을 가지신다는 메시지는 이전과 마찬가지로 오늘날도 유효하다. 또한 우리는 의식법과 시민법이 오늘날 더 이상 효력이 없다는 언급에 대해서도 주의를 기울여야 한다. 그렇게 언급한 것은 의식법과 시민법이 과거 모습 그대로 재현되어 오늘날 강제로 적용할 수 없다는 의미에서 사실이다. 그러나 오늘날 우리가 의식법과 시민법과는 아무런 관계가 없다는 것은 아니다. 하나님과 인간, 하나님과 자연과의 관계에 대해서 그 두 법이 가르치는 바는 여전히 유효하고 의미가 있다.

구약에서 신약으로 전환될 때 성경 안에서 일어난 변화들을 설명하면서 우리는 구속사를 고려해야 한다. 예수 그리스도께로 이끄는 오직 하나의 역사만이 있다. 그리고 그분이 죽음에서 부활했을 때, 새 시대가 시작되었고, 새로운 행위를 요구하게 되었다. 성전, 땅, 희생제물이 전하려 했던 메시지는 그리스도안에서 성취되었기에, 따라서 더 이상 이전의 형식으로 전달될 수 없다. 윤리학에서 우리는 이점을 기억할 필요가 있다. 우리는 앞서 언급했던 의식법, 시민법, 도덕법의 세 가지 구분으로 표현하려고 한다. 추후 우리는 이미 구약 성경에서 주어졌고 그리스도 안에서 성취된 이 법들이 여전히 더욱 심오한 의미를 지니고 있음을 보게 될 것이다.

네덜란드의 신학자 클라스 스킬더(Klass Schilder, 1890-1952)는 윤리학에서 새로운 정의를 제안했는데, 그 정의에는 구 "세대"에서 신 "세대"로의 전환의 주목을 포함하고 있다. 스킬더 자신이 정의한 것보다 조금 더 간단하게 서술하자면 다음과 같다. "윤리학은 불변하는 토대, 변화하는 세대, 하나님의 계시된 뜻을 향해 인간이 순종해야 하는 현실적이고 구체적인 특수성을 다루는 학문이다." "불변하는 토대"라는 구절에서 스킬더는 항상 그 유효성을 간직하고 있는 성경의 근본적인 원리들을 언급하고 있다. 인간은 피조물이다, 동물과는 달리 인간은 하나님과의 언약을 맺고 있으며, 하나님의 형상으로 지음을 받았다와 같은 원리가 여기에 해당된다. "변화하는 세대"에서 스킬더는 구약과 신약 사이에 일어났던 전환을 언급한다. 세 번째 정의에서 스킬더는 다음과 같은 질문들을 반드시 고려해야 한다고 지적한다. 우리가 살아가는 곳이 어디인가? 우리가 어떤 시대를 살아가는가? 테크놀로지가 발전되면서 생겨난 새로운 질문들이 무엇인가? 이런 많은 질문들을 고려하면서 우리는(기독교적) 도덕에서 불변하는 요소 가운데 우리가 발견할 수 있는 다양성과 변화된 발전을 설명할 수 있어야 한다.

5. 성경에 대한 책임있는 호소

우리는 윤리학에서 잘못된 성경사용을 거부해야하는데, 다른 것들 중에서도 성경문자주의에 직면하게 될 때에 그래야 한다. 그러나 우리에게 보다 중요한 것이 성경을 올바르고 적절하게 사용하는 것이라 제안하고 싶다. 분명히 성경은 다양한 방식으로 사용될 수 있다. 어떤 문제에 대해서는 단순히 한 두 구절에만 호소할 수 있지만, 다른 문제들은 그렇지 못하다. 만약 내가 형제를 향해서 계속 분노하고 있는 사람을 설득하고 싶다면, 그때에는 마태복음 5장 22절에 호소하는 것만으로 충분하다. 그러나 만약 누군가가 유전공학에 대해서 어떻게 말하는가를 묻는다면, 한두 구절에 호소하는 것은 그 어느 누구에게도 도움이 안 된다. 그럼에도 우리는 성경이 모든 시대, 모든 도덕적 문제에 대한 내 발의 등이요 내 길의 빛임을 믿는다. 어떻게 그럴 수 있는가? 여기에 대해 답하기 위해 나는 성경을 사용하는 4가지 방식을 설명하고 싶다. 우리는 성경을 사용할 때 ① 안내자(guide), ② 보호자(guard), ③ 나침반(compass), ④ 모범의 원천(source of examples)으로 생각하고자 한다.

(1) 안내자(guide)로서의 성경

성경을 안내자로 보는 것은, 많은 경우에 성경 사용이 모든 사람이 이해할 수 있고 이해해야만 하는 특정 구절에 단순히 호소하는 것임을 의미한다. 거대한 산지에서 우리가 가야할 길을 알려주는 안내자처럼, 우리 모두가 성경을 통해서 할 것과 하지 말아야 할 것이 무엇인가를 안다. 다른 많은 명령들과 금지들과 함께, 이웃을 사랑하라는 명령 그리고 살인이나 도둑질, 속이는 것을 금하는 것은 쉽게 성경 구절들의 지지를 받을 수 있다. 형제에 대해 분노하면서 살아가는 것을 중지하는 것(마 5:22), 원수에게 친절을 베푸는 것(마 5:25), 여인을 보고 음욕을 품는 것을 피하는 것(마 5:28), 원수를 사랑하라는 것(마 5:44 이하)이 우리에게 아무리 어렵다 하더라도, 그것은 하나님의 뜻(그리스도의 뜻)이 모호하기 때문이 아니라 우리 자신 때문이다. 단순히 십계명에 호소하거나, 잠언에서 언급되는 한 조각의 지혜나 산상수훈에 나오는 예수님의 말씀을 언급하는 것이 여기에 해당된다.

성경을 사용하기 시작할 때에는 안내자로서 성경을 보는 것이 좋다. 왜냐하면 만약 우리가 성경을 사용할 때 항상 어려움이 따른다는 것은 너무 과장된 말이기 때문이다. 일상적인 생활의 수많은 상황 속에서 그런 어려움은 없다. 그러한 일이 일어나는 것은 자주 우리가 하나님의 뜻을 확신하기 위해서 성경을 열지 않기 때문이다. 십계명과 다른 성경 구절이 명백히 우리 마음에 있기 때문에, 우리가 자명하다고 생각하는 것은 다른 사람들에게도 자명하다. 어린 시절부터 우리의 순례 길에서 성경은 우리의 안내자이다. 물론 말할 필요도 없이 우리는 항상 그 길을 걷는다.

(2) 보호자 혹은 파수꾼(guard)으로서의 성경

그러나 우리가 방금 논의했던 그런 의미에서 성경구절을 단순히 적용할 수 없는 상황도 있다. 성경은 안내자임과 동시에 우리의 보호자 혹은 파수꾼이 되기도 한다. 이 말이 무슨 의미인가? 안내자는 어떤 지형을 가로지르는 올바른 길을 알고 있다고 한다면, 보호자(파수꾼)는 무언가를 경고하는 사람이다. 보호자로서의 성경이라는 의미를 설명하기 위해, 제일 먼저 다음의 논의를 할 필요가 있다.

신약과 구약의 도덕적 환경은 오늘날 우리가 살아가는 환경과는 다르다. 남편과 아내, 부모와 자신, 정부와 시민은 성경의 시대와는 각각 다르게 취급된다. 아버지가 딸의 결혼을 약속하는 것은(고전 7:36 이하) 오늘날 우리에게는 생소한 것이다. 성경에서 노예제도는 이미 주어진 환경으로 묘사될 뿐 정죄되지는 않는다(물론 오늘날 우리는 노예제도를 악한 것으로 본다). 심지어 다윗과 같은 선한 왕이라도 전쟁에서 포로를 죽이는 것을 금하지 않는다(삼하 8:2). 그러나 오늘날 우리는 포로를 죽이는 것은 인간 권리를 침해하는 것이라 생각한다. 자신의 종교를 바꿀 수 있는 종교적 자유의 권리는 이스라엘에서는 상상도 할 수 없었다. 성경 그 어디에도 정부의 형태로 민주 공화정을 추천하지 않는다.

그와 유사한 사례들을 생각할 때, 우리는 이러한 사례들에 문화와 관행의 역사적 발전이 포함되어 있음을 볼 수 있어야 한다. 앞서 우리는 모세의 율법과 연관지어 구원 역사의 진행을 염두할 필요가 있음을 보았다. 그러나 우리는 또 다른 요소를 염두해야만 한다. 구원 역사의 진행에 추가해서, "일상" 역사의 진전도 있다. 단순히 "우리는 그리스도 이후에 살아가며 이스라엘이 아니다"라고 말하는 것으로는 충분하지 않다. 거기에 우리는 "우리는 이 시대를 살아가며, 따라서 우리가 성경의 시대를 여전히 살아가는 것처럼 행동해서는 안 된다"는 말을 추가시켜야 한다. 만약 우리가 사법 제도의 발전과 정교함, 인권의 인정, 민주주의의 보편화를 진지하게 고려한다면, 우리가 단순히 이스라엘의 시민법으로 돌아갈 수 없음을 알게 된다.

이스라엘의 시민법으로 돌아가려는 것은 그러한 법들이 그리스도안에서 성취되었던 것을 거스르는 것 뿐 아니라, 이 땅에서 그리스도께서 사신 이후 지난 이천 년의 시간을 망각하는 것이다. 더 나은 법 체계, 인권의 인정과 같은 발전들은 성경이 다루는 범위는 아니다. 그 문제에 대해 성경 그 어디에서도 우리가 지금까지 언급했던 이러한 변화들을 찾을 수 없다. 그것은 역사가 다루는 범위이다. 거스를 수 없는 역사의 힘은 점진적으로 사람들로 하여금 눈에 띄는 모순들을 발견하게 하고 묵은 옛 구조를(무력을 사용하거나 때때로 무력이 없이) 새롭게 개편하도록 만들었다. 종교 박해, 노예제도, 유아노동, 식민주의에 대해서 일어난 일들이 바로 그것이다. 다양한 기독교적 혹은 비기독교적 영향들로 인해 사람들은 이전의 인간 사회에서 이러한 수많은 변화의 과성을 인식하게 되었다. 우리 모두가 발견할 수 있는 이런 다양한 변화들이 옳다는 것은 자명해졌다. 그래서 그러한 변화들을 수용하기를 여전히 거부하는 사람들을 만나는 것 자체가 이상할 정도가 되었다.

그러나 이러한 변화들을 정당화하기 위해 성경에 호소하는 것은 불가능하다. 그러면 이점에서 성경이 중요하지 않은가? 물론 성경이 중요하지만, 그것은 하나님이 멸시받고 사람들이 압제받을 때 우리에게 경고하는 보호자로서 그러하다. 성경은 정치적 경제적 발전을 위한 매뉴얼이 아니다. 모세와 구약의 선지자들은 우리에게 그런 노력을 위한 어떤 재료도 제공하지 않는다. 그럼에도 성경은 정치와 경제에 중요하다. 요컨대 '**부정의 방법**'(the negative)도 중요하다. 구약 선지자들은 하나님이 영광 받지 못하고 사람들이 존중받지 못하는 남용들에 대해서 욕을 퍼부었다. 그냥 단순하게 성경만으로 우리는 노예제도가 폐지되어야 한다고 주장할 수 없다. 성경의 시대에서 노예제도는 널리 퍼져있었는데, 이스라엘 가운데에서도 그랬다. 그러나 성경이 반드시 우리에게 그 일이 어떻게 되어야 한다고 말하지 않지만, 마찬가지로 그것이 어떻게 되어서는 안 된다고 말하지도 않는다.

만약 사람들이 부당하게 대접받거나 심지어 중상모략 당하고 있다면, 그런 남용에 대해서는 논의할 필요가 없다. 이와 같이 역사의 과정에서 노예제도와 인종차별은 악으로 밝혀졌고, 그 둘은 모두 폐지되었다. 따라서 그런 발전에 의해 일어난 "충격"에서 우리는 참으로 하나님이 일하고 계심을 볼 수 있다. 하나님은 이 세계에서 악을 제어하시며, 더 좋은 구조로 발전시키기 위해 신자뿐 아니라 불신자를 사용하시는 분이시다. 우리는 성령 안에서 특별한 계시를 통해서 그 분을 알 뿐 아니라, 그 분이 창조와 세계사를 통해 자신을 계시하셨기에 그 분을 알기도 한다(벨직 신앙고백, 2장). 이러한 고려들로부터 우리는 윤리적 판단을 형성할 때 많은 경우 단순히 성경에 익숙한 상황만으로는 충분하지 않다고 결론을 내리고 싶다. 우리는 역사도 알아야 한다. 우리가 성경 안에서 아는 동일하신 하나님이 역사도 다스리신다.

이렇게 공식화함으로 나는 사람들이 제기하는 또 하나의 반대에 대해서 답하였다. 사실 어떤 발전들이 불가항력적인 힘으로 우리에게 충격을 주고, 사실 우리가 그 속에서 하나님의 손길을 보려 할때 어떤 사람들은 의아해 한다. 사실상 도덕적으로 선하지 않음을 많은 사람들이 자명하게 발견할 수 있는 그런 문제도 있지 않은가? 여기에 실례가 있다. 2차 세계 대전 이전에, 어떤 독일의 그리스도인들은 히틀러가 독일 민족의 지도자가 되는 것이 하나님의 뜻이라 주장했지 않은가? 하나님의 선물로서 불가항력적인 힘의 종착점이 바로 그 사람이 아니었던가? 물론 그때의 독일 그리스도인들은 하나님의 일반적 계시에 호소했지만, 그들은 히틀러가 성경과 명백히 반대되는 국가 사회주의라는 이데올로기와 유대인들을 박해하면서 나타나는 현상들에 대하여 아예 눈을 감아 버렸다. 성경이 그러한 악에 대해서 폭로함에도 그들은 악에 대해서 눈을 감았다. 나무는 그 열매로 안다. 그 이유로 그 시대 성경을 손에 쥔 독일인들은 히틀러가 하나님의 대적임을 폭로했다. 더욱이, 성경이 우리에게 어떤 것이 오늘 이 시대에 도덕적으로 옳은가를 항상 말하지는 않지만, 성경은 오늘 이 시대에서 어떤 것이 악한가를 우리에게 보여준다. 이 점을 분명히 볼 수 있는 사람은 성경을 보호자로 사용한다.

(3) 나침반(compass)으로서의 성경

어떤 상황에서 성경은 우리에게 안내자나 보호자로뿐 아니라, 나침반으로 작용할 때가 있다. 나침반은 우리에게 방향을 가르쳐준다. 우리에게 무엇이 선하고 악한가를 분명하게 가르쳐 주는 안내자의 역할을 하기보다, 성경은 주어진 상황에서 무엇이 선하고 악한가에 대한 질문에 답해야만 하는 과정에서 방향을 지적해 주는 나침반의 역할을 한다. 예를 들어, DNA의 발견이나 시험관 수정의 발전과 관련되어 생겨난 새로운 질문을 생각해보라. 어떤 사람은 기독교 윤리학은 이러한 연구의 영역에서는 어떤 대답도 하지 못한다고 주장한다. 왜냐하면 우리는 항상 생명의학의 영역에서 여러 가지 질문들에 직면할 것이기 때문에, 기독교 윤리학이 그런 것에 답하는 것이 터무니없다는 것이다. 그러면 과연 우리는 그 점에 대해서 성경으로부터 아무것도 도출해 낼 수 없는가?

물론 성경 그 어디에서도 직접적으로 DNA나 시험관 수정과 같은 문제에 대해서 말하지 않는 것은 사실이다. DNA 실험에 대한 윤리학은 오직 DNA가 발견된 이후부터 존재했다. 그러나 어떤 특정한 성경 구절이 DNA 연구의 발전을 다루지는 않는다 하더라도, 성경은 현대적 발전의 많은 부분과 관련된 일반적 주제들을 포함하고 있다. 모든 인간에 대한 존중, 일부일처제로서의 결혼, 인간이 "유일한 본성"으로 창조되었다는 것과 같은 주제들, 이런 모든 것들은 오늘날 우리가 시험관 수정이나 유전 공학에 대해 반성할 때 적절한 것들이다.

우리는 여기서, 모든 세대를 통해 지속적으로 유효하며 가장 진보된 과학적 발전들에도 적용할 수 있는 그러한 불변하는 요소들을 다룰 것이다. 계속해서 나침반으로서 성경의 도움을 받아, 우리에게 창조주가 아닌 다스리는 자로 세워주신 하나님의 뜻에 따른 것인지 아닌지, 연구와 적용에서 우리가 이 방향 혹은 저 방향으로 더욱 진행시킬 수 있을 것인지에 대해서 계속해서 우리는 알고 싶어 할 것이다.

(4) 모범(examples)을 가르침

앞선 논의는 성경이 현대의 윤리적 질문까지도 조명해 준다고 주장할 수 있는 적절한 이유이다. 우리는 성경을 항상 동일한 방식으로 사용하지는 않는다. 성경은 안내자, 보호자, 나침반의 역할을 할 수 있다. 그러나 성경이 사용될 수 있는 다른 한 가지가 더 있다. 성경은 우리가 따라야 할 모범들을 포함하고 있다. 우리는 구약과 신약 시대 때

살았던 성도들과 발맞추어 걸어가야 한다. 우리는 믿음의 선배들을 본받아야 한다(눅 4:25이하; 고전 10:1이하; 빌 3:17; 살후 3:9; 히 6:13; 11-12:1이하; 약 5:17-18). 물론 가장 위대한 모범은 예수 그리스도 자신이시다(마 16:24; 19:21; 요 13:15; 고전 11:1; 벧전 2:21).

만약 우리가 성경을 앞서 설명한 것처럼 안내자, 보호자, 나침반의 역할로만 사용한다면, 우리는 성경에 심각한 불의를 저지르고 있는 것이다. 왜냐하면 성경은 우리가 어떤 행동을 옹호하거나 그 행동을 지키기 위한 구절들을 뽑아내는 역할 그 이상이기 때문이다. 성경은 하나님과 인간 사이의 언약의 책이며, 우리에게 그리스도를 통해 백성들을 구원하시는 하나님의 구원역사를 제공한다. 성경은 우리들 보다 먼저 어떻게 우리가 믿음으로 하나님과 그리스도의 교회에 속하게 되었는가를 담고 있다. 이러한 믿음의 교제 속에서 기독교적 정신이 생겨난다. 그리스도와 그분을 따르는 모든 자들의 이야기를 듣고, 우리는 믿음과 행동으로 옮겨간다. "그러나 너희는 그리스도를 이같이 배우지 않았느니라"(엡 4:20).

성경 모범의 중요성은 사도들이 "기록되었으되"라고 반복했다는 사실에서 나온다. 예를 들어 성경에는 십계명에 호소하는 실례들이 뚜렷하게 발견되는데, 그것은 우리에게 "그리스도 안에서" 살 것을 권면한다. 그 둘이 동시에 나타나는 경우도 있다. 에베소서 6장 2-3절에서 바울은 다섯 번째 계명을 언급하지만, 그 계명에서 시작하지는 않는다. 바울이 가장 먼저 말하는 것은 "자녀들아 너희 부모를 **주(예수) 안에서** 순종하라." 다른 수많은 경우에서와 마찬가지로 여기에서 근본적인 동기는 그리스도를 따르는 것이다. 그리스도인들은 이방인들과는 다르게 살아야 하는데, (단지) 십계명이 그것을 요구하기 때문이 아니라, 그리스도를 알도록 배웠기 때문이다(엡 4:20). 그리스도인들은 다른 사람을 용서해야 하는데, 하나님이 그리스도안에서 그들에게 용서를 베풀었기 때문이다(엡 4:32). 그리스도인들은 주께 받을만한 것이 무엇인가 시험해야만 한다(엡 5:10). 결혼 관계에서, 남편과 아내는 그리스도와 그분의 교회 사이의 관계를 반영해야 한다(엡 5:10). 그리스도인들은 성적 부정을 피해야 하는데, 그들의 몸은 그리스도의 지체이기 때문이다(고전 6:3이하). 이러한 것들은 이와 유사한 많은 권면들 중 일부일 뿐이다.

따라서 우리는 성경이 그리스도와 그분의 교회와 살아있는 관계를 유지하며 살아가는 사람에게만 안내자, 보호자, 나침반으로 사용된다고까지 말할 수 있다. 그리스도와 그분을 따르는 자들의 모범은 우리에게 그분의 몸으로서 교회와 밀접하게 결합되어 있음을 말하는데, 그것은 그러한 교제 안에서 동시에 그러한 교제와 함께 하나님의 뜻에 관하여 묻기 위한 것이다. 이것은 다른 것들 가운데에서 기독교적 삶의 방식에 대해서 반성할 때 매우 중요한 것이다.

단순하고 직접적으로 성경 구절에 호소하는 것이 항상 가능한 것은 아니다. 교리문답을 배우는 학생들에게 목사는 춤, 술 시중, 영화, 텔레비전에 관하여 무엇을 말해야만 하는가? 목사가 단순히 성경구절의 다발에 묻혀 있을 수는 없다. 오히려 문제가 스포츠, 카드놀이, 알콜, 담배, 영화, 텔레비전 혹은 그 외 어떤 것이건 간에, 그 결정은 사람의 삶의 방식과 그 삶의 방식에서 나오는 다양하고 구체적인 성격과 연관되어 있으며, 따라서 그 결정은 "그리스도의 면전에서 내가 살아갈 때, 나는 누구인가, 나는 어떤 사람이어야만 하는가"라는 질문에 대한 답으로 구성된다.

6. 이성의 사용

우리는 다양한 방식으로 성경을 사용할 수 있다. 동시에 우리에게 성경 그 이상이 필요하다는 것도 명백해 졌다. 우리는 여러 문제에 대한 지식을 성경 외의 다른 것들을 통해서도 얻는다. 의학 혹은 정치적 문제와 같은 이슈에 대해 반성하는 사람이라면 의학 혹은 정치적 사건에 대한 지식을 소유해야만 한다. 당연히 우리는 그런 지식을 성경으로부터 얻을 수는 없다. 성경이 기독교 윤리에 필수적이지만, 성경이 우리 지식의 유일한 근원은 아니다.

이 시점에서 존 칼빈이 우리의 이성에 대해서 언급한 것이 도움이 된다. 칼빈은 이성을, 우리 모두가 태어나면서 가지고 있는 *ratio ingenita*, 인간 타락으로부터 생겨난 *ratio vitiosa* 와 하나님과 그분의 말씀의 지도를 받는 *tertia ratio*를 구분했다(Opera Omnia, ed. Baum, Cunitz and Reuss, IX: 474).

ratio ingenita(문자적인 의미로, 태어나면서 받았던 이성)은, 비록 성경의 지식을 가지지 않았다 하더라도, 다양한 일에 대해 인간을 선한 통찰력과 행동으로 이끌었다. 칼빈과 다른 사람들이 어떻게 이와 같은 것을 말할 수 있었을까? 그들은 신적인 섭리를 믿었는데, 하나님은 섭리를 통해 사람들 사이의 이성이라는 은사를 분배하셨다. 이러한 은사들은 단지 그리스도인들에게만 주어진 것이 아니다. 비그리스도인들에게도 하나님은 다양한 일들에 대한 통찰력을 주신다. 그로 인해 우리는 자주 우리들의 "상식"을 사용해서 서로 동의할 수 있는 결론에 도달할 수 있다. *ration vitiosa*(문자적으로, 죄로 인해 올바르게 기능할 수 없는 오류가 있는 이성)은 그리스도인을 포함해 사람들로 하여금 잘못을 저지르게 하는 원인이다. 그 점에서 우리는 우리의 이성을 잘 사용하지 않고 있다.

다행히, 여전히 *tertia ratio*(문자적으로, 제3의 이성)이 존재하는데, 우리는 이것을 통해 성경의 빛으로 인도받아 올바른 방식으로 행동할 수 있다. 우리가 이러한 구분을 사용한다면, *tertia ratio*가 우리로 하여금 성경을 보호자와 나침반으로 사용하도록 한다고 말할 수 있다. 우리는 윤리적 반성이 필요할 일에 "일상적" 지식을 사용한다. 그러나 동시에 우리는 직면한 문제에 대해 성경이 말씀하시는 바에 이끌림을 받는다.

따라서 각 문제들에서 우리는 "일상적" 이성을 사용해야 한다. 종교개혁자들은 담대하게 성경뿐 아니라, 특수한 결정을 위한 증거를 세우기 위해서 본성과 이성에도 호소했다. 예를 들어 칼빈은 기독교 강요에서, 각 나라는 자신에게 가장 유익한 법을 만들 자유를 가지고 있다고 언급했다. 가장 유일한 조건은 그 어디에나 사랑의 원리가 그 기초에 놓여 있어야 하는 것이었다(4. 20 15).

칼빈이 그 다음에 언급한 것을 주목하면 참으로 흥미롭다. 칼빈은 모든 법에서 우리가 교훈(precept, *consitutio*)과 형평성(equity, *aequitas*)이라는 두 가지를 주목해야 한다고 말한다. 교훈은 그것들이 형평성이라는 단일한 목표로 향하고 있는 한 다양할 수 있다. 그러한 형평성이 모든 법의 목적이고 규칙이고 한계이다. 모든 법은 인간성(*humanitas*)을 나타내야 한다. 법은 시대, 장소, 사람의 상황에 적합해야만 한다. 칼빈은 때에 따라서는 다른 법들이 모세의 율법보다 더 낫다고 까지 감히 말하고 있다(『기독교 강요』 4.20.15-16)!

이러한 주목은 법률적 정치적 문제들에서 뿐 아니라, 우리들의 윤리적 반성에서도 중요하다. 왜냐하면 우리는(성경적) 법의 문자와 관련해서 뿐 아니라 법의 정신과 관련해서도 연구해야 하기 때문이다. 안식일에 대해 예수님께서 말씀하신 바는 모든 계명에 대한 말씀이다. "안식일이 사람을 위하여 있는 것이요, 사람이 안식일을 위하여 있는 것이 아니다"(막 2:27). 인간의 삶을 억지로 법에 집어넣으려는 방식으로 신적인 교훈을 적용하는 것은 잘못된 길을 걷는 것이다.

만약 우리가 형평성이 무엇인지를 안다면, 우리는 성경을 성경문자주의적으로 사용하는 것과 낡아빠진 윤리적 견해에 집착하는 것 모두 경계해야 할 것이다. 새로운 반성의 통로는 항상 열려야만 한다. 우리는 새로운 문제들을 직면하게 하는 발전들을 회피할 필요가 없다. 우리는 성경에서 명백하게 주어진 하나님의 영원한 계명을 우리가 처한 환경과 시대 속에서 순종해야 한다. 그 때문에 우리는 성경 뿐 아니라 이성이 필요하다. 여기서 이성은, 하나님과는 관계없이 사람이 어떤 것이 옳고 그른가를 파악하는 그런 자율적인 이성이 아니라 "나로 깨닫게 하소서 내가 주의 법을 준행하며 진심으로 지키리이다"라는 시편 119장 34절에서 말하는 의미로서의 이성이다.

7. 주지(主旨, motif)를 주의할 것

모든 것이 남용될 수 있는데, 심지어 형평이라는 개념도 그러하다. 사람들은 형평을 현존하는 질서에 대항하기 위해 사용할 수도 있다. 법의 "정신"에 대한 호소는 법의 "문자"를 위한 어떤 여지도 남기지 않는다.

형평과 관련해서 우리가 조금 전 사용한 "인간성"(humaneness)이라는 단어를 회상해 보면, 이 점을 보다 명확하게 파악할 수 있다. 하나님이 들어갈 수 있는 여지를 조금도 남겨두지 않은 현대 윤리학에서 인간성은 가장 주도적인 주제가 되었다. 모든 것이, 인간됨이 무엇인지, 인간 존엄을 위한 것이 무엇인지에 방향이 맞추어져 있다.

물론 우리 역시 인간성이라는 개념을 아주 가치 있게 생각한다. 그러나 인간성이라는 개념이 무엇을 담고 있는가? 그 개념은 성경적인 내용인지, 아니면 현대의 인간 스스로가 인간적이다 혹은 비인간적이라고 생각하는 것을 결정하는 것인가? 예를 들어보자. 결혼생활에서 일이 꼬이기 시작해서 파트너 중에서 한쪽 혹은 양쪽이 제 삼자에게 위안과 만족을 찾으려고 한다면, 우리는 이러한 해법이 인간성을 증진하는 해법이라고 말할 수 있는가? 인간성을 중심적인 주제라 생각하고 따라서 그것을 자기가 생각하는 내용으로 채우려 하는 사람은 아마 그 대답이 긍정적이라 생각할 것이다. 그러나 그리스도인은 예수께서 말씀하신 바, 여인을 보고 음욕을 품는 자마다 이미 마음에 간음하였다(마 5:28)는 것을 알고 있다. 그리스도인은 다양한 성경 구절을 통해서 결혼은 결코 파기될 수 없는 거룩한 제도라는 것을 알고 있다. 그리스도인들은 제7계명이 사람에게 선하고 유익하다고 믿으며, 그로 인해 부부간의 부정을 인간적이라고 결코 생각하지 않는다. 아마 위에서 언급한 해법이 전적으로 인간적으로 보일지 모르지만, 진짜 인간적인 것이 무엇인지 성경이 서술하는 바를 받아들이는 사람에게는 결코 인간적이지 않다.

이미 "성경문자주의"에서 우리는 고립된 성경 구절에 호소하는 것이 얼마나 위험한가를 살펴보았다. 그러나 성경 구절에 우리의 눈을 닫고 주지나 주제에 호소하는 것도 위험하기는 마찬가지이다. 이것은 인간성 뿐 아니라 윤리학에서 중요한 역할을 하는 정의, 행복, 사랑과 같은 주지들에게도 적용된다. 그러한 주지들은 그것들이 가지는 성경적이고 기독교적인 내용을 우리가 받아들일 때에만 전적으로 성경적이고 기독교적이다.

그것은 특별히 사랑에 관하여 적용된다. 사랑에 관해서 성경은 이웃에게 악을 행치 않는 것이라고 말한다(롬 13:10). 사랑하는 두 사람이 혼전 성관계를 가지거나, 두 사람이 동성애 관계에서 살아간다고 잠시 상상해 보라. 그들은 한쪽이 다른 쪽을 범하고 있다고 확신하지 않고 오히려 사실 그들은 서로를 향한 사랑을 보여주고 있다고 명백히 확신한다. 그들의 행위가 과연 하나님이 우리에게 요구하는 일종의 사랑을 만족시키는가? 우리는 단순히 "사랑하라 그리고 당신이 원하는 바를 하라"라는 규칙을 받아들일 수 있는가? 오히려 이런 방식의 사랑은 성경 구절을 업신여기는 것이다. 하나님은 우리에게 사랑하라는 계명을 주셨을 뿐 아니라, 그것과 함께 그 분은 사랑이 무엇을 추구해야만 하는가를 명확하게 규정하셨다. 질문은 다음과 같이 바뀐다. 혼전 성교나 동성애적 행위는 그 사랑에 부합한가? 혹은 그러한 행동은 하나님이 원하시는 사랑의 형태와 모순 되지 않는가?

때로는 신학적 주지가 윤리학에서도 중요한 역할을 하기도 한다. 우리에게 친숙한 창조-화해-구속이라는 삼중적인 틀을 생각해보자. 이 셋 중 하나만을 일방적으로 강조한다면 성경 계시의 완전성이 깨어진다.

창조라는 주지를 강조하면, 창조 질서(creation ordinance)를 절대화시키는 방식으로 말하기 쉽다. 그것은 현존하는 사회적 정치적 관계들을 마치 창조 법칙처럼 보도록 이끌기 쉽다. 그러나 사실 사회적 정치적 관계들은 종종 그 시대의 문화적 형태일 뿐이다. 창조질서라는 교리는 특히 루터교 윤리에 큰 영향을 끼쳤다. 보수주의의 위험, 즉 새로운 관계에 열려있지 않으려는 태도는 상상하기 어렵다. 우리는 창조 질서에 주의를 기울일 필요가 있다. 피조물에 대한 인간의 다스림, 노동과 결혼에 대해서 말하는 창세기 1-2장이 말하는 바를 회상해 보라. 그러나 우리는 항상 창조 질서의 의미는 그리스도를 통한 구속과 연관지어야만 한다.

화해라는 주지를 강조하면, 그 화해가 실제로 골고다에서 이미 일어났다고 주장할 수 있다. 그리스도께서 값을 치르고 우리를 사셨고, 우리는 이제 종과 죽음으로부터 해방되었다. 그럼에도 여기서 이점이 지나치게 잘못 강조되어 우리 행위가 경건주의적인 기형으로 이끌릴 수 있다. 화해라는 그리스도의 사역을 그것이 가지는 창조와 구속과의 관계와 동떨어져서 생각해서는 안 된다. 윤리는 개인주의적인 작업만 되어서는 안 되며, 오히려 세상을 위해 유익한 것을 추구하는 것이어야 한다. 윤리는 단순히 개인의 회심에만 관심을 기울이는 것이 아니라, 사회적 정치적 문제들에도 관심을 기울인다.

구속이라는 주지를 강조하면 새롭고 신기한 것에만 주의를 기울이기 쉽다. 성경이 우리에게 만물이 새롭게 되었다고 말하지 않는가(계 21:5)? 이러한 종말론적 주지에 이끌려, 사람들은 쉽게 오랜 것을 멸시해 버린다. 기존의 질서는 사라져야만 하는데, 현존하는 경제, 사회, 정치적 구조는 모두 폐지되어야 한다. 혁명과 해방이 핵심 단어이다. 현대 윤리학에서 이러한 종말론적 주지는 1970-1990년 사이에 많은 주목을 받았는데, 그때 많은 신학자들이 세계 진보에 대한 마르크스주의 개념에 현혹되었다. 사람들은 그리스도께서 성취하신 화해에 대한 시각을 놓쳤다. 만약 평화와 정의가 정치 세계를 다스리지 않는다면, 어느 누구에게도 평화는 존재하지 않는다. 모든 것이 전복되어야 한다, 창조 질서에 대한 이야기는 모두 악마적 발상이라고 그들은 주장한다.

한 주지만을 일방적으로 적용하는 것을 경계하라! 그러한 주지들은 그 자체로 훌륭하고, 모두가 그 주지들을 사용한다. 우리는 항상 전체 성경이 우리에게 말하고자 하는 바를 반향하려 해야 한다. 따라서 우리는 고립된 성경구절에 우리의 결정을 묶으려 하는 갖가지 형태의 성경문자주의를 피해야 한다. 마찬가지로 우리는 어떻게 살아야 하는가에 대한 성경 말씀과 동떨어진 주지도 피해야 한다.

8. 성숙함과 분별

본 장의 논의가 끝나면서, 기독교 윤리학에서 성경을 사용하는 것이 어려운 작업처럼 보일지 모르겠다. 물론 하나님의 말씀이 우리 발의 등이고 우리 길의 빛이라고 확신하더라도, 우리는 다양한 윤리적 질문들에 대해 쉽게 대답할 수 있지는 않다.

그럼에도 우리는 그러한 어려움들을 다른 방식으로 바라보아야 한다. 직면하는 많은 문제들에 대해서 반성해야 하고, 수많은 질문들에 대해 준비된 대답이 없다는 현실은 부끄러운 것이 아니라 오히려 영광스러운 일이다. 구약 시대의 이스라엘 백성들은 미성숙했고 일일이 손을 잡고 이끌림을 받았지만, 신약의 교회는 전혀 다르다. 교회의 영광은 성숙함에 있다(갈 4:1이하). 우리는 더 이상 어린아이처럼 젖을 먹지 않고, 어른처럼 단단한 음식을 먹고 산다. 시험과 연습을 통해서 우리의 지각은 선과 악을 구별할 수 있도록 날카롭다(히 5:12이하). 우리는 주님이 기뻐하시는 것을 찾을 수 있다(엡 5:10). 바울은 빌립보 교인들의 사랑이 "진정한 지식과 모든 분별력 안에서" 점점 더 풍성하여 지고, "그래서 너희로 하여금 지극히 선한 것을 분별할 수 있도록" 기도했다. 성경의 조명하심을 따라 우리는 성경을 유효한 방법으로 사용하도록 구비될 것이다. 물론 우리는 지극히 선한 것을 분별하는 것을 배우면서 어려움을 만날 것이다. 그럼에도 우리는 그 어려움을 과대평가 하지 말아야 한다.

사실 일어나는 여러 가지 문제들을 우리 스스로 다 해결하려 해서는 안 된다. 우리는 교회의 교제권 안에 살고 있는데, 그 교제권에는 우리가 태어나기 이전에 이미 성경에 귀 기울이고 그 해답들을 남긴 여러 세대의 믿음의 선진들을 포함하고 있다. 오늘날도 마찬가지로 우리는 혼자 서 있지 않다. 윤리적으로 반성할 때 우리는 동일한 문제들에 직면해서 우리와 함께 성경에 귀 기울이기 원하는 다른 사람들과 함께 해야 한다.

각 사람이 자신과 하나님 사이에 어떤 것을 해야 하고 하지 말아야 하는가를 결정해야 한다고 말하는 것은 개인주의적이다. 성령은 우리를 서로 묶으시고 비록 우리의 통찰력이 다를 때에라도 서로 존중하기를 원하신다(롬 14-15장; 고전 8-11장). 만약 우리가 자기 길만을 고집한다면, 우리는 그 이유를 분명히 알아야 한다. "각각 자기 마음에 결정할 지니라"(롬 14:5). 이것은 참으로 강력한 말씀이다! 각 사람은 자기가 무엇을 하고 있는지 알아야 한다. 그의 행동은 내적으로 굳은 확신에서 나와야 한다. 이것은 '너도 살고 나도 살고'라는 태도와는 완전히 다르다. 그리스도의 교회에서 우리는 흩어지는 모래가 아니라 한 몸의 지체들이다. 성숙함 속에서 우리는 우리의 입장을 기꺼이 설명해야한다. 성숙함은 개인주의와는 다른 것이다.

우리가 언급한 성경 본문은 단조로운 율법주의자들의 구절(우리는 모든 것을 생각하고 그와 같이 행해야 한다)이나, 완고한 도덕 관습의 구절(그것은 우리 선조들에게 선했기 때문에 오늘날도 그대로 놓아두어도 상관없다)과는 완전히 다른 영역으로 우리를 이끈다. 우리는 명확한 통찰력과 지각을 위해 지속적으로 기도해야 한다. 새로운 마음을 위해 기도한다는 것은, 하나님의 선하시고 기뻐하시고 온전하신 뜻이 무엇인지를 분별하는 능력을 구하는 것이다(롬 12:2). 그럼으로 우리에게 가장 쉬운 것이 보이지는 않지만, 반드시 최선의 길이 보일 것이다. 성경에서 벗어나지 않고 성령의 인도하심을 따라, 우리는 그리스도께서 우리를 부르셨던 자유안에서 결정을 하며, 종이 아닌 자유자로서 살아갈 것이다(갈 5:1이하).

9. 참고문헌

Loonstra, B.   *De geloofwaardigheid van del bijbel.* Zoetermeer: Boekencentrum. 1994.

Schilder, Klaas   *Dictaten kompendium der ethiek I-IV.* Collected by G. J. Bruijn. Kampen: Van den Berg. 1980.

Wierenga, L. *De macht van de taal en de macht.* Kampen: Kok-Voorhoeve. 1966 .

제 5 장

십 계 명

1. 중심되는 계명

 기독교적인 방식으로 책임 있는 행위에 관해 성찰할 때, 성경의 어느 부분이 가장 많이 거론되는지 궁굼할 것이다. 그 대답은 십계명이다. 우리는 이미 이스라엘에서 십계명(Decalogue, 문자적으로 열개의 단어란 뜻)이 젊은이들을 위한 가르침의 주요 부분을 이루었음을 살펴보았다. 그것은 교회에서도 마찬가지였다. 종교개혁 훨씬 이전부터 교회의 가르침은 십계명, 사도신경, 주기도문에 집중되어 있었다. 루터의 대소 교리문답(1529)에서는 십계명 해설이 사도신경이나 주기도문보다 먼저 논의된다. 제네바 교리문답에서 칼빈은 제일 먼저 사도신경, 그 다음은 십계명, 마지막으로 주기도문을 다루었다. 칼빈은 특히 십계명이 신자의 삶에서 하나님의 뜻이 표현되는 것으로 보았다. 개혁주의 신학은 이런 칼빈의 가르침을 따르고 있다. 십계명 해설을 담고 있는 하이델베르크 교리문답과 웨스트민스터 대소교리문답은 수세기 동안 확실하게 개혁파 교회의 도덕적 가르침의 중추를 이루었다. 하이델베르크 교리문답(1563)은, 주일에 관해서는 10개 문답을, 십계명에 관해서는 52개 문답을 다룸으로서, 주일보다 십계명을 더 깊이 다루고 있다.

이전 장에서 우리는 기독교 윤리학에서 성경 전체를 모두 중요하게 취급해야 한다는 점을 살펴보았다. 따라서 우리의 논의를 십계명에만 제한시킬 수는 없다. 기독교 윤리학을 다룰 때 우리는 성경의 다른 많은 부분들도 참조해야 한다. 예를 들어 마태복음 5-7장의 산상수훈, 고린도전서 13장의 사랑의 송가 같은 것들을 들 수 있다. 그럼에도 지금 여기에서는 나는 십계명만을 논의하려고 한다. 왜냐하면 십계명이 중심 되는 계명이라고 보는 것이 옳기 때문이다. 나는 십계명이 고대 이스라엘에게 중요했을 뿐만 아니라, 신약 교회가 기독교적 삶의 규범을 십계명으로부터 도출했음을 보일 것이다.

먼저, 성경 전반를 통해 십계명의 여러 측면들을 살펴보자. 십계명의 본문은 두 번 주어졌는데, 출애굽기 20장과 신명기 5장에 각각 등장한다. 두 본문 모두 이스라엘의 법률이 제정되는 시작을 다루고 있다. 이런 "언약의 말씀"은 의식과 함께 이스라엘이 듣는 가운데 일종의 헌법처럼 선포되었다. 십계명은 "하나님의 손으로 기록된"(출 31:18) 두 돌 판에 각각 새겨져 있었고, 언약궤 안에 보관되었다(신 10:1-5).

신구약 성경 모두 십계명과의 유사성을 보여준다. 하나님이 그의 백성에게 말씀하시는 예레미야 7장 9-10절을 살펴보자. "너희가 도적질하며 살인하며 간음하며 바알에게 분향하며 너희가 알지 못하는 다른 신들을 좇으면서 내 이름으로 일컬음을 받는 이 집에 들어와서 내 앞에 서서 말하기를 우리가 구원을 얻었나이다 하느냐?" 호세아 4장 2절은 이것을 "오직 저주와 사위(詐僞)와 살인과 투절과 간음 뿐이요 강포하여 피가 피를 뒤대임이라"라고 요약하고 있다. 십계명은 쉐마 본문(신 6:4-9; 11:31-21; 민 15:37-41)과 함께 매일 성전에서(성전 파괴 이후에는 회당에서) 읽혀졌다.

신약에서 예수님은 부자 청년에게 "계명을 지키라"고 말씀하셨다. 어느 계명을 말하는가에 대한 부자 청년의 질문에 대해서 예수님은 "살인하지 말라, 간음하지 말라, 도적질하지 마라, 거짓증거 하지 말라, 네 부모를 공경하라…"(마 19:18-19)라고 대답하셨다. 여기서 제5계명에서 9계명까지가 열거되었는데, 실질적으로 십계명의 순서를 따르고 있다.

바울은 십계명과 관련해서 로마서 13장 9절에서 비슷하게 요약하고 있다. "간음하지 말라, 살인하지 말라, 도적질 하지 말라, 탐내지 말라' 한 것과 그 외에 다른 계명이 있을 지라도 네 이웃을 네 자신과 같이 사랑하라 하신 그 말씀 가운데 다 이루었느니라." 여기서 우리는 6계명에서 8계명, 그리고 열 번째 계명을 대면할 수 있다.

야고보서 2장 11절은 6계명과 7계명을 열거한다. "간음하지 말라 하신 이가 또한 살인하지 말라고 하셨느니라." 십계명은 디모데전서 1장 9-10절에 열거되어 있는 소위 악의 목록의 순서에도 분명히 영향을 끼치고 있다. "법은 옳은 사람을 위하여 규정된 것이 아니요, 오직 불법한 자와 복종치 아니하는 자며, 경건치 아니하는 자와 죄인이며, 거룩하지 아니한 자와 망령된 자며(십계명의 첫 번째 돌판을 떠올려보라), 부모를 치는 자, 살인하는 자, 부도덕한 자, 행음하는 자, 유괴하는 자, 거짓말쟁이, 위증하는 자 그리고 기타 바른 교훈을 거스르는 자를 위함이니라." 여기서는, 부모 살해를 금하는 5계명(출 21:15을 보면, '그의 아비나 어미를 공격하는 자'라고 좀 더 잘 표현되어 있다)에서부터 거짓말을 단죄하는 9계명까지의 순서를 떠올리게 한다. 8계명은 아이 납치와 유괴를 금하고 있다. 아이 납치와 같은 악은 이전 시대 8계명의 중요한 측면이었다(출 21:16을 보라). 사실상 노예 매매

자, 강탈자, 포주는 8계명을 어기는 셈이다! 오늘날에까지 제8계명의 이러한 측면은 여전히 유효하다. 비행기 안에서의 인질을 잡는 것을 상상해 보면 그 점을 알 수 있는데, 사실상 거기서는 인질극을 벌이는 자가 다른 사람들의 주인생명을 좌지우지하는 주인과 방불한 셈이다.

이런 사실들을 통해 우리는 십계명이 성경에서 거의 독보적인 위치를 차지하고 있음을 충분히 볼 수 있다. 누군가가 십계명을 "율법중의 율법"(van den Berg 1963)이라고 말했는데 참으로 적절하다. 모세의 율법은 수백 개의 법조항으로 이루어져 있지만, 그 율법들에서 우리는 고대 이스라엘 백성에게 뿐 아니라 우리에게도 친숙한 핵심 계명들로 구성된 또 다른 율법(즉 십계명)을 발견할 수 있다.

2. 교회는 아직 시내산에 머물러 있는가?

그러나 십계명이 성경에서 가장 핵심적인 위치를 차지한다는 견해를 모두가 다 받아들이지는 않는다. 가끔씩 십계명은 구약에 기원하고 있다는 사실 때문에 거부당하기도 한다. 그리스도의 부활 이후를 살아가는 우리가 어떻게 기독교적 삶의 핵심 명령을 십계명에서 찾을 수 있는가? 위고 뢰트리스베르거(Hugo Röthlisberger)는 『시내산에 있는 교회』(*Kirche am Sinai*)라는 책에서 이 점에 관하여 논하고 있다. 뢰트리스베르거에 따르면, 십계명을 가르치는 사역을 중요하게 생각하는 교회는 시내산에서 좌초되었으며 신약 교회라고 부를 수 없다. 그의 주장을 좀 더 심도 있게 살펴보자. 대부분 논의는 다음의 요지에 의존하고 있다. 뢰트리스베르거는 신약의 "교리문답"에서 십계명은 거의 아무런 역할도 못했다고 믿고 있다. 그에 따르면, 빛과 어두움, 사랑, 그리스도를 따르는 삶과 같이 신약성경이 제시하는 다른 주지들은 신약의 "교리문답"에서 각각 어느 정도의 역할을 했다. 그러나 그 어떤 부분에서도 십계명이 도덕적 가르침을 위한 출발점이 되지 못했다고 그는 주장한다. 뢰트리스베르거에 따르면, 그리스도께서 율법의 마침이 되셨기 때문에(롬 10:4), 십계명은 도덕적 가르침을 위한 출발점이 결코 될 수 없다. 옛 언약이 지나갔기 때문에 교회는 더 이상 시내산에 머물러 있을 수 없다. 그리스도께서 율법의 자리에 나타나셨다. 그에게 연합된 자와 사랑으로 살아가는 자는 이미 율법을 성취했다. 예수님은 하나님이 우리에게 요구하는 바가 무엇이든지 우리에게 성령의 열매로 그것을 주신다. 우리는 하나님의 뜻이 무엇인지 실험해 보아야 한다. 사랑과 그리스도를 따르는 것의 정확하게 무엇을 의미하는지 우리는 계속 반복해서 실험해야 한다. 어떠한 경우에도 교회는 시내산의 방법(십계명)으로는 하나님이 교회에 기대하시는 바를 들을 수 없다. 이것이 뢰트리스베르거의 논지이다.

그러면 정말 십계명은 신약의 도덕적 가르침에서 더 이상 중심적인 위치가 아닌가? 비록 사랑이 우리가 가야할 길을 지시하는 중심적 위치에 있다고 해서, 우리의 존재가 십계명과는 아무런 상관도 없는가? 신약의 도덕적 가르침에 십계명이 존재하지 않는다는 뢰트리스베르거의 주장을 주의깊게 살펴보면, 우리는 이상한 낌새를 발견할 수 있다. 그는 성경에 나름대로의 칼질을 가함으로서 자신의 견해를 유지하고 있다. 하나의 실례를 들어보자. 분명히 에베소서 6장 2절에서 바울은 "너희 부모를 공경하라"라는 제5계명에 호소하면서 자녀들에게 부모에게 순종하라고 명령하고 있다. 그러나 여기에 대해서 뢰트리스베르거는 다르게 생각한다. 뢰트리스베르거는 에베소서 6장 2절이 바울의 가르침이 아니라 이후에 첨가된 것이라 주장한다. 마태복음은 한 번 이상 시내산과 십계명에 대해서 언급하고 있다(예를 들어 마 5:17-20; 19:18-19를 보라). 뢰트리스베르거는, 그리스도인들이 어느 정도 유대법 아래 있는지 혹은 율법에 대해서 자유한가의 문제에 관해 이 구절들로 인해서 우리가 궁지에 빠졌다고 주장한다. 더욱이 제6계명과 제7계명을 인용하고 있는 야고보서 2장 11절에 대해서도 그는 아무런 권위를 느끼지 않는다. 그는 야고보 사도가 말한 이 본문이 추후 유대주의로 복귀하려는 현상을 반영하고 있을 뿐이라고 주장한다(Röthlisberger 1965: 13-36, 130, 145).

3. 율법: 구원의 방편이 아니라 삶의 규범

이 문제에 대해서 조금 더 논의할 필요가 있다. 뢰트리스베르거가 자기 주장과 맞지 않는 신약의 구절들을 무시했다고 치자. 그러면 그가 그리스도께서 율법의 마침이 된다고 말하고 있는 로마서 10장 4절에 호소하는 것은 옳은가? 로마서 10장 4절은 십계명의 율법에 적용된 것이 아닌가? 어떤 의미에서 그의 주장은 옳다. 바울이 그리스도가 율법의 마침이 된다고 말했을 때, 그가 의미한 것은 구원의 방편으로서 율법은 지나갔다는 것이다. 우리는 더 이상 율법 아래 있지 않고 은혜 아래 있다(롬 6:14). 그리스도를 통해 우리는 율법에 대해서 죽었다(롬 7:1-4).

우리는 하나님에 대하여 살기 위해, 율법에 대해 죽었다. 율법은 그리스도께로 인도하는 몽학선생인데, 그것은 우리가 믿음으로 의롭다 함을 얻기 위해 주어졌다(갈 3:24). 이처럼 구원의 방편으로서 율법에 대한 거부는 모든 측면에서의 전체 율법에 적용된다. 그러나 그 말이 율법에서 요구하는 의식이 아니라 율법이 요구하는 도덕에 대해서 그리스도께서 율법의 마침이 된다는 말이 아니다. 구원의 방편으로서 율법의 역할을 거부하는 것은 모든 인간의 행위와 선행에 적용된다. 이 점은 십계명을 "행할" 때 뿐 아니라 사랑의 열매로서 선행을 "행할" 때도 마찬가지다. 다른 계명을 성취하는 것이 우리를 의롭게 할 수 없는 것처럼, "새 계명"(요 13:14)으로서 사랑을 실천하는 것 또한 하나님 앞에서 우리를 의롭게 할 수 없다.

이러한 진리를 충분히 인정하더라도, 여전히 "율법의 마침"이 십계명에 대한 무시를 의미한다고 말할 수는 없다. 그리스도가 율법의 마침이라고 했던 바울이 동일하게 율법도 거룩하고, 계명도 거룩하고 의롭고 선하다고 분명하게 선언하고 있기 때문이다(롬 7:12, 14). 우리는 율법의 멍에와 저주로부터 해방되었지만, 그 말은 우리가 계명이나 율법의 규범들로부터 자유롭게 되었다는 의미가 아니다. 신약이 율법으로부터 우리가 자유케 되었음을 말할 때, 그것은 율법의 효력을 변질시킨 것이라기 보다, 신자들이 그리스도에 의해서 율법의 저주로부터 자유케 된 위치로 변화되었음을 말하는 것이다. 율법의 요구는 여전히 남아있지만, 그러나 이제 그 율법의 요구는 육체를 좇지 않고 성령을 좇아 살아가는 그리스도인들 안에서 성취되었다. 율법은 그대로 남아있지만, 그리스도 안에서 우리가 변했다!

율법과 자유 사이에 어떤 연관이 있는지를 이해하는 것은 아주 중요하다. 우리는 율법의 저주와 멍에로부터 해방되었다. 그러나 그것은 율법 자체가 저주이고 멍에라는 의미는 아니다. 로마서 7장 7-12절은 이 점을 잘 가르쳐준다. 바울은 "율법이 죄냐?"라고 묻는다. 그는 "결코 그럴 수 없느니라 율법으로 말미암지 않고는 내가 죄를 알지 못하였으니 곧 율법이 탐내지 말라 하지 아니하였더면 내가 탐심을 알지 못하였으리라"라고 답한다(롬 7:7). 인간의 비참함은 율법에 있는 것이 아니라, 인간의 마음에 있다. "그러나 죄가 기회를 타서 계명으로 말미암아 내 속에서 각양 탐심을 이루었나니 이는 법이 없으면 죄가 죽은 것임이니라. 전에 법을 깨닫지 못할 때에는 내가 살았더니 계명이 이르매 죄는 살아나고 나는 죽었도다. **생명에 이르게 할** 그 계명이 내게 대하여 도리어 사망에 이르게 하는 것이 되었도다. 죄가 기회를 타서 계명으로 말미암아 나를 속이고 그것으로 나를 죽였는지라(롬 7:8-11)."

　원래 거룩하고 의롭고 선한 계명이 치명적인 존재가 된 것은 인간의 악한 마음이 그 계명에 저항하기 때문이다. 그렇게 선한 율법이 잠자던 죄를 깨워버린 경우가 되어버린 것이다. 계명이 "탐내지 말라"라고 말하자 마자, 곧바로 나는 방금 금지된 것을 하고 싶어한다. 따라서 계명이 내 안에 있는 악을 촉진시키고, 그런 방식으로 생명으로 이끌어야 할 율법이 나에게는 죽음으로 이끄는 자극이 되어 버린다. 그러나 그리스도 안에서 새로운 피조물이 된 사람(고후 5:17)은 율법과의 새로운 관계를 누린다.

　좀 더 좋게 말하면, 신자들은 이제 율법과 갱신된 관계를 가지게 되었다. 왜냐하면 율법의 원래 의도가 다시 나타나기 때문이다. 율법의 깊이를 아는 사람이라면, 야고보처럼, 율법을 '자유케 하는 율법'으로 이해한다(약 1:25). 야고보는 율법을 우리를 구원하신 살아계신 하나님의 법이라고 한다. 율법은 노예들을 위한 회초리로 고안된 것이 아니라, 자유로운 하나님의 자녀들을 위한 삶의 규칙으로 제정되었다. 이것이 바로 올바르게 십계명을 이해하는 방법이다. 물고기가 물을 떠나서 살수 없고 새가 하늘을 떠나 살 수 없듯이(즉, 삶의 필수요소), 하나님의 자녀들에게 율법은 그와 같은 것이다.

　십계명이 어떻게 우리에게 주어졌는가를 고려하지 않고 십계명을 잘 해석할 수 없다. 십계명의 서문인 "나는 너를 애굽 땅 종 되었던 집에서 인도하여 낸 너의 하나님 여호와라"(출 20:2; 신 5:6)라는 말을 주목해 보라. 먼저 구속이 언급되고 난 뒤 그 다음에 십계명이 주어진다. 이점을 통해 보건데 십계명의 목적은 분명해진다. 하나님은 십계명을 자신의 백성에게 주셨는데 그것은 자신의 백성이 자유를 누리게 하기 위해서였다. 구약의 위대한 구속 사건(출애굽) 이후에 십계명이 주어졌고, 마찬가지로 신약의 위대한 구속 사건(그리스도의 부활) 이후에 감사의 삶이 뒤따른다. 율법의 저주는 제거되었다. 그러한 구원은, 우리가 십계명이나 다른 율법을 지키기 위해 손가락 하나도 까딱하지 않았음에도, 그리스도 안에서 이루어졌다. 그러나 여전히 그리스도는 율법을 폐지한 것이 아니라(십계명을 포함해서) 율법을 성취하셨다(마 5:17). 시편 119편에서처럼 우리는 교회에서 하나님의 율법을 찬송할 수 있다.

4. 계명의 깊은 속뜻

그러므로 교회는 여전히 시내산에 가만히 머물러 있어서는 안 된다. 교회의 윤리가 도덕주의와 율법주의에 빠져있다면 결코 교회는 기독교 윤리를 이해하지 못하는 것이다. 여기서 "기독교"라는 말은 그리스도의 사역으로 인해 생겨났다는 것을 의미한다. 비록 우리가 그리스도를 통해 다시 십계명으로 되돌아가지만 말이다. 이러한 연관성을 가지고 몇 가지 사실을 주목해보자.

제일 먼저, 그리스도께서는 하나님의 계명의 진정한 속뜻을 가르쳐 주셨다. 그분은 특별히 산상수훈에서 계명의 진정한 속뜻을 지적해 주셨다(마 5:17-48). 산상수훈을 이미 배운 우리들은 결코 십계명을 피상적이고 문자적으로 해석할 수 없다. 그리스도께서는 직접 사람을 죽이지 않은 자라도, 만약 그가 형제를 '미련한 놈' 혹은 '바보'라고 부르면 제6계명을 범했다고 하셨다(마 5:21-22). 또한 음욕을 품고 여자를 바라보기만 해도 제7계명을 어긴 자라고 말씀하셨다(마 5:27-28). 그리스도께서는 율법에 묻어 있던 먼지들을 떨어버리셨고, 그 거룩한 빛을 회복시키셨다. 그분은 그의 제자들과 우리들 앞에서 율법이 가진 진정한 의미를 드러내셨다. 특별히 종교개혁자들은 예수님의 이러한 메시지를 이해했는데, 그들은 십계명의 각 항목을 제유(提喩, *per-synecdoche*, 즉, 계명에서 부분적으로 언급한 것이 행위나 태도의 모든 영역을 포함해 규정하는 것으로 이해함. 헬라어 *sunekdechesthai*는 "연합하여 수용함"을 의미함)로 해석했다. "살인하지 말라"는 계명이 선언되었을 때, 비록 살인이라는 오직 한 가지 경우만 언급되지만 사실상 그것은 전체 죄의 목록과 관련되어 있다. 더욱이, 우리는 단순히 금지 조항에만 머물러 있어서는 안 되며, 오히려 적극적으로 요구할 것이 무엇인가를 물어봐야 한다. 금지된 무언가가 있다면, 명령된 것은 무엇인가? 요컨대 분명히 십계명은 모든 것을 다 기술하는 것이 아닌 예시적인 명령으로 우리에게 주어졌다(이 부분에 대해서 더 알고 싶으면 칼빈의 『기독교 강요』 2.8.10.을 보라).

둘째로, 그리스도께서는 율법의 완성으로서 사랑을 지적하심으로 율법의 통일성을 강조하셨다. 자비를 생략하는 방식으로 율법을 지켜서는 안 된다(예를 들어 안식일에 관한 계명처럼, 마12:1-14). 십계명은 우리의 마음은 전혀 가지 않으면서 겉으로 존경하는 법적 조항이 아니다. 십계명은 분명히 인간의 마음을 요구하는데, 이는 인간이 하나님과 그리스도와의 인격적 관계 속에서 살아가기 때문이다. 하나님은 율법에서 분류된 여러 항목과 부분을 얼마나 많이 성취하는가를 원하시지 않는다. 오히려 하나님은 사랑 안에서의 질적인 성취를 원하시는데, 그것은 사람이 희생제물이 아니라 자기 자신을 하나님께 드리는 것이다(마 22:37-40; 롬 13:8-10; 고전 13장; 골 3:14).

시내산을 골고다와 동떨어져 생각할 수 없는 다른 이유가 있다. 그리스를 십자가에 내어주신 하나님의 사랑의 행위는, 하나님을 향한 우리 사랑의 전제요 기원이요 원천이다(롬 5:8; 8:32-39; 갈 2:20). 하나님을 향한 인간의 모든 사랑은 하나님으로부터 받은 사랑에 대한 반응이다. 사랑은 성령의 사랑(혹은 성령으로부터 온 사랑)이고, 성령의 열매이다(갈 5:22). 하나님이 사랑이시기에, 우리는 서로 사랑해야 한다. 사랑하는 자마다 하나님께로 났다(요일 4:7).

셋째로, "모세"를 통해 명령하거나 금지한 모든 행동은 우리가 "그리스도 안에서" 살아갔다는 사실에 비추어 그리스도 중심적인 성격을 지닌다. 가장 훌륭한 예가 바로 에베소서 6장 2절이다. 부모에게 순종하라고 자녀들에게 가르치면서 바울은 제5계명을 언급하는 것만으로 만족하고 있지 않다. 그는 "주 안에서"(그리스도안에서)의 순종을 요구하고 있다. 이렇게 자주 등장하는 "주 안에서" 혹은 "그리스도 안에서"라는 표현은, 모든 그리스도인의 삶, 사고, 행동이 그리스도안에서 새로운 피조물에 속하였음을 지적한다(고후 5:17; 갈 6:15; 엡 2:10). 결혼, 가족, 사회에서의 일상적인 삶은 그리스도와 함께하는 삶에 포함되어 있다. 그럼으로 우리의 일상생활은 변화되고, 옛 것(모세의 법!)이 새롭게 되는 것이다.

그리스도와 율법과의 이러한 관계는 너무 중요하기 때문에, 그리스도인의 행동이 선한지 악한지를 규정하기 위해서는 오직 이 관계로부터 충분히 논증할 수 있다. 구약의 계명들에 호소하는 것도 필요치 않다. 예를 들어, 그리스도인들이 음행을 해서는 안 된다. 왜냐하면 그들의 몸이 바로 그리스도의 지체이기 때문이다(고전 6:13-20). 그리스도인들인 거짓을 멀리해야 한다. 왜냐하면 그리스도 안에서 새로운 백성으로서 그리스도인들은 서로 한 지체이기 때문이다(엡 5:25).

이러한 우리 행위의 그리스도 중심적 성격은 왜 교회가 제4계명("안식을 기억하라")을 그리스도께서 부활하신 주일과 연결시켰는가를 설명하는데 도움을 준다. 안식일은 율법 아래의 유대인의 삶과 밀접하게 연관되어 있기에, 이 시점에서 안식 일을 깨뜨리는 것을 불가피했다. 그러나 제4계명은 기독교회에서 다른 계명들과 함께 여전히 유효하다. 서글프게도 교회 안에서 안식일을 준수하라는 율법주의적 흔적이 존재하는데, 심지어 오늘날까지 남아 있는 것들이 있다. 그러나 그리스도의 완성된 사역에 기초한 찬미로 인해 우리는 주일에 안식한다. 그것은 주일을 여러 가지 규정들으로 다시 옭아 매는 것과는 다르다. 4계명을 제대로 이해하는 것은 우리가 실제로 시내산을 넘었는가 넘지 못했는가를 보여주는 시험대이다.

만약 우리가 십계명을 성경 전체와 연관지어 제대로 해석한다면, 우리는 더 이상 십계명에게 영광의 자리를 내어줄 수 없다는 개념을 받아들이지 않을 것이다. "우리 자신이 애굽에서 나온 것이 아니다", "우리는 더 이상 안식일을 지키지 않아도 된다", 혹은 "우리는 지금, 부모에게 순종하면 오래 살 것이라는 약속을 누리는 가나안 땅에 살고 있지 않다 혹은 우리는 결코 다른 사람의 나귀나 소를 탐내지 않는다"와 같은 주장을 하면서 십계명을 무시하는 것은 너무 극단적으로 단순화된 것이다. 그 모든 말이 사실이지만, 그로 인해서 도출된 결론은 잘못된 것이다. 만약 당신이 교회 예배의 한 부분으로서 십계명을 듣는 것을 금하기 위해 이런 주장들을 사용하려 한다면, 실제로 당신은 성경 전체를 덮으라는 주장을 옹호하는 셈이 된다. 성경의 어떤 부분을 읽든지 상관없이 우리는 항상 이스라엘 백성, 유대인, 이방인 그리스도인들을 그들이 처한 사회적 상황이나 문화, 그들이 처한 문제들과 함께 만나는 것이다. 그러나 만약 그들에게 주어진 말씀이 동일하게 우리에게 주어졌다는 사실을 계속 주장하고 싶다면, 우리는 창세기에서 계시록까지의 말씀 안에서 특별히 그들에게 적용되는 것과 오늘날 우리에게도 보편적으로 적용되는 것을 잘 구분해야 한다. 비록 애굽으로부터 벗어나지는 않았지만 다행히 우리는 그리스도께서 우리를 죄의 종으로부터 위대한 해방을 성취하셨을 때 함께 있었다. 그러므로 나귀나 소에서 새자동차나 다른 탐나는 물건들에 새롭게 적용하는데 엄청난 비약이 요구되지 않는다.

만약 십계명이 구약과 신약에서 중요한 위치를 차지한다면, 우리는 자신있게 십계명을 오늘날 교회의 중심되는 계명의 위치에 둘 수 있다. 물론 이것은 그리스도안에서 비춰진 새로운 빛의 조명아래 옛 것을 비출 것을 요구한다. 그러나 옛 것과 낡아빠진 것은 다르다. 고대의 십계명은 낡아빠진 것이 아니라 그리스도 안에서 성취된 것이다. 지금도 십계명은 우리 앞에서 복음의 조명아래 읽혀지기 위해 당당한 모습으로 서 있다.

5. 율법의 세가지 역할

율법(특히 십계명)이 인간에게 미친 다양한 역할을 분명하게 조명하기 위한 구분은 이미 종교개혁 이후 이루어졌다. 율법의 용법(*usus legis*)이라는 주제에 대해서, 항상 동일한 순서로 언급된 것은 아니지만, 문헌상 세 가지 측면이 나타난다.

① 율법의 제1용법(*usus legis primus*)은 공공적, 정치적 삶과 관련되어 있다. 율법의 제1용법은 정치적 용법(*usus politicus*) 혹은 시민적 용법(*usus civilis*)이라 지칭하기도 한다.

② 율법의 제2용법은 우리의 죄를 들추어내는 것과 연관되어 있다. 하이델베르크 교리문답에서 던지는 한 문답을 떠올려 보면 분명해 진다. **문**: "우리의 비참함을 언제 알 수 있습니까?" **답**: "하나님의 율법을 통해서입니다." 율법의 제2용법은 교육적 용법(*usus paedagogicus*) 혹은 경책적 또는 고소적 용법(*usus elenchticus*)이라고도 한다.

③ 율법의 제3용법(*usus legis tertius*)은 감사를 표현하는 규칙으로서 율법의 의미를 지적한다. 율법의 제3용법은 교훈적 용법(*usus didacticus*) 혹은 규범적 용법(*usus normativus*)이라고도 한다.

이러한 구분을 다음과 같이 공식화할 수 있다.

㉮ 율법은 인간을 보호하는 방화벽과 같은 역할을 한다.
㉯ 율법은 인간의 비참한 상황을 보게 하는 거울과 같은 역할을 한다.
㉰ 율법은 인간이 감사를 표현할 수 있는 척도의 역할을 한다.

이러한 율법의 용법과 관련해서, 우리는 율법을 다양하게 이용하는 방법과 아울러 하나님이 제정하신 율법이 어떤 역할을 하는가를 더 잘 볼 수 있다. 우리의 삶에서 그분의 법과 함께 그분이 무엇을 하고 계신가? 만약 우리가 이점을 기억한다면, 우리는 율법의 한 기능을 다른 기능으로부터 결코 따로 떼어내지 않을 것이다. 그 세 가지는 함께 존재한다.

(1) 첫 번째 역할

이제 율법의 역할을 각각 차례로 살펴보기로 하자. 첫 번째 역할은 하나님께서 외적인 규율과 예절을 유지하기 위해서 율법을 사용하는 것을 가리킨다. 칼빈은 인간의 방종을 제어하기 위해서 재갈을 씌워야 한다고 말하고 있다(『기독교 강요』, 2.7.10). 사람들은 악에서부터 방어벽을 쳐야 한다. 그 결과가 중요한데, 오직 이렇게 함으로서 인간 사회의 존속이 가능해 진다. 인간의 방종을 제어하는 결과가 그리 깊이 침투하지는 못한다. 왜냐하면 이 방법은 인간 마음의 내면에는 영향을 끼치지 못하고 오직 외적인 부분에만 영향을 끼치기 때문이다.

정부가 인간의 방종을 억제하기 위해 사용하는 법들이 십계명과 무슨 상관이 있는가? 종교개혁자들은 그 둘을 아주 간단하게 연결시키고 있다. 개혁자들은 확신하기를 십계명에 기록된 것은 타고난 법, 자연법, 다시 말해 자연의 빛처럼 인간의 마음에 새겨져 있었다. 살인, 도둑질, 간음, 거짓 증거를 금하는 계명들은 십계명의 돌판에 뿐 아니라 "본성으로부터" 알 수 있으며 따라서 법의 제정에도 나타난다. 이점을 증명하기 위해 항상 인용되는 구절이 바로 로마서 2장 14-15절인데, 거기서는 이방인들도 그 본성으로 율법이 명령하는 바를 행하고 그들의 마음에 기록된 율법이 작용하고 있다고 말한다.

그리스도인이 아니라도 하나님의 법에 나타난 것들을 안다는 말은 분명히 옳다. 로마서 2장 14-15절은 명백하게 이 점을 지적하고 있다. 여기서 우리는 율법의 요구가 (이방) 사람들의 마음에도 기록되어 있다는 것을 읽을 수 있다. 이러한 신적인 기록은 이방인의 마음에 충분히 깊이 새겨져 있어서, 이방인들은 하나님의 율법의 요구를 피할 수 없게 되었다. 그러나 우리는 여기서 바울이 이방인들의 마음에 새겨진 유일한 율법의 작용에 대해서 말하고 있지 않음을 주목해야 한다. 로마서 2장의 문맥을 볼 때, 그 법은 자연법이 아니라, 모세의 법이다! 바울은 결코 "자연"을 도덕적 규범의 원천으로 규정하지 않는다. 오히려 율법(십계명)이 도덕적 규범의 확실한 표현이다. 오히려 바울은 정확하게 반대 방향으로 추론을 한다. 바울은 주장하기를, 성경 특히 십계명에서 우리가 그 능력을 대면하듯이, 하나님의 능력은 이방인들에게 일종의 신적인 압력을 가함으로 그들이 하나님의 법이 요구하는 본성에 따라(다시 말해 "그들 스스로", "실제로") 행하도록 한다.

하나님이 자신의 법을 도저히 지울 수 없도록 각인 시켰다는 사실로 인해 인간의 삶(그리고 삶의 발전)안에서 질서가 가능함을 이해할 때, 우리는 평균적인 인간과 하나님의 법에 대한 그의 지식을 적절히 연결시킬 수 있다. 그러나 불행히도 인간은 종종 자연인이 소유한 지식을 너무 과대평가한다. 그들은 "타고난 지식"과 "자연법"을 언급하기 시작하면서 그것이 선한 행위와 선한 윤리를 행할 능력이 있는 것으로 보았다. 율법의 정치적 용법은, 행위를 할 수 있을 만큼 얼마나 사람들이 선한가를 우리에게 가르쳐준다고 생각했다. 네덜란드의 윤리학자 로타이젠(G. Th. Rothuizen)이 자신의 박사학위 논문 "율법의 제1용법"(*Primus usus legis*)에서 주장하는 것처럼, 많은 사람들이 종종 율법이 사람이 얼마나 선한가를 가르치는 역할을 하는 것이 우선적인 기능이라 선언했다. 그 논문에서 로타이젠은 인간의 능력을 기독교적 능력보다 우선하며 더 탁월한 것으로 본다(Rothuizen, 1962:129-131, 216-218). 로타이젠은 세계가 기독교화되는 것에 반대한다. 그는 시편 8편을 해석하면서 만물을 신자들의 발이 아니라 인간의 발 아래 두신 것으로 본다. 이런 측면에서 그가 보기에, 세속화는 선한 것이다!

종교개혁자들은, 비록 법에 대한 인간의 타고난 지식을 외적으로 강조하지만, 그런 식으로 주장하지는 않는다. 개혁자들은 인간이 "자연의 빛"을 소유했다고 하지만, 그러나 동시에 인간이 그 빛을 막아 버렸음을 인정한다. 우리는 이점을 아우그스부르크 신앙고백 XVIII, 71-72와 도르트 신경, III/IV에서 볼 수 있다. 거기에는 하나님과 그리스도가 없이 인간이 성취할 수 있는 것에 대하여 어떤 낙관적인 주장도 없다. 그것들은 결코 작고 희미한 빛을 엄청난 불이 되도록 부추기지는 않는다.

이런 모든 것들이 율법의 제1용법이 말하는 중요한 역할을 폐기하지 못한다. 비록 사람들이 하나님의 법을 폭넓게 남용하거나 자주 그 법을 겉으로만 따름에도 불구하고, 하나님은 인간 사회를 유지하기 위해 자신의 법을 사용하신다. 우리는 율법의 첫 번째 역할을 다른 두 역할과 따로 떼어서는 안 된다. 만약 그렇게 한다면, 우리는 쉽게 자연법,

세속화, 인간의 선함을 선전하게 될 것이다. 그리고 만약 우리가 그런 방향으로 나간다면, 우리는 곧 바로 인간 이성을 극도로 자랑하게 될 것이다. 인간이 스스로를 구원한다. 더 이상 하나님이 그의 법을 통해 사회에 질서를 가져오는 것이 아니라, 인간 자신이 규범이 된다. 인간의 이성은 하나님의 뜻에 봉사하는 겸손한 도구 혹은 기관이 되는 대신, 규범적인 역할을 가지게 된다. 헬무트 틸리케(Helmut Thielichke)는 그가 쓴 윤리학에서, 인간 이성이 섬기고 듣고 순종하는 기관의 역할(usus organicus, organic function)에서, 규범적 역할(usus normativus, the normative function)로 변화되었음을 정확하게 지적하고 있다(Thielicke 1979:1:143-144).

제1용법에 대해서 마지막으로 언급할 것이 있다. 만약 율법의 이러한 역할이 (정확하게) 십계명과 연관되어 있다면, 그 역할을 십계명의 두 번째 돌판에만 한정시켜버리는 것은 적절하지 못하다. 따라서 우리는 율법의 첫 번째 역할을 인간 상호간의 수평적인 관계에 뿐 아니라, 하나님과의 수직적인 관계와도 연결시켜야 한다. 한 가지 분명한 결론으로 정치의 영역에서도 우리는 하나님에 대하여 침묵해서는 안 된다!

사람들은 자주 율법의 첫 번째 역할을 무시하고 싶어 한다. 덴마크 윤리학자 쇄(N. H. Søe)의 윤리가 그러한 경우이다. 그러나 만약 우리가 율법의 첫번째 역할을 무시하면, 교회와 세상은 더 이상 명확히 구분되지 않는다. 세상에서의 하나님의 법의 외적 작용과 교회 안에서의 외적 작용은 다르다. 정치가는 교회 지도자들보다 더한 "심령의 강퍅함"을 다룬다. 사회질서를 개선해 나가는 것은 교회에서 율법을 설교함으로 심령의 변화를 호소하는 것과는 다른 것이다. 만약 당신이 율법의 첫 번째 기능만을 따로 떼어 놓는다면 곧바로 인본주의에 빠질 것이다. 그러나 만약 당신이 율법의 첫 번째 기능을 무시하고 율법의 역할을 교회론 중심적인 방식으로만 바라본다면, 재세례파가 저질렀던 오류에 빠질 것이다. 재세례파는, 하나님이 오래 참음으로 계속 일하기를 원하시는 그 세상에 대해서 눈을 감아 버린다. 그리고 만약 하나님이 이방인과 불신자들을 참으시고 사회를 만들기 위해 자신의 법을 주셨다면, 우리도 그런 세상에 대해서 후퇴해서는 안 된다.

이 결론은 우리가 사회 윤리를 다룰 때 특히 중요하다. 예를 들어 부요한 나라와 가난한 나라의 극심한 대립을 없애거나, 인종차별과 싸움으로 정치적 사회적 상황을 진보시키는 것은 필수적이다. 비록 그것이 우리가 지지하는 사람을 회심으로 이끌지는 못할지라도 말이다. 우리의 정치적 사회적 행위가 세상에서 더 좋은 질서를 이끌 수 있다면, 우리는 하나님이 첫 번째 역할로 주신 율법의 목적과 부합되게 행하는 것이다.

(2) 율법의 두 번째 역할

두 번째로 하나님은 인간에게 자신의 비참함을 노출시키시기 위해 율법을 사용하신다. 이러한 역할은 갈라디아서 3장 24절로부터 도출된다. "이같이 율법이 우리를 그리스도께로 인도하는 몽학선생(paedagogos)이 되어 우리로 하여금 믿음으로 말미암아 의롭다함을 얻게 하려 함이니라." 고대에 '몽학선생은' 미성년자들을 바로 잡아 주는(별로 인기없는) 사람이었다. 몽학선생은 선생이 아니라 '유모'(babysitter)였다. 이점은 왜 율법의 두 번째 역할을 '교육적 혹은 경책적 용법'(usus paedagogicus or usus elenchticus)라고 부르는지 명확하게 해 준다(헬라어 elenchein은 유죄를 선언한다는 의미이다). 유모처럼 율법은 우리가 하나님 앞에 죄인으로 서 있기 때문에, 우리의 탈선을 망각하는 것이 더 낫다고 귀가 따갑도록 외치고 있다.

사실 율법의 이러한 역할을 '교육적'(paedagogicus)이라고 하는 것은 그리 정확한 표현은 아니다. 왜냐하면 갈라디아 3장 24절에서 율법이 **과거에** 우리의 몽학선생이었다고 말하기 때문이다. 구속사에서 몽학선생으로서의 율법의 역할은 끝났다. 이제는 믿음이 왔고, 이제 더 이상 우리는 몽학선생 아래 있지 않다(갈 3:25). 그럼에도 여전히 우리가 주장할 수 있는 것은, 이제 우리는 그리스도와의 새로운 관계에서 있음으로 다시 새롭게 율법을 받았고, 이러한 율법이라는 거울을 봄으로써 우리의 비참함을 배우는 것이다. 그것은 우리가 율법 배후에 있는 율법의 수여자를 볼 때에만 가능한데, 자신의 법을 주신 그분의 의도는 우리를 위협하려는 것이 아니라 그리스도 안에서 우리에게 생명을 주시려는 것이다. 우리는 율법과 복음을 따로 떼어 놓아서는 안 된다. 복음의 빛 아래서 우리는 우리 자신의 죄와 연약함을 더 잘 보게 된다. 그 점에서 율법도 좋은 거울이다.

루터와 루터주의자들은, 비록 첫 번째 역할과(눈에 확 띄지는 않지만)세 번째 역할을 인정함에도 불구하고, 두 번째 역할을 율법의 가장 중요하고 진정한 역할로 보았다. 루터주의자들이 율법의 두 번째 역할을 강조하는 것는 율법을 다소 부정적으로 봄으로 인해 나타난 결과이다. 율법의 이러한 역할은 종종 '변증법적'(dialectically)으로 묘사되었다. 이것은 율법의 두 번째 역할이 서로 모순 되어 보이는 두 가지 역할을 실제로 가지고 있음을 의미한다. 그 자체로 사망에 이를 수밖에 없는 율법이 하나님의 손안에서 회개에 이르게 하는 도구가 된다. 율법은 사람을 죽음에 내어 주지만, 동시에 이러한 죽음은, 하나님의 손에 들린 도구로서의 율법을 통해, 사람으로 하여금 자신이 필요한 것, 즉 복음을 통한 해방으로 이끄는 역할을 한다.

그럼에도 내가 생각하기에 이러한 입장은 다소 추상적이다. 앞서 언급한 것처럼, 우리는 율법을 그 율법의 수여자와 분리하거나, 율법을 복음과 분리해서는 안 된다. 그 모든 것들이 합쳐질 때에만 우리에게 우리의 비참한 모습을 보여주게 된다. 변증법을 이야기할 때마다 우리는 조심스럽게 살펴보아야 한다. "변증법"이라는 용어는 자주, 본질적으로는 서로 배타적인 것들이 그럼에도 실제로는 연합되어 있다는 의미로 사용한다. 율법에 적용해 본다면, 이 말은 율법이 애매모호한 것이라는 말이 된다.

율법은 죽인다. 그래서 이렇게 죽이는 것이 율법의 "고유한"(proper) 역할이라고 생각한다. 동시에, 율법을 긍정적인 것으로 여기기도 한다. 왜냐하면 하나님이 사람을 살리기 위해 율법의 부정적인 작용을 이용하기 때문이다. 그리고 그것이 하나님이 "원래 의도한"(proper) 역할이다. 그러나 이러한 사고의 흐름 안에서, 율법의 복음적 성격에 적절하지 못한 자리가 부여되었다. 율법은 결코 우리를 죽이기 위해 고안 되지 않았다. 오히려 하나님이 이루어 놓으신 구원의 울타리 안에서 우리를 지키기 위한 목적으로 만들어졌다. 이것이 율법의 고유한 역할이다. 그러나 우리는 우리 자신의 사악함 때문에 하나님의 선한 율법에 대항해서, 율법이 죄를 짓기 위한 발판이 되는 것처럼 그렇게 반응하는 것이다. 율법을 통해서 죄가 확연하게 드러난다 (롬 3:20).

비록 갈라디아서 3장 24절에서 묘사하고 있는 것처럼 율법이 몽학선생으로서의 역할은 상실했지만, 우리는 여전히 우리의 바참함을 드러내 주는 율법의 두 번째 역할에 대해서는 계속 말할 수 있다. 만약 그렇게 하지 않으면 그리스도인의 삶은 피상적이고 인습에 얽매이거나 도덕주의에 빠지게 되고, 곧바로 율법주의가 그리스도가 우리의 생명이라는 겸손한 고백의 자리를 대신 차지하게 될 것이다.

(3) 율법의 세 번째 역할

마지막으로 우리는 하나님의 율법을 사람이 그것을 통해 자신의 감사를 표현하는 표준이 된다는 점도 발견하게 된다. 칼빈은 이것이 율법의 가장 주된 역할이라고 보았는데, 왜냐하면 그것이야말로 율법을 주신 진정한 목적이기 때문이다(『기독교강요』, 2.7.12). 칼빈에게는 율법의 복음적인 목적이 가장 중심이었다. 칼빈은 루터가 그랬던 것처럼 율법을 부정적으로 묘사하지 않았다. 어떤 사람은 칼빈이 어느 정도 루터를 의식하면서 이처럼 율법의 세 번째 역할을 주된 것으로 말했다고 언급한다(W. Elert, Berkouwer 1971:158에서 재인용). 루터주의자들에게 율법의 세 번째 역할은 죄인으로서의 인간에만 적용된다. 율법은 그리스도인들과는 아무런 상관도 없는 죽이는 역할만 한다. 하나님의 거룩함과 은혜처럼, 율법과 복음은 엄격하게 분리된다.

헬무트 틸리케가 주장한 윤리학의 근본 주제는 루터가 생각한 의미에서의 율법과 복음의 모순이었다. 『신학 윤리학』(*Theological Ethics*)에서 틸리케는 율법에 대해 아주 인상적으로 다룬다. 틸리케에 따르면, 율법과 복음은 엄격하게 분리되어야 한다. 그 이유를 들면서 그는 감히 하나님 안의 갈등, 즉 그의 율법으로 우리를 정죄하는 하나님과 그의 복음 안에서 우리를 향해 은혜를 베푸시는 하나님 사이의 갈등을 언급하기조차 한다. 틸리케에 따르면, 하나님의 은혜의 기적이 기적으로 남을 수 있는 것만이 유일한 해결책이다. 정죄하는 율법의 옆에 서 있지 않다면, 은혜는 기적적인 성격을 잃어버린다(Thielicke 1979:1: 272이하, 332이하).

여기에 대해서 우리는 무엇을 말해야 하는가? 율법과 복음을 **구분**(**분리**가 아니라)하는 것은 좋다. 틸리케는 율법이 복음의 형식이었다라고 주장한 칼 바르트를 적절하게 비판하고 있다. 바르트는 율법을 복음에 포함시켰는데, 그럼으로 율법은, 예를 들어 최후의 심판 때처럼, 정죄하는 법으로서의 독립성을 상실해 버린다. 사실, 바르트의 견해에는 율법이 더 이상 정죄할 여지를 남기지 않는데, 왜냐하면 모든 사람들이 그리스도의 구속을 공유하기 때문이다. 이런 방식으로 바르트는 은혜를 싸구려로 만들었고, 그에 대한 비난이 이전보다 더욱 쏟아졌다. 우리는 틸리케의 견해도 유보하지 않을 수 없다. 하나님의 거룩함과 하나님의 은혜, 혹은 율법과 복음 사이의 갈등은 없다. 그것보다는 오히려 하나님의 율법과 그의 복음이라는 한 편과, 반역한 인간이라는 다른 한 편 간의 갈등만 있을 뿐이다. 인간이 하나님에게서 돌아섰기 때문에 율법이 잔인해졌을 뿐 율법의 '본성' 자체가 그런 것은 아니다.

따라서 율법은 기독교적 삶에 방향을 제공하는 세 번째 역할을 가질 수 있다. 율법은 그리스도인의 삶을 형성시킨다. 틸리케에게 있어 율법은 그런 역할을 수행할 수 없는데, 왜냐하면 그에게는 율법의 두 번째 기능만이 압도하기 때문이다. 신자의 삶에서 율법은 인간이 죄에 빠짐으로 인해 초래된 비참함만을 보여준다고 그는 말한다. 틸리케는 말하기를, 금지 명령을 통해 십계명은 자연법을 지적하기 보다 오히려 그 반대, 즉 살인, 도둑질, 간음 등으로 표현된 자연법이 없음을 정확하게 지적한다. 틸리케는 십계명(산상수훈도 마찬가지로)을 우리의 죄된 모습의 상처를 여전히 보여주는 붕대(gauze)라 부르고 있다.

이 문제에 대해서는 많은 것들이 우리가 판단하기에 달려있다. 우리가 부정적인 면에 너무 열중함으로, 율법이 미숙한 우리를 지키는 것이 진짜인가? 아니면 율법이 우리의 삶을 이끌고 형성해가는 적극적인 기독교적 삶이 가능하다는 것이 진짜인가?

우리는 이러한 질문을 6장에서 좀더 깊이 다룰 것이다. 기독교적 삶은 나름대로의 독특한 방식으로 존재하는가? "기독교적"이라는 용어가 어떤 단일한 내용을 담고 있지 않기 때문에, 우리는 틸리케나 다른 사람들과 마찬가지로 실제로 기독교적 삶의 양식, 기독교적 정치 방식, 기독교적 사회 방식이라고 말할 수 없다고 결론을 내려야 하는가? 그런 질문에 대한 우리의 대답은 율법의 세 번째 역할이 존재하는가 존재하지 않는가와 연관되어 있다.

그 대답은 우리가 다루는 사회 윤리와 모든 측면에서 연관된다. 율법의 첫 번째 역할로 인해 우리는 세상의 정치적 사회적 구조에 우리가 적극적으로 관련되어 있음을 보았다. 세 번째 역할도 동일하게 적용된다. 기독교적 삶의 표준으로서 하나님의 율법은 우리의 개인적인 삶뿐 아니라 사회적인 삶도 형성한다. 복음은 이 땅의 소금이고 이 땅의 빛이다(마 5:13-16). 그리스도께서는 하늘과 땅의 모든 권세를 부여받았다(마 28:18). 그분은 사람들에게 뿐 아니라 우리가 살고 있는 모든 사회구조에 이르기까지 자신의 권리를 주장하신다. 정치적, 사회적 삶도 그분에게 복종되어야 한다. 우리가 정치가, 사업가, 과학자들에게 그리스도를 따르라고 설교할 때, 그리스도인으로서 우리의 입지가 줄어들 수도 있다. 그럼에도 우리는 성공의 기회가 아닌 믿음에 이끌려야만 한다. 만약 당신이 실제로 모든 권세가 그리스도께 주어졌음을 믿는다면, 당신은 국회의원, 사업가, 학자, 예술가들은 자신의 일이 감사의 법칙으로서 하나님의 율법과 연관되어 있음을 믿어야 한다. 기독교적 정치, 기독교적 과학연구가 이 세상에서는 찾아보기 드문 상품일 수 있지만, 그러나 우리는 그리스도 안에서 다시 받은 율법이 사회의 모든 사람들의 관계에 유익한 힘을 가지고 있음을 계속 믿는다.

이와 같은 내용은 우리가 율법의 첫 번째 역할을 보았던 것보다 깊은 통찰력을 가지고 있다. 첫 번째 역할은 인간의 방종을 억제하고 사회를 관용적인 사회로 보존하는 것과 연관이 있으나, 사람들을 그리스도께로 회심시키는 것은 없다. 여기 율법의 세 번째 역할은 그리스도께 귀 기울이는 사회 속에서 복음이 침투되는 능력과 연관되어 있다.

6. 참고문헌

Berkouwer, G. C. *Sin*. Grand Rapids, MI: William B. Eerdmans Publishing Company. 1971.

Douma, J. *The Ten Commandments: Manual for the Christian Life*. Translated by Nelson D. Kloosterman. Philipsburg, NJ: P & R Publishing. 1996.

Rothuizen, G. Th. *Primus usus legis: Studie over het burgerlijk gebruik van de wet*. Kampen: Kok. 1962.

Søe, N. H. *Christian Ethick*. München: C. Kaiser, 1965.

Thielicke, Helmut. *Theological Ethics*. Edited by William H. Lazareth. Vol. 1: *Foundations*. Grand Rapids: Eerdmans(reprint). 1979.

제6장
기독교 도덕

1. 윤리와 도덕에 대한 재논의

앞에서 우리는 분명히 기독교 윤리학에 대해서 논의했다. 그렇다면 이제 기독교 도덕이 존재한다고 말해도 되겠는가? 다시 한번 윤리와 도덕의 차이점을 떠올려 보자. 도덕이 전통적이고 현재 유행하는 관습들의 총체라면, 윤리는 그러한 관습들에 대한 성찰이다. 만약 우리가 기독교적 관점에 기초해서 도덕에 관해 성찰할 수 있다는 사실을 수용한다면, 그것이 곧 기독교적 도덕이 존재한다는 것을 의미할까? 이 세상에서 그리스도인이 비그리스도인과 다르게 행동하기 때문에, 여러 가지 다양한 도덕들과 함께 기독교 도덕이 존재하는가? 행위가 다르다는 것과 성찰이 다르다는 것은 분명히 차이가 있다. 오늘날 많은 사람들이 그리스도인과 비그리스도인 사이에 있는 서로 다른 행위에 대해서 말하는 것이 전적으로 무의미 하다고 믿는다. 확실히 그리스도인들이라고 다 똑같은 그리스도인이 아니며, 각각의 그리스도인들이 가지고 있는 다양한 행위들에는 자신들에 대한 독특한 무언가를 함축하고 있다. 그러나 단순히 정의(definition) 상으로, 어떤 사람이 기독교적 믿음이 있다고 해서 그가 비그리스도인과는 다른 행위를 한다고 할 수 있을까? 제5장의 결론에서 내가 특별히 언급했던 것에 기초한다면, 분명히 그 질문에 대해서 긍정적으로 대답해야 할지도 모른다. 그러나 우리는 잠시 이 문제에 대해서 좀 더 깊이 생각할 필요가 있다.

전통적 도덕이 점점 산산조각 나고 있다. 그리스도인들마저 이미 표면화된 새로운 도덕(new morality) 중 다수에 동의하고 있다. 놀랍게도, 낙태, 안락사, 동성애, 혼전성교 등을 거부하던 과거의 도덕이 과연 옳은가하고 의심을 던지는 전면에 교인들이 나서고 있다. 『신에게로 솔직히』(Honest to God)라는 책에서 로빈슨(A. T. Robinson)은 새로운 도덕을 옹호했다(Robinson 1963: 제6장). 다수의 신학자와 윤리학자가 그의 뒤를 따랐다. 1960년대에까지 교회에서 소중히 간직되었지만 현재는 사라진 도덕적 입장을 고수한 신학자는 예외적인 한 사람 뿐이었다.

그 때문에 우리는 도덕의 유일성(uniqueness, *Proprium*)(이 용어가 윤리학에서 사용된 것처럼)과 관련된 질문에 직면하게 되었다. 유일한 무엇이 과연 존재하는가? 다시 말해, 근본적인 문제를 다룰 때 그리스도인과 비그리스도인 모두를 위한 단 하나의 도덕만이 존재하는가? 그리스도인이나 비그리스도인 모두 동일하게 인권, 억압으로부터의 자유, 인간답게 살아가는 하나의 세계를 건설하기 위해 함께 일해야 하지 않는가? 많은 신학자들은 그리스도인들이 그들만의 독특한 동기를 가지고 있다는 사실을 기꺼이 받아들인다. 그리스도인들은 하나님을 믿는 믿음으로 행동한다. 그러한 믿음에 기초해서 그리스도인들은 비그리스도인들보다 이데올로기에 대항해서 더 잘 무장되어 있어야 한다. 그들은 만물이 영원하지 않음을 더 잘 알고 있어야 한다. 그리스도인이라면 "종말론"이 어떠한지 알아야 하고, 따라서 변화에 열려

있는 더 나은 위치에 머물러 있어야 한다. 비그리스도인들 역시 그것을 감지하지만, 그리스도인들은 자신들의 믿음에 기초해서 그것을 알아야 한다. 그러므로 특별히 그리스도인들은, 일이 어떻게 되어서는 안 되는지를 설명함으로 비판적인 기여를 할 수 있어야 하고, 인간 사회를 파괴하는 이데올로기에 뿌리를 박고 악영향을 미치는 편견들에 대해서 경고할 수 있어야 한다. 비판적으로 관찰하는 것은, 서로 다른 도덕을 적극적으로 옹호하는 것과는 다른 것이다. 정말 독특한 기독교 도덕이 존재하는가?

2. 우리는 많은 부분에서 똑같이 행동한다.

먼저 그리스도인들이 비그리스도인들과 많은 부분에서 똑같이 행동한다는 점을 입증해보자. 여기서 "그리스도인"이라고 말할 때, 나는 자신의 믿음을 진지하게 받아들이는 사람을 가리키지 명목상의 그리스도인들을 가리키지 않는다. 우리가 불신 이웃들과 똑같이 많은 일을 행한다는 사실은 우리에게 놀라운 것이 아니다. 왜냐하면 성경에서 우리 행동의 대부분을 비그리스도인들도 인정할 수 있다는 가정을 명백히 진술하기 때문이다. 그리스도인은 유대인이나 헬라인에게나 걸림이 되어서는 안된다(고전 10:32). 그리스도인은 주님 앞에서뿐만 아니라 사람들 앞에서도 선한 일에 조심하여야 한다(고후 8:21). 그리스도인은 "외인들"에 대해서도 단정히 행해야 한다(살전 4:12). 그리스도인은 단정하게 행해야 하며(롬 13:13), 품위 있게 행해야 하고(고전 8:35), 무례하게 행동해서는 안 된다(고전 13:5). 만약 그리스도인과 비그리스도인의 행동 사이에 어떤 분명한 일치도 가능하지 않다면, 이러한 경고들은 낯설 것이다. 그렇지 않으면 바울이 어떻게 유대인에게는 유대인과 같이 되고 헬라인에게는 헬라인과 같이 되고, 모든 일에 모든 사람을 기쁘게 할 수 있었겠는가(고전 9:20)? 이러한 선언들은 그리스도인들의 도덕이 분명하게 불신자들의 도덕과 항상 정반대의 위치에 있지는 않다는 진리를 드러낸다. 그리스도의 십자가는 유대인에게는 기분을 상하게 하는 것이었고 헬라인들에게는 걸림돌이었다(고전 1:23). 그러나 성령을 통해 그리스도의 종이 되고 그럼으로 하나님께 용납 받고 **사람들에게 인정을 받는 것**도 분명히 가능하다(롬 14:18).

에베소서 6장과 골로새서 3장에 나오는 가정에 대한 기독교적 원리와, 갈라디아서 5장 22절과 골로새서 3장 12절에 요약되어 있는 기독교적 덕목은 겉으로 보기에 이방인들의 도덕에서도 볼 수 있는 많은 것들을 포함하고 있다. 기독교적 행위에 대해 아무런 평가도 내릴 수 없을 만큼 이방인이 그렇게 기독교적 행위로부터 소외되어 있지는 않다. 반대로 사도가 기독교적 행위가 이방인들을 감동시키는 것은 이방인들이 "단정하고", "품위있는" 것이 무엇인지를 명백하게 알았기 때문이다.

이미 우리는 이교도들이 자신들의 가슴속에 새겨진 율법의 행위를 가질 수 있음을 살펴 보았다(롬 2:15). 십계명이 그리스도인에게 요구하는 많은 것들은 비그리스도인들에게도 상당히 친숙하다. 성경은 종종 비그리스도인들이 선과 악을 구분하는 위치에 있음을 묘사한다. 로마서 13장이 대표적인 경우이다. 로마서 13장은, 정부를 악한 자들을 벌주고 선한 자들을 칭찬하기 위해 하나님이 세우신 제도라고 부르고 있다. 정부(정부가 이방 정부가 아니었던 경우가 과거에 얼마나 있었고 지금 얼마나 있는가?)는 분명히 선과 악을 구분하는 위치에 있다. 그것은 사람들 사이에 악을 제어하는 역할을 상당히 하고 있다.

일상 생활에서 그리스도인의 도덕과 비그리스도인의 도덕에는 많은 부분을 공유하고 있다. 그리스도인은 이 세상에서 괴짜처럼 살아가지 않는다. 교회의 영적 지도자로서 특별한 직무를 수행할 때에 조차도 바울은 그리스도인이 교회를 넘어 이방인들 가운데에서도 좋은 평판을 가진 사람으로 존경받기를 원했다(딤전 3:7).

그러므로 명백하게 그리스도인은 인간의 삶에서 일상적이고, 보편적이고, 공통된 측면들을 등지고 살아가지 않는다. 우정, 겸손, 절제, 그 외 다른 덕목들은 일반적으로 인정받고 있다. 사실 우리 삶의 많은 부분이 그런 일상성을 포함하고 있기에, 우리는 하나님의 뜻이 무엇인가를 알기 위해 일일이 성경구절을 찾을 필요가 없다.

3. 다른 내면

만약 이 정도 수준에서 우리의 논의를 끝내 버린다면, 그야말로 피상적인 수준에 머물고 말 것이다. 그리스도인들이 하는 갖가지 행위를 비그리스도인들도 역시 행하고 있다는 점에 동의한다고 치자. 그러나 비록 그런 경우라도 행위의 전체 그림에서 그리스도인이 하는 행위는 여전히 비그리스도인의 행위와는 다르다. 우리는 이점을 자석의 모양으로 설명할 수 있다. 흩어진 철가루는 그 자체로는 별로 볼 품이 없다(우리가 하는 행동 하나 하나를 비유). 그러나 자석의 힘 아래에서 그 가루들은 일정한 질서를 가지게 된다(이것은 우리 행위의 전체 그림에 비유). 그리스도인이 행동하는 맥락은 비그리스도인이 행동하는 맥락과는 엄청나게 다르다.

여기에 대해서 주목할 만한 실례를 우리는 디도서 2장 11-14절에서 발견할 수 있다. 이 구절은 우리에게 근신하여, 의롭고, 경건하게 살라고 권면한다. 우리는 이 세 가지의 개념들을 이방 문헌에서도 만날 수 있다. 약간 형식을 갖추어 설명하자면, 근신(sobriety)이란 절제하면서 살아가는 것을 의미하고, 의로움이란 이웃에게 빚진 것을 주는 것을 뜻하며, 경건이란 하나님과 직접적인 관계를 경험하는 것을 의미한다. 여기서 우리는, 이방인들에게도 동일하게 익숙한 세 개의 핵심적인 단어들과 함께, 소위 말하는 도덕을 발견할 수 있다. 그럼에도 "기독교적" 자석은 이러한 흩어진 철가루들을 특별한 방식으로 조직화한다. 왜냐하면 바울은 모든 사람에게 구원을 주시는 하나님의 은혜가 나타났음과 또한 우리가 그리스도의 나타나심을 대망하고 있다는 사실에 기초해서, 근신되고, 의롭고, 경건한 삶을 요구하고 있기 때문이다. 그리스도인의 삶은 하나님의 은혜를 기억하는 것과 그리스도의 재림을 대망하는 것 사이에서 진행된다. 그리스도께서는 자신을 위해 열심으로 백성들을 정결케 하시는데, 그 백성은 선한 일에 열심을 품는 백성이다(딛 2:14). 그리스도인들이 다른 이유는 바로 그들이 비그리스도인과는 다른 내면을 받았기 때문이다. 그들은 그리스도를 배웠고 그럼으로 생각도 새롭게 되었다(엡 4:20-24). 우리는 그리스도인의 새로운 삶의 특징을 **그리스도를 따르는 것**이라 할 수 있다. "따른다는 것"을 단순히 문자적으로 받아들여서는 안 된다. 우리는 예수님께서 사셨던 것처럼, 고정된 거처가 없고, 결혼을 하지 않고, 세상의 모든 죄를 지고 십자가를 지는 것과 같이 그렇게 살도록 부름을 받지는 않았다. '따르는 것'과 '그대로 따라 하는 것'은 것은 다르다. 그리스도를 따르는 자는 적어도 다음 세 가지의 특징이 있다.

① 우리는 그분이 우리에게 부여하신 소명을 완수함으로 그리스도를 따른다. 우리는 어린양 되신 그분이 어디를 가든지 따른다(계 10:4). 그리스도께서 하나님 아버지가 요구한 것을 행하셨듯이, 우리 또한 아버지가 요구한 것을 행함으로 그리스도를 따른다. 우리는 그분이 우리에게 부여한 그 자리를 지켜야 한다. 거기에는 우리가 매일 해야 하는 노동과 업무(그 안에서 우리는 우리의 소명을 성취한다), 그리고 그리

스도께서 우리에게 성취하라고 하신 특별한 소명도 포함된다. 그리스도 자신이 하나님 아버지를 따를 때 뒤따라오는 어려움들을 회피하지 않으셨다. 그분은 광야에서 시험을 받으셨고, 바리새인들과의 잦은 갈등에 직면했으며, 십자가의 길을 걸어가셨다. 동일한 방식으로 우리 또한 인내와 오래 참음으로 우리의 소명과 연관된 모든 것들을 받아들여야 한다.

② 우리는 자신의 유익을 위해서가 아니라 하나님과 이웃을 위해서 그리스도를 따른다. 우리는 우리 자신을 위해서가 아니라 다른 이를 위해서 살아가며(고전 10:32-11), 우리를 대적하여 악을 행한 자들을 기꺼이 용서한다(엡 4:32). 그리스도께로부터 나온 사랑이 우리 안에서도 발견된다(고후 5:14-15).

③ 우리는, 그분이 고난을 피하지 않으셨던 것처럼, 고난을 기꺼이 받아들이며 그리스도를 따른다. "아무든지 나를 따라오려거든 자기를 부인하고 자기 십자가를 지고 나를 좇을 것이니라"(마 16:24). 여기서 언급하는 우리의 십자가는 그리스도께서 지신 것과 동일한 십자가가 아니다. 우리는 그리스도께서 지신 것과 동일한 십자가를 절대 질 수 없고, 질 필요도 없다. 그러나 그리스도를 따르는 자들은 자신에게 부딪히는 훼방들을 기독교적으로 다루기 위한 동일한 태도와 준비를 알고 있다. 이러한 훼방에는 가난, 질병, 그리고 다른 형태의 고난이 포함된다. 또한 거기에는 우리의 믿음을 위해 즐겨야 할 일을 희생하는 것이나 심지어 우리의 삶을 위협하는 특별한 형태의 고난도 포함될 수 있다.

4. 다른 외향

그리스도를 따르는 자로서 우리가 살아가는 태도 때문에, 우리가 그리스도를 믿지 않는 사람들과 외적으로 다른 형태의 삶을 살아간다는 것은 결코 있을 수 없다. 그리스도인이 만물에 대한 새로운 시각을 가지게 되었다고 해서, 비정상적인 일을 행하는 것이 아니다. 만약 십계명을 자신의 삶을 위한 감사의 규칙으로 받아들인다면, 모든 것이 낯설게 보이지 만은 않을 것이다. 오히려 진정으로 정상적인 것과 그리스도로 구속된 인간의 삶에 새롭게 나타날 것들을 고려한다면, 지금 우리가 살아가는 현대 세계가 오히려 낯설게 보일 것이다. 불행히도 많은 사람들이 정상으로 보아야할 것들을 비정상으로 바라보고 있다. 대부분의 사람들은 십계명이 우리에게 요구하는 것과는 다른 스타일을 고수한다. 매일의 삶 속에서 우리는 조금씩 그 사실을 직면한다.

그리스도를 배웠기 때문에 그리스도인이 "완전히 다르다"라고 바울이 말할 때, 그는 계속해서 "완전히 다른 것"을 어떻게 외적으로 표현해야 하는가를 말한다. 그리스도인은 거짓을 버리고, 자신의 정욕에 지지 않으며, 도둑질 하지 말고, 불평하지 않고, 성적인 부정에서 떠나며, 모든 더러운 말과 술취함에서 떠나야 한다(엡 4:25-5:21). 이전에는 그가 어두움이었으나, 이제는 그리스도와의 교제를 통해 빛이 되었다(엡 5:8).

세상이 하나님의 명령을 어떻게 다루는가를 주의 깊게 본 사람이라면 누구나 비기독교적 도덕과 함께 기독교적 도덕이 존재한다는 사실을 주목하지 않을 수가 없다. 아마 강직한 그리스도인들의 수가 매우 적고, 대부분의 그리스도인들이 더 이상 "기독교 도덕"이라고 부를 수 없는 것에 속았는지도 모르겠다. 그 어느 누구도, 흠이 없고 순전하여 어그러지고 거스르는 세대 가운데서 하나님의 흠 없는 자녀로 세상에서 그들 가운데 빛들로 나타나도록 살아가라는(빌 2:15), 기독교 도덕의 명령(혹은 기독교 도덕의 가능성)을 제거할 수 없다.

성경이 선한 행위를 하라고 권면하는 것은 명백하다. 지혜와 총명이 있는 사람은 지혜의 온유함으로 자신의 선한 행위를 보인다(약 3:13).

이방인들 가운데 그리스도인의 선한 행위가 분명히 주목할 만하다면, 이방인들은 더 깊이 숙고한 후 그리스도인에 대한 그들의 비판을 받아들일 것이다(벧전 2:12). 믿지 않는 남편과 결혼한 여인들은 말이 아닌 행위로 자신의 남편을 복음으로 이끌어 승리하는 지점에 도달할 것이다(벧전 3:1-2). 그리스도인들의 선한 행위는 조롱받을 수도 있지만(그리스도인이 이방인처럼 살지 않았다는 것 외에 어떻게 설명할 수 있는가?), 만약 그가 온유와 두려움 그리고 선한 양심을 가지고 계속 살아간다면 그의 대적들을 부끄럽게 할 수 있다(벧전 3:16).

이러한 말씀은 우리에게 두 가지를 가르쳐준다. 첫째, 그리스도인이 존경할만하게 행동하고 있다는 사실을 이방인이 마음중심으로 고백하도록 해야 한다. 둘째, 그리스도인의 행위는 주변의 다른 사람들과 구별될 뿐 아니라 눈에 띄게 되는데, 그 이유는 단지 주변 사람들이 하나님을 섬기는 것과는 상관없이 자기 삶을 살려고 고집하기 때문이다. 그로 인해 그리스도인의 삶의 특징이 드러나게 된다.

초창기부터 교회는 이 점을 실감해 왔다. 이것은 디오게네투스(Diogenetus, 주후 150년경)의 편지에 잘 표현되어 있다. 그 편지에서 우리는 그리스도인들이 다른 사람들과 다른 것은 결코, 나라, 언어, 관습에 의해서가 아니라는 사실을 볼 수 있다. 그리스도인들은 자기들만의 도시에서 사는 것도 아니고, 어떤 이상한 종류의 언어를 사용하는 것도 아니고, 생소한 삶을 사는 것도 아니다. 헬라나 헬라 지역 외의 어느 도시에 살든 상관없이, 의복이나 음식 일상의 다른 문제들에 관하여 그 땅의 관습을 따른다 하더라도, 그럼에도 그들은 자신들만의 독특한 삶의 양식으로 보편적인 인정을 받았다. 그 편지는 다음과 같이 계속된다.

그들은 자신의 나라에 살아가지만, 단지 이국인으로 살아갑니다. 그들은 시민으로서는 모든 일에 참여하고 있으며, 외국인으로서 모든 것을 참고 있습니다. 모든 외국이 그들에게는 고향 땅이며, 모든 고향 땅이 외국입니다. 그들은 다른 사람들처럼 결혼을 하고 아이를 낳지만, 결코 자기 자녀들을 집밖에 버리지는 않습니다. 그들은 음식을 나누기는 하지만, 부인들을 공유하지는 않습니다. 그들은 "육체 가운데" 있지만 "육체를 좇아" 살아가지는 않습니다. 그들은 이 땅에서 살아가지만, 그들의 시민권은 하늘에 있습니다. 그들은 이미 세워진 법에 복종하지만, 사생활에서 그 법들을 초월하며 살아갑니다. 그들은 모두에게 박해를 당하지만, 모두를 사랑합니다 그들은 무명이지만 정죄를 당하며, 죽음에 처해 지지만 생명으로 이끌립니다. 그들은 가난하지만 많은 사람을 부요하게 합니다. 그들은 모든 것에 궁핍하지만, 모든 것에서 풍요합니다. 그들은 수치를 당하지만, 그러한 수치를 영광스럽게 여깁니다. 그들은 비방을 당하지만, 결백함이 밝혀 집니다. 남들이 자신을 저주하지만, 그들은 오히려 축복합니다. 모욕을 받음에도 그들은 존경을 표합니다. 선한 일을 할 때, 그들은 악행하는 자처럼 벌을 받습니다. 벌을 받을 때에도 그들은 생명으로 인도 받는 것처럼 기뻐합니다. 그들은 유대인들에게는 이방인처럼 취급을 받으며, 헬라인들에게는 박해를 당합니다. 그러나 그들을 증오하는 사람들조차도 자신들이 그들을 적대시하는 이유를 말하지 못합니다(Diogenetus 1989: 299).

이것은 정곡을 찌르는 말이다! 결국 간음과 음행을 거부하는 행위, 아이를 낙태하거나 버리지도 않는 행위가 무엇이 그렇게 비정상적인가? 동성애를 거부하고, 여성들이 순결하게 성인이 되고, 고아와 과부를 돌아보고, 이방인들이 대접을 받고, 죄수들이 방문을 받고, 죽은자들이 존엄하게 장사되는 것이 무엇이 그렇게 이상한가? 기독교 도덕이 정상적인 도덕임을 옹호하기 위해 초대교회의 저술가들은 반복적으로 이와 같은 논의들이 진행시켰다. 분명히 이런 종류의 도덕은 기존의 세상이 추구하는 도덕는 확실하게 **구별된다**. 이러한 구별성은 하나님의 계명에 대한 부정적인 태도, 깊이 병든 세상에 의해 채택된 견해에서 기인되지 않았다. 전적으로 정상이면서도 인간을 위한 도덕이 오히려 이상하고 비정상적인 것처럼 보이게 된 이유가 바로 이 때문이다.

5. 기독교적 삶의 양식

그럼에도 기독교 '도덕' 대신 기독교적 '삶의 양식'(lifestyle)이라는 용어를 사용하는 것에 대해서도 뭔가 언급해야 할 것이 있다. '양식'(style)이라는 것은 우리가 어떤 특정한 예술가, 학파, 운동들을 특징짓기 위해 서로 연관된 표현과 형식들의 총체를 지칭하는 말이다. 특정한 양식에 익숙한 사람이라면 그림, 조각, 심지어 행동 양식 마저 인지할 것이다. 그 사람은 "이것은 램브란트의 작품이다" "이것은 고딕 양식이다", 심지어 "이것은 기독교적이다"이라는 것을 주목할 것이다. 마치 고딕 성당이 비고딕적인 요소를 포함할 수 있는 것처럼, 기독교적 삶의 양식이 불순한 요소들을 포함할 가능성도 있다. 그러나 총체적인 면에서, 전체적인 삶 혹은 삶의 양식에는 분명히 "기독교적"이라는 도장을 간직하고 있다.

우리가 지금까지의 논의에서 보았듯이, 기독교적 삶의 양식은 우리가 처한 환경에서 그리스도를 따르는 것과 연관되어 있다. 그러면 왜 기독교 도덕 대신에 기독교적 삶의 양식이라고 말하는 것을 더 선호하는가? 도덕은 항상, 그리스도인이 된 "사람들"을 포함해서, "사람들"이 무엇을 하는가를 포함하기 때문이다. 삶의 양식은 항상 공통적이고 집단적인 기획이다. 그것은 관습의 형식으로 존재하고 있는 도덕을 포함한다. 그러나 관습은 항상 시대와 상황의 영향을 강하게 받는다. 따라서 모든 그리스도인들을 위한 기독교적 행동 양식을 규정하는 것은 불가능하다. 이것을 설명하기 위해 간단한 실례를 들 수 있다. 상당수의 기독교 공동체에서 술을 먹는 것은 엄격하게 금지되어 있다. 거기서 우리는 과도한 술을 금하는 관습(도덕)을 볼 수 있다. 그러나 그것을 모든 그리스도인들에게 해당되는 기독교 관습으로 규정해야 하는가? 그렇지 않다. 비록 금주가 좋은 관습이지만, 우리는 그 규칙을 모든 그리스도인들에게 하나님의 율법으로 강요할 수는 없다. 만약 그렇게 되면, 기독교적 자유가 훼손된다. 강요된 기독교 도덕은 항상 율법주의와 손잡고 있다. 우리는 그런 방향으로 가서는 안 된다. 기독교 도덕 안에서 아주 큰 다양성이 가능하다. 이러한 사실에 기초해서 우리는 하나의 단일한 기독교 도덕은 존재하지 않는다고 주장할 수 있다.

더욱이 우리는 눈에 보이는 행동으로서의 도덕이 사람의 내면적 성향에 대해서 그다지 많은 것을 말해 주지 않음을 알고 있다. 주일마다 교회에 두 번씩 가는 기독교 촌락에 사는 모든 사람들을 떠올려 보라. 그러한 생활방식은 모든 거주자들이 깊은 확신에서 그렇게 행한다는 것을 뜻하는가? 아니면 그것이 단순히 관습이 되어, 그렇게 하지 않으면 이웃으로부터 경멸을 당하기 때문에 그들이 그것을 어기는 것을 주저하는 것을 뜻하는가? 그 촌락에 살아가는 사람은 누구나 일주일에 두 번씩이나 교회에 간다! 다른 실례로, 춤을 전혀 추지 않는 조그만 공동체를 가정해 보자. 그러한 상황에서 어떤 젊은 처녀는 춤추는 것에 거의 마음이 끌리지 않는다. 그때 그 처녀에게 춤을 출 것인지 아닌지는 진정한 기독교적 선택이 아니다. 그러나 만약 그 처녀가 자기 어머니와 별로 사이가 좋지 않다고 가정해 본다면, 그 상황에서 그녀는 어머니를 존경함으로 자기를 부인한다는 의미를 보여야 한다. 그 점에서 그녀의 행동은 내면에서 외면으로 진행된다! 그녀에게 춤을 추지 않는 것은 단순히 외적인 문제이지만, 어머니에게 복종하는 것은 그리스도를 따르는 것을 나타낸다.

그러면 무엇이 올바른 그리스도인을 연합시키는가? 우리가 제6장 ("다른 내면" 참조)에서 언급한 세 가지의 특징과 함께, 외면적인 것에 제한되지 않고 내면에서 외면으로 진행되는 것은, 공통의 도덕이라기보다는 공통적인 삶의 양식이다. 기독교적 형식(관습, 도덕)은 다양할 수 있지만, 기독교적 삶의 양식은 동일하다.

오해를 막기 위해, 관습과 도덕이 행동의 표면을 특징짓는다고 내가 주장할 때 그럼으로 기독교적 관습이나 도덕을 비판하는 것이 아니라는 것을 분명히 하고 싶다. 우리는 교회에 신실하게 출석하는 것, 식사 전후에 기도하고 감사하거나, 저주를 금기시하는 언어사용 등과 같은 관습을 알고 있다. 관습을 고수하는 사람들이 그리스도를 따를 때 기독교적 삶의 양식을 필연적으로 보이지 않더라도, 그 관습이 선할 수 있다. 관습과 함께 선한 것을 성취했던 바리새인들을 생각해 보라. 예수님 자신도 "그러므로 무엇이든지 저희의 말하는 바는 행하고 지키되"라고 말씀하셨다(마 23:3). 그러나 동시에 그분은 바리새인들을 회칠한 무덤과 같이 겉으로는 아름답게 보이나 그 안에는 죽은 사람의 뼈와 모든 더러운 것이 가득하다고 비판했다(마 23:27).

나는 다른 부분에서 이 문제를 더욱 강조해서 다루었다. 기독교적 관습이 아무리 좋다고 하더라도, 그 관습은 자주 그리스도를 위한 선택과 그 선택에서 나오는 삶의 양식에 대해서 아무것도 말하지 못한다. 만약 내가 기독교적 사랑을 보이는 것이 기독교적 **관습**이라고 말한다면, 사람들은 나를 이상하게 쳐다 볼 것이다. 만약 그리스도인들 사이에서, 서로 사랑하고, 모든 사람 중에서 가장 작게 되며, 염려하지 않고 살아가며, 육체의 정욕을 반대하는 것이 관습적이라고 말한다면 사실이다. 그러나 우리는 실천적인 영역에서는 조금 다르다는 것을 배운다. 실천적인 것들은 이 땅에서 관습적으로 되지 않는데, 왜냐하면 그것은 하나님의 은총을 통해 얻어지는 옛 사람과 새 사람의 싸움의 열매이다. 다행스럽게도, 사회에서 결코 "관습적"으로 성취될 수 없는 것들이, 진정한 기독교적 삶의 양식이 무엇인가에 대해서 진지하게 고민하는 많은 올바른 그리스도인들의 삶 속에서 표현되고 있다는 점이다.

6. 참고문헌

Diogenetus. *The Apostolic Fathers.* Second edition. Translated by J. B. Lightfoot and J. R. Harmer. Edited and revised by Michael W. Holmes. Grand Rapids, Michigan: Baker Book House. 1989.

Douma, J. *Christelijke levensstijl.* Kampen: Van den Berg. 1992.

Robinson, John A. T. *Honest to God.* London: SCM Press. 1963.

제 7 장
사 랑

1. 사랑과 상황 윤리

 만약 기독교 윤리학의 핵심단어를 한 단어로 말하라고 한다면 아마도 사랑이라고 해야 할 것이다. 우리는 이미 이점에 대해서 여러 차례 살펴보았다. 먼저 우리는, 지나치게 주지(主旨, motif)를 강조하는 경향과 아울러 하나님이 주신 다른 계명들을 무시하면서 사랑이라는 주지를 모든 윤리의 전부 혹은 종착점으로 삼는 것에 대해 조심할 필요가 있다는 것을 제4장에서 살펴보았다. 하나님은 우리에게 사랑의 계명을 주셨을 뿐만 아니라, 마찬가지로 사랑이 무엇을 포함해야 하는가도 말씀하셨다. 사랑이라는 주제는 제5장에서 계명의 통일성을 다룰 때에 나왔다. 계명에 요청된 통일성은 사랑 안에서 성취된다. 만약 사랑이 없다면 그 어떤 계명도 실제로 성취될 수 없다. 그러므로 우리가 이 주제를 논의해야 하는 이유는 너무나 분명하다.
 성경은 사랑을 가장 큰 계명이라고 부른다(마 22:38). 그리스도인 하나님을 사랑하고 이웃을 우리 자신처럼 사랑해야 한다. 이것보다 더 큰 계명은 존재하지 않는다(막 12:31). 예수님은 사랑의 계명을 새로운 계명으로 선포하셨다(요 13:34). 이미 살펴보았듯이, 성경의 다른 곳에서 사랑은 율법의 완성으로 불리운다. 왜 사랑을 율법의 완성으로 부르는가? 그것은 사랑이란 이웃에게 악을 행하지 않는 것이기 때문이다(롬 13:8, 10).

이러한 성경 구절들을 보건데, 오직 사랑이라는 나침반만이 우리의 도덕적 여정을 인도할 것이라고 결론을 내려도 충분하지 않을까? 어거스틴이 그랬듯이 우리도 "사랑하라, 그리고 당신이 기뻐하는 일을 하라"고 말할 수 있지 않을까?(Augustine VII: 8, Joseph Fletcher 1966에서 재인용; 플레처는 어거스틴의 라틴어 원문을, "바램을 가지고 사랑하라 그리고 당신이 기뻐하는 일을 하라"⟨ama et fac quod vis⟩가 아니라, "주의를 기울여 사랑하라 그 다음에 당신이 원하는 바를 행하라"⟨dilige et quod vis, fac⟩로 이해해야 한다고 주장한다. 플레처는 거기에서 "그 주장은 율법폐기론이 아니었다"라고 덧붙이고 있다). 사랑의 문제를 주지로 논의하기 전에, 먼저 적절한 도덕적 결정을 이끌어내기 위해 사랑이 **유일한** 주지인가에 대해서 살펴보자.

기독교화된 형태의 상황 윤리에서는 오직 사랑만이 유일한 필수적 규범이라고 주장한다. 우리는 상황윤리를 전적으로 상황을 기초로 해서 우리의 도덕적 행위를 분류하는 윤리 체계로 이해한다. 보편적인 계명들은 논의에 끼어들지 못한다. 매번 새롭게 특정 상황을 기초로 해서 자유로운 결정을 해야만 한다. 상황 윤리는 실존주의 철학의 영향을 강하게 받았는데, 실존주의 철학에서는 인간은 제약적인 존재가 아니라 자유로운 존재이며, 항상 자유롭게 선택하고 그렇게 함으로써 자기를 실현한다.

조셉 플레처는 『상황 윤리』(Situation Ethics)라는 저서를 통해 기독교적 형태의 상황 윤리를 제안하려고 했다. 그는 오직 하나의 내재적인 가치만이 존재한다고 주장했다. 내재적인 가치는 오직 하나인데, 그것은 다양한 상황과는 독립되어 절대적인 의미에서 "선"한 특징을 가지고 있다. 플레처에 따르면 바로 그 내재적인 가치는 사랑이다. 그는 사랑 자체가 이성을 통해 상황에서 연역될 수 없음을 인정한다. 그러나 그는 쾌락주의에서 최고의 선으로 여기는 쾌락과 같은 것과 마찬가지로, 우리가 어떤 다른 것에 최고의 선이라는 지위를 부여하는 것에서도 마찬가지라고 주장한다. 플레처는 모든 도덕적 판단이나 가치판단이 하나의 공리 혹은 가정임을 드러내 놓고 인정한다. 즉 우리는 단순히 증명된 전제를 따르지 않고 이미 만들어진 결정을 따른다. 그는 클레르보의 버나드(Bernard of Clairvaux)의 "사랑하기 때문에 사랑한다"(amo quia amo)는 말을 다시 인용한다. 사랑이라는 규범은 플레쳐가 필요한 모든 것을 제공한다. 그는 사람들이 자연 혹은 성경으로부터 얻어야 한다고 느끼는 어떤 법칙이나 규범도 받아들이지 않는다. 사랑을 제외하고는 모든 것들이 외재적으로 결정되는 것이다. 이 말은 곧 사랑을 제외하고 그 어떤 것도 내재적으로 선하거나 악하지 않다는 의미이다. 플레처에 의하면, 사랑을 제외하면 그 어떤 것도 선하거나 악하지 않다. 모든 것은 상황에 따라 선하게 될 수도 있고 악하게 될 수 있는 것이다.

플레처 자신이 "내재적"(intrinsic), "외재적"(extrinsic) 가치라는 개념을 설명하기 위해 명확한 실례들을 제공하고 있다. 그는 우크라이나에서 소련인들에 의해 죄수로 잡힌 한 독일 여자에 대해 이야기한다. 그 여자의 남편은 전선에서 베를린으로 돌아와서 몇 주를 헤매면서 겨우 자녀들을 찾았다. 기근과 혼란, 두려움이라는 처량한 상황 속에서, 그들은 절박하게 엄마를 필요로 했다. 그런데 그녀가 임신을 한다면 수용소에서 빠져 나올 수 있었다. 왜냐하면 임신한 경우 그들에게 더 큰 짐이 되기 때문이었다. 그 여자는 자신의 남편과 아이들을 향한 사랑 때문에, 수용소 지기의 도움을 받아 이 방법을 선택했다. 아주 분명한 실례이다! 플레처에게는 사랑이라는 동기를 가지고 행동한다면 간음조차도 결코 죄가 되지 않는다(Fletcher 1966:57-68, 164-165). 그러므로 간음은 그 자체가 내재적으로 악한 것이 아니다. 그것은 상황에 따라서 선이 되거나 악이 될 수 있다. 플레처가 제시한 실례에서 그 여자의 간음은 악한 것이 아니라 오히려 선한 것으로 평가되어 있다. 사랑의 동기를 가진 모든 것은 내재적으로 그리고 어떠한 상황에서도 선하다.

우리는 도스토예프스키의 『죄와 벌』(*Crime and Punishment*)에 나오는 소냐라는 등장인물을 생각해 볼 수 있다. 자신의 가족에 대한 사랑으로 인해서 소냐는 매춘부가 되었다. 그녀는 가족을 먹여 살리기 위해서 이러한 희생을 감수했다. 독일 신학자 헬무트 틸리케도 그녀의 행위를 옹호할 수 있는 가능성을 계속 열어두고 있다. 틸리케에 의하면, 신약은 간음이 우리 안에 성령이 역사하시는 것을 방해하는 것으로 가르친다(고전 6:9-20). 고린도전서 10장 21절에서 말하는 것처럼, 그것은 귀신들의 상에 참예하는 것과 같은 방해물이다. 그러나 틸리케는 여전히 소냐의 행위를 정죄하려고 하지 않는다. 그녀는 율법의 문자는 어겼을지 모르지만, 그런 행위는 자기 스스로가 그런 매춘의 노예가 되도록 버려두었을 때에만 금지된다. "모든 것이 나에게 가하고 내가 아무 것에도 제재를 받지 아니하리라"(고전 6:12). 틸리케는, 사랑에 의한 것이기 때문에 소냐는 우상의 지배 아래 자신을 두지 아니하였고, 오히려 자유로울 수 있었다고 주장한다(Thielicke 1979:1:88-89).

우리는 아내가 남편을 속임으로 비참한 결과를 가져온 다른 상황도 상상할 수 있다. 이러한 간음의 경우는 사랑으로 말할 수는 없다. 그런 상황이라면 플레처도 간음을 선한 것이 아니라 악하다고 부를 것이다.

2. 누룩과 반죽

실제로 사랑만이 행위의 유일한 규범으로 기능한다는 것이 기독교 윤리에서 충분한 일인가? 도저히 그렇게 될 수 없다. 그 이유로 두 가지의 반대를 언급해야겠다.

첫째, 인간 사회가 매우 복잡하다는 사실만으로도 사랑만이 유일한 규범이라고 주장하는 것은 불가능하다. 누군가가 바로 지적하듯이, 모든 사람들이 선하고 그들의 행위가 사랑의 동기로 행해졌다하더라도 여전히 우리는 교통 규칙과 상거래의 규칙이 필요한 것이 현실이다 (Peter Noll, via Hendrik van Oyen, in Veenhof 1978:71).

둘째, 우리가 새롭게 대면하는 상황이 각각 예외적이기에, 새로운 유형의 행동마다 새로운 분석이 필요하다는 말은 얼핏 보면 그럴듯하지만 사실 옳지 않다. 옳지 않다는 것이 오히려 다행스러운 일이다! 우리 중 누군가 매 행동마다 그것이 선한지 악한지 재차 묻고 행동해야 한다면 기진맥진하지 않겠는가? 많은 도덕적 행동들이 거의 자동적으로 진행되는데, 그것은 많은 상황들이 실질적으로 유사하기 때문이다. 심지어 플레처가 실례로 제공하는 예외적인 상황조차도 반복적으로 일어날 수 있고 따라서 일반화 될 수 있다. 상황들에서 생겨나는 여러 가지 차이들이 있지만 그 가운데에서도 행위의 보편적 규칙을 세울 수 있는 유사성이 존재한다. 따라서 계명과 율법은 전혀 낯선 것이 아니라 오히려 필요하고 도움이 되는 불가피한 것이다. 더욱이, 만약 우리가 상황윤리를 받아들여 그것이 제시하는 논리적 결론으로 나아간다면, 법정이 존재할 수 없다. 법 없이 어떻게 법정이 제 기능을 발휘할 수 있는가? 법이 적용될 수 있는 유사한 상황이 없다면 어떻게 그 법이 존재할 수 있는가?

세 번째로, 비록 사랑이 위대한 계명이고 사랑이 없이는 아무 것도 아니라는 것이 옳다고 하더라도(고전 13:1-13), 그것이 사랑과 다른 계명들과 별개인 것으로 생각해야 한다는 것은 아니다. 사랑 그 자체가 계명이며(마 22:37-40; 요 13:34), 가끔씩 디모데전서 4장 12절("누구든지 네 연소함을 업신여기지 못하게 하고 오직 말과 행실과 사랑과 믿음과 정절에 대하여 믿는 자의 본이 되어")과 6장 11절("오직 너 하나님의 사람아, 이것들을 피하고 의와 경건과 믿음과 사랑과 인내와 온유를 좇으며")처럼, 사랑은 다른 계명들 또는 혹은 덕목들과 함께 나열되고 있다. 그 어느 곳에서도 사랑은 계명과 상치되지 않는다.

사실 예수님께서는 "내가 아버지의 계명을 지켜 그의 사랑 안에 거하는 것 같이 너희가 내 계명을 지키면 내 사랑 안에 거하리라"(요 15:10)고 말씀하셨다. 하나님의 계명 혹은 그분의 말씀을 지키는 자는 누구든지, 그 속에서 하나님의 사랑이 완성된다(요일 2:3-5). 바울은 어떤 경우에서는 사랑을 통해 믿음이 역사한다고 말하며(갈 5:6), 다른 경우에는 사랑이 하나님의 계명을 지키게 한다고 말하고 있다(고전 7:19). 하나님을 사랑하는 것은 그의 계명을 지키는 것이고(요일 5:3), 그분의 계명을 따라 행하는 것이다(요이 1:6). 우리는 이것을 다음과 같은 방식으로 간단하게 요약할 수 있다. "사랑은 율법을 성취하지만, 율법을 대치할 수는 없다"(Schrage 1961:255-256).

이제 문제를 돌려서 생각해보자. 만약 사랑이 유일한 계명이 아니고, 또한 사랑이 다른 계명들과 동떨어진 채 제 역할을 발휘할 수 없다면, 그 어떤 다른 계명들도 사랑과 동떨어진 채 올바른 역할을 감당할 수 없다. 사랑은 이러한 모든 계명들을 초월한다. 사랑의 예외적인 성격을 어떻게 설명할 수 있는가? 사랑은 율법의 완성이다(롬 13:10). 이 말은 확실히 사랑이 없이는 진정한 순종도, 온전한 순종도 있을 수 없다는 것을 의미한다. 사랑 없이 하나님의 계명을 만족시킬 수 있다고 생각하는 사람은 누구나 율법주의, 명목주의, 형식주의에 빠진다. 사랑으로 행하는 사람은 누구나 이웃에게 해를 끼치지 아니한다(롬 13:9-10)고 바울은 말하는데, 이 말은 사랑 없이 계명에 순종하려고 할 때마다 우리가 이웃에게 해를 입힐 수 있음을 지적하는 것처럼 보인다. 우리가 어떠한 방향으로 가야 할지를 정하려면 지도와 나침반이 필요하다. 이것을 계명에 비유한다면, 사랑은 나침반과 같다. 다른 예를 들어서 설명한다면, 사랑과 율법은 누룩과 반죽처럼 서로 연관되어 있다. 좋은 빵을 얻기 위해서는 누룩이 반죽에 퍼져야 한다.

예수님은 사랑을 위대한 계명임과 동시에 새 계명이라 부르셨다(요 13:34). 이 말은 사랑이 계명을 대체한다는 것을 의미하지 않는다. 사랑의 계명은 특정한 의미에서 "새롭다". 오히려 사랑을 묵은 계명이라 부를 수도 있다. 왜냐하면 예수님이 하나님을 사랑하고 이웃을 사랑하라는 두 가지 계명을 명령했을 때 그분은 이미 구약에 나오는 것을 반복하고 있기 때문이다. 레위기 19장 18절은 "이웃 사랑하기를 네 몸과 같이 하라"고 하며, 신명기 6장 5절은 "마음을 다하고 성품을 다하고 힘을 다하여 하나님을 사랑하라"고 말한다. 그러나 사랑의 새로움은 예수님 안에 있다. "새 계명을 주노니 서로 사랑하라 내가 너희를 사랑한 것 같이 너희도 서로 사랑하라" 이것이 요한복음 13장 34절이 정확하게 나타내려는 바이다.

그분이 어떻게 우리를 사랑했는가를 설명할 때 우리는 그리스도 안에서 사랑의 특별한 속성을 깨닫게 된다. 제자들 안에 나누어져야 할 사랑은 예수님이 보여주신 그 사람을 닮아야 한다. 그분의 사랑은 다른 모든 사랑을 초월한다. 그분은 우리를 위해 죽음에 자신을 내어 주셨다. 사랑의 계명이 가진 독특한 빛은 그리스도로 인해서 나타난다. 그분의 삶과 죽음을 통해 사랑은 너무나 강력한 힘을 얻게 되었다. 오직 그리스도의 희생만이 진정한 사랑을 가능하게 한다. 사랑하라는 계명은 오래되었지만, 그 능력은 예수 그리스도의 사랑 안에서 도저히 도달할 수 없이 높아졌다. 그것이 바로 옛 것에 대한 새로움의 의미이다. 우리는 이미 하나님의 계명을 그리스도와 떼놓고 말할 수 없음을 살펴보았다. 이것은 사랑에도 동일하게 적용된다. 진정한 사랑의 그림을 보려면, 그리스도를 바라보아야 한다.

우리는 사랑을 최고의 규범으로 부를 수 없는가? 네덜란드의 윤리학자 펠러마(W. H. Velma)는 그렇게 부르지 않는 것이 낫다고 했다. 왜냐하면 만약 우리가 그렇게 한다면 계명들을 계급화하기 때문이다. 그럴 때 다른 계명들은 사랑이라는 최고의 계명에 복종할 수밖에 없는 계명들에 불과하게 된다. 펠러마는 사랑을 위해 다른 계명들이 쉽게 평가 절하될 수 있다고 우려했다. 그가 '사랑이 정의를 삼키지 않는다'고 말한 이유도 사랑과 정의는 각각 서로에 종속될 수 없는 가치있는 덕목임을 보이기 위해서이다. 그가 의미했던 것은 사랑 때문에 계명에 순종하며, 사랑을 통해서 정의가 온전히 성취된다는 것이었다 (Velema 1979: 117).

나는 대부분의 논의에서 그의 견해에 동의한다. 왜냐하면 내가 이미 설명했듯이 우리는 사랑을 (다른) 계명들과 상충하는 것으로 다루지 않기 때문이다. 그럼에도 나는 사랑을 최고의 규범이라고 부르는 것에 반대하지 않는다. 왜냐하면 성경은 사랑을 **위대한** 계명이라고 부르며, 어떤 계명도 율법의 성취, 다시 말해 모든 다른 계명들의 성취로 묘사하지 않기 때문이다. 종종 하나님과 이웃을 사랑하는 것 때문에 다른 이들에게 불복종하거나 거짓말을 해야 할 수도 있다. 이점은 이후 제10장에서 살펴볼 것이다.

종종 사랑 때문에 우리는 하나님의 명령을 위반한 다른 사람들을 관대하게 판단하기도 한다. 우리는 자기 남편을 속이고 간음한 여자보다, 수용소의 독일 여자 죄수(플레처의 실례에서)나 소냐(도스토예프

스키의 실례)와 같은 사람들을 더 너그럽게 판단하는 경향이 있다. 그렇다고 우리가 독일 여자나 소냐의 행동을 옹호하는 것은 아니다. 오히려 우리는 바울이 말한 사랑의 의미, 즉 "사랑은 악한 것을 생각지 아니하며"라는 것을 인식한다(고전 13:5). 악은 악으로 남는다. 그러나 사랑의 계명은 어떤 다른 계명도 할 수 없는 그러한 것, 즉 악을 덮어주고 비난하지 않는 것까지도 할 수 있게 한다.

3. 남에게 대접을 받고자 하는 대로

우리는 사랑에 대해서 언급했던 것들을 마태복음 7장12절의 황금율에도 적용할 수 있다. "무엇이든지 남에게 대접받고자 하는 대로 너희도 남을 대접하라 이것이 율법이요 선지자니라." 우연하게도 황금율은 "율법과 선지자"와의 연결만 제외하고는 고대 인도, 중국, 그리스에서도 알려져 있었다. 그럼에도 이 황금율은 사랑과 마찬가지로 성경에서 율법과 선지자의 완성이라고 불리운다. 확실히 이것은 황금율과 사랑이 제일 우선적으로 연관되어 있음을 의미한다. 이제 그것을 살펴보자.

제일 먼저 우리는 사랑과 마찬가지로 황금율 역시 다른 계명과 동떨어져서 그 기능을 수행할 수 없다고 말할 수 있다. 그것 자체만 취급하면 황금율은 다양한 방식으로 오용될 수 있다. 우리는 황금율을 자기중심적으로 해석할 수 있다. 무엇을 받아들이고 받아들일 수 없는가에 대한 우리 자신의 느낌에서 출발하여, 우리는 다른 사람이 무엇을 해 주기를 원하는가를 상상할 수 있다. 다른 사람이 자기 자신에게 자비를 베푸는 것을 원하지 않기 때문에, 다른 사람에게 어떤 자비도 베풀기를 거절하는 사람을 생각해보라! 이것 때문에 임마누엘 칸트는 황금율을 폐기해 버렸다. 황금율의 눈으로 보면 범죄자는 판사에게 "만약 당신이 내 입장에 서 있어도, 나를 정죄하기를 원합니까? 만약 내 입장에 된다면 당신은 나를 정죄할 수 없어요!"라고 말할 수 있는 것이다. 혼인 서약을 별로 진지하게 생각하지 않는 남자가 자신의 부인 보고 다른 남자와 놀아나라고 선언하면서 자기의 악한 행위를 정당화 할 수도 있다. 만약 우리가 황금율을 고립시켜 해석한다면, 우리는 방금 언급한 것과 같은 이상한 결론에 도달할 수도 있다. 그러나 대부분의 사람들은 황금율이 결코 그렇게 자기중심적으로 해석되도록 의도되지 않았음을 알 것이다.

우리는 황금율을, '남들이 당신에게 해주기를 원하는 것을 남들에게 해주면, 그들도 당신이 원하는 것을 해 줄 것이다'라는 의미로, 공리주의적 방법으로 해석할 수도 있다. 그것은 일종의 "내가 주었으니 너도 달라"(라틴어 *do ut des*)는 것과 같다. 네가 내 등을 할퀸 것과 같이, 나도 네 등을 할퀼 것이다. 이런 경우에 우리는 다른 사람들도 고려하기 때문에 전적으로 우리 자신의 이익에만 초점을 맞추지는 않지만, 그럼에도 그 때 우리는 단순히 자신의 위치만을 높이게 된다. 이처럼 황금율은 전혀 다른 방식으로 사용될 수 있는 것처럼 보인다. 그러나 분명히 예수님은 우리가 그런식으로 황금율을 사용하도록 의도하지 않으셨다.

우리는 가치론적으로(axiologically) 해석함으로 좀 더 친근한 방법으로 황금율을 주장할 수 있다. 여기서 우리는 우리 이웃의 행위를 평가할 때, 우리 자신(이기주의)에서 출발하는 것에서나 우리 자신에게로 끝나는 것(공리주의)도 아닌, 더욱 객관적으로 우리 사회에서 높게 평가되는 가치에 근거하여 출발한다. 우리는 우리가 남을 부당하게 대할 때 보다, 남이 우리에게 부당하게 대할 때 더욱 현저하게 악을 규정하는 경향이 있다. 우리 눈 속의 들보보다 남의 눈 속에 있는 티가 더 빨리 드러나는 것이다(마 7:3-5). 그런 이유로 자기 자신의 행위를 평가할 때 다른 사람에게 적용하는 기준을 사용하는 것이 필요하다.

  황금율을 가치론적으로 해석하는 것은 거의 진리에 가깝다. 황금율의 가치론적 사용함으로 우리는 황금율 그 자체와는 또 다른 하나의 규범을 알 수 있다. 그 규범은 조금 다른 근거에서 나온다. 우리가 마태복음 7장 12절을 진지하게 받아들인다면, 보다 쉽게 그 근거를 발견할 수 있다. 그 규범은 다름 아니라 황금율 그 자체를 지적하는 "율법과 선지자"이다. 사랑과 마찬가지로 황금율도 계명에 포함될 수 있다. 그러나 황금율이 그러한 계명들을 만들어 내지는 않는다.

  이미 우리는 황금율과 사랑이 서로 어떻게 연관되어야 하는가를 살펴보았는데, 그 이유는 그 둘이 동일한 것을 말하기 때문이다. 율법과 선지자가 담고 있는 내용은, 사랑하라는 명령과 황금율 두가지 모두에 적용될 수 있다. 왜 그런가? "남에게 대접을 받고자 하는 대로"라는 말을 주목해 보라. 비록 우리는 종종 남에게 엄격하면서도, 남이 우리에게 관대하게 대하는 것을 좋아한다. 우리는 사람들이 우리를 동정해 주기를 더 좋아한다. 다르게 말해서 비록 우리는 종종 사랑 없이 다른 사람을 대하더라도 우리는 다른 사람들로부터 사랑을 기대하는 것이다. 그 이유로 우리는 황금율을 다음과 같이 정확하게 다시 서술할 수 있다. "네가 다른 사람들로부터 기대한 그 사랑을 네 이웃에게 보이라!" 다른 사람들로부터 받기를 기대하는 우리의 감정은 아주 잘 발전한다. 만약 그 반대도 사실이라면, 즉 다른 사람에게 주기를 원하는 것만큼 받기를 원한다고 하면 우리는 사랑을 가장 풍요하게 드러내게 될 것이다.

4. 자기 사랑(Self-love)

"네 마음을 다하고 목숨을 다하고 뜻을 다하여" 하나님을 사랑하라는 것이 크고 첫째 되는 계명이다. 둘째 계명은 "네 이웃을 네 몸과 같이 사랑하라"는 것이다(마 22:37-40). "네 몸과 같이"라는 말은 하나님이 우리에게 우리 자신을 사랑하라는 명령도 하셨다는 말인가? 마태복음 22장 37-40절이 세 가지 계명이 아니라 두 가지 계명에 관해 말하기 때문에, 어떻게 결론을 내려야 할지는 명확하지 않다. 마태복음 본문은 "네 이웃을 네 몸과 같이 사랑하라"고 했지, "네 몸도 사랑하라"라고 하지 않았다! "네 몸과 같이"라는 말은, 자기 사랑의 의무를 포함하는 것이 아니라 우리의 일반적 생활 양식을 서술한 것이다. 사실 우리는 우리 자신을 사랑하며, 그러한 자기 사랑의 강도는 이웃을 향한 우리 사랑의 도구로 작용할 수 있다. 즉 자기를 사랑하는 것 만큼 이웃을 사랑해야 하는 것이다.

성경 그 어디에서도 자신을 사랑하라는 명령은 없다. 오히려 성경은 우리에게 자기를 부인하라고 가르친다. 자기 생명을 사랑하는 자는 잃을 것이다(요 12:25). 사랑은 자기의 유익을 구치 않는다(고전 13:5). 말세에 사람들이 "자기를 사랑하며"(*philautos*, 딤후 3:2)라는 바울의 경고를 주목해 볼 때, 성경은 "자기를 사랑하는 것"에 대해 분명히 부정적으로 묘사한다.

우리가 방금 살펴보았듯이, 이웃을 내 몸과 같이 사랑하는 것은 황금율에서도 구현되어 있다. 황금율은 네 이웃을 사랑하라는 명령과 연관되어 있다. 그러나 네 자신을 사랑하라는 것과는 아무런 상관이 없다. 요점은 우리 자신이 받고자 하는 것을 우리가 다른 사람들에게 베풀어야 하는 것을 명확하게 지시하고 있다는 것이다. 다르게 말하자면, 우리는 우리가 정당하게 대접받지 못한 것들에 대해 매우 민감하다. 우리가 다른 사람을 어떻게 잘 사랑할 것인가를 알기 위해 황금율을 기준으로 받아들여야만 한다. 바울은 분명한 실례를 들면서 그와 비슷한 추론을 사용한다. "자기 아내를 사랑하는 자는 자기를 사랑하는 것이라. 누구든지 언제든지 제 육체를 미워하지 않고 오직 양육하고 보호하기를 그리스도께서 교회를 보양함과 같이 하라"(엡 5:28-29). 바울의 이 말씀들은 우리들의 자기 사랑의 모습이 어떠한 것인지를 잘 보여주는 것이라 할 수 있다. 즉 이 말들은 명령으로서가 아니라 우리의 모습을 서술해 주는 그러한 서술인 것이다. 우리의 삶의 현실과는 대조적으로 계명은 자기 생명을 영원히 보존하기 위해서는 심지어 이 세상에서 자기 생명을 미워할 것을 우리에게 요구한다(요 12:25)!

어거스틴, 클레르보의 버나드, 토마스 아퀴나스, 그 외 다른 탁월한 신앙의 인물들이 실제로 자기 자신을 사랑하라는 명령을 한 바 있다. 그러나 그들의 견해를 바로 다루려고 한다면, 우리는 그들이 이기적인 자기 사랑을 옹호했다고 생각해서는 안 될 것이다. 예를 들어, 클레르보의 버나드는 자기 사랑의 사다리를 단계별로 말했다.

① 자신을 위한 사랑, 즉 순수한 자기 사랑을 말한다.
② 자신을 위한 하나님 사랑, 다시 말해 자기 사랑의 한 형태로서 자기가 더 좋아지기 위해서 인간 하나님을 필요로 하는 것이다.
③ 하나님을 위한 하나님 사랑, 이것은 더 이상 자기 사랑이 아니다.
④ 하나님을 위한 자기 사랑, 이것이야 말로 진정한 자기 사랑이다. 그러나 이 수준의 사랑은 이 땅에서 살아갈 때에는 단지 부분적으로만 달성할 수 있는 형태이다. 이것은 우리가 하나님께 온전히 몰입될 것을 요구한다(Clairvaux, *De diligendo Deo*, 987-988).

최종 단계의 사랑은 노골적인 이기주의와는 전혀 관계가 없다. 그러나 문제는 그것이 세련된 이기주의를 배제하는가의 여부이다. 이 단계의 사랑은, 사람이 전적으로 하나님께로 몰입되는 신비주의를 떠나서는 도저히 상상할 수가 없다. 신비적인 상태에서는 사실상 자기를 사랑하는 것과 하나님을 사랑하는 것이 동일하게 된다. 죄가 없는 세상에서는, 비록 하나님과 사람 사이의 경계가 분명히 유지된다고 하더라도, 자신을 향한 사랑과 하나님을 향한 사랑의 전적인 일치를 상상할 수 있을지 모른다. 그러나 우리가 살고 있는 이 세상에서 그러한 전적인 일치는 불가능하다. 더욱이, 그리스도께서 우리에게 주신 두 가지의 명령(하나님 사랑과 이웃사랑)에서, 자기 사랑은 하나님을 향한 사랑이 아닌 이웃을 향한 사랑에 직접적으로 연결되어 있다. 자기를 사랑하는 것과 이웃을 사랑하는 것이 전적으로 일치한다고 우리는 과연 말할 수 있을 것인가? 정말 이웃을 위해 자기 자신을 사랑하라고 말할 수 있을까? 우리의 대답이 어떠하건 그것은 마태복음 22장의 말씀과는 다르다. 거기에는 "네 이웃을 네 몸**과 같이** 사랑하라"고 단순히 말하고 있을 뿐이다.

자기 사랑은 성경에서 명령하고 있지는 않지만 동시에 금하고 있지도 않다. 바울은 누구든지 제 육체를 미워하지 않고 오직 보양하고 가꾸라고 더 말한다. 그것을 말할 때 바울은 경멸하는 어조로 말하지 않는다. 만약 그렇지 않으면 우리는 예수님의 말씀도 그런 어조로 읽어야만 한다. 만약 우리가 사람을 사랑할 때 그들이 하나님의 피조물이기 때문이라면, 우리 자신을 사랑하는 것에도 동일하게 적용되어야 한다. 자기 육체를 보양하고 보호하는 것은 자신을 미워하는 것과 반대이다. 자존감과 자기 사랑은 자연스러우며 타고난 것이다. 자신을 부인하라는 예수님의 설교는 항상 하나님과 이웃에 대한 우리의 관계와 연관되어서 제시된다. **만약** 우리가 자신을 기쁘게 하는 것과 하나님을 기쁘시게 하는 것 사이의 선택에 직면한다면, 우리는 자기 부인의 길을 선택해야만 한다. **만약** 우리가 자신을 기쁘게 하는 것과 이웃을 돕는 것 사이에 선택을 해야 한다면, 우리는 다시 한번 자기 부인의 길을 선택해야만 한다. 우리가 우리 자신을 사랑하는 그것이 잘못된 것이 아니라, 우리가 하나님을 사랑하고 이웃을 사랑하는 것보다 지나치게 자신을 사랑하는 그것이 잘못된 것이다.

따라서 우리는 자존감이나 자기 사랑을 거절할 필요가 없다. 하나님과 이웃과 관계를 맺고 있는 것처럼, 우리는 우리 자신과 관계를 맺고 있다. 우리는 이 부분을 8장에서 양심의 문제를 다룰 때 좀 더 자세히 다루고 발전시킬 것이다. 양심이라는 개념은 사람이 자기 자신과 관계를 맺으며 존재한다는 점을 명확하게 해준다. 그러나 그 관계가 세 번째 사랑의 명령으로 이끌지는 않는다. 사람은 타고나면서 자신을 사랑하는데, 그것은 그렇게 하라는 명령이 필요 없이도 우리가 그렇게 하기 때문이다. 우리들의 자기 사랑은 우리가 이웃을 얼마나 사랑해야 하는가를 가르쳐 준다는 점에서 도움이 된다. 자기를 사랑하는 것은 인간이 타고난 자연스런 모습을 보여주고 있다는 점에서 선한 점도 있다. 때때로 우리는 사람들이 심리학적으로 병들어 자신의 삶이 가치 없다고 생각하고 심지어 살아가는 것을 본다. 그러한 때에 우리가 그런 사람들에게 자기 부인을 설교하는 것은 적합하지 않다. 오히려 그들이 자기 사랑을 회복하기 위한 방법을 발견하도록 권고해야 한다. 그러나 윤리적으로 건강한 사람은 자신이 보통 하나님과 이웃 보다 자기를 사랑한다는 것을 잘 안다. 만약 그러한 경우에는 세 가지 계명이 아니라, 두 가지 계명이 적용된다. 자기를 부인하면서, 하나님을 사랑하고 이웃을 네 몸과 같이 사랑하라.

우리는 이점을 다소 역설적으로 서술할 수 있다. 하나님과 이웃을 향한 두 가지 사랑이 우리의 삶에서 발견되는 바로 그곳에 자기 사랑이 충만하게 이루어진다. "누구든지 나를 위하여 제 목숨을 잃으면 찾으리라"(마 16:25)는 예수님의 말씀에도 이와 동일한 역설이 포함되어 있다. 이러한 이중적인 관점은 사람을 자기 자신으로부터 소외시키는 것이 아니라, 그로 하여금 정확하게 자신의 걸어가야 하는 목표에 도달하도록 이끌어 준다.

5. 세 가지 형태의 사랑

건강한 사랑은 우리의 모든 행위의 색깔을 정해준다. 사랑은 다양한 방식으로 표현될 수 있으나, 그 어디에서도 없어서는 안 될 중요한 것이다. 여기서 우리는 판 오이연(H. van Oyen)이 구분한 세 가지 형태의 사랑을 살펴볼 수 있다. 판 오이연은 아가페, 필리아, 에로스, 이렇게 세 가지 헬라어 단어에 근거해 세 가지 형태의 사랑을 구분한다 (Van Oyen 1952: 115-215).

아가페는 포기하는 사랑이다. 그것은 그리스도의 본을 받아 자기를 부인하라는 요구를 진지하게 받아들이는 사랑을 말한다. 거기에는 항상 선택이 포함된다. 여기서 나는 마가복음 12장 28-34절을 언급하고 싶은데, 그 본문에서 한 서기관이 예수님께 모든 계명 중에서 첫째가 무엇인가를 묻는다. 예수님은 "첫째는 이것이니 이스라엘아 들으라 주 곧 우리 하나님은 유일한 주시라 네 마음을 다하고 목숨을 다하고 뜻을 다하고 힘을 다하여 주 너의 하나님을 사랑하라 하신 것이요 둘째는 이것이니 네 이웃을 네 몸과 같이 사랑하라 하신 것이라 이에서 더 큰 계명이 없느니라"(막 12:29-31)고 대답하셨다. 한 분이신 주와 그분을 사랑하라는 계명에 관한 신명기 6장과 조화를 이루고 있다. 사랑은 한 분이신 하나님, 모든 이름위에 뛰어난 하나의 이름이신, 한 분 주님 예수를 선택하는 것이다.

하나님과 이웃을 위해 그분이 우리의 길에 선택을 두셨다는 말은 바로 우리가 육체의 정욕, 안목의 정욕, 이생의 자랑과 같은 것들을 위해 선택하지 말아야 함을 의미한다. 왜냐하면 그런 것들은 세상을 좇아 선택하는 것이기 때문이다. 만약 우리가 세상을 사랑하면 아버지의 사랑이 우리 안에 없다(요일 2:15-16). 아버지를 향한 우리의 사랑은 저절로 되는 것이 아닌데, 왜냐하면 종종 그것은 우리 자신의 욕망과 기호를 거스르기 때문이다. 원수를 사랑하고 우리를 핍박하는 자들을 위해 기도하라는 명령을 떠올려 보라(마 5:44).

판 오이연은 두 번째 형태의 사랑을 필리아라는 헬라어 단어로 설명한다. 필리아는 삶의 질서를 위한 사랑을 묘사한다. 거기에는 친족관계, 친구관계, 공정한 사회와 같은 일상적인 삶 모두가 포함된다. 이런 형태의 사랑으로 반 오엔이 뜻하려 했던 것을 우리는 이미 어거스틴에게서 발견할 수 있다. 사랑은 사람들 사이에 평화, 다른 사람에게 해를 입히려 하지 않고 가능한 한 이웃에게 유익을 끼치는 질서 잡힌 연합을 목표로 한다(Augustine, *De civitate Dei*, 19.14). 사랑과 정의는 사회 속에서 결합되어야만 한다. 정부가 가난하고, 압제받고, 고통 받는 자들을 보호할 때 우리는 이러한 사랑을 본다(렘 22:3, 15-17, 시 72편).

이처럼, 판 오이연은 사랑을 공적인 삶으로부터 분리하지 않는다. 사랑은 친밀한 관계(나와 너)에만 연관된 것이 아니라, 우리가 정부와 다른 공적 기관을 다루면서 사회의 질서와 정의를 존중하는 것과도 연관되어 있다. 사랑은 삶 전체를 통제해야 한다. 삶이라는 집 안에서 사랑은 조그마한 자기 방만 차지하고 있지 않다. 또한 사랑은 손님처럼 취급받기도 원하지 않는다. 오히려 사랑은 집안 전체를 자신이 차지하기를 원한다(Ridderbos 1975: 111). 조금 극단적인 실례로, 정당한 전쟁을 수행하는 것을 포함해서 국가의 공권력을 사랑의 도구로 볼 수도 있다. 루터는 그 시대의 사람들이 혁명적인 투르크족에 대항해서 싸우는 것을 생각하면서 그렇게 주장했다(Thielicke 1979:1: 462를 보라). 국경을 지키는 것은 정부가 시민들 대신에 수행해야만 하는 사랑의 행위이다. 이러한 확신으로 인해 우리는 사랑을 산상수훈과만 연관지어 생각고 로마서 13장의 정부의 공권력에 대한 논의와 연관짓지 못하는 것을 피할 수 있다. 로마서 13장에서 우리는 정부가 우리의 유익을 위해 하나님을 봉사하는 기관으로 존재하는 것임을 알게 된다. 비록 개인적 차원이라기보다 사람들 사이의 직접적인 관계의 형태이기는 하지만, 정부의 선한 행위가 사랑의 한 형태임을 부인할 이유가 없다.

판 오이연이 구분한 사랑의 세 번째 형태는 사랑에 대한 또 다른 헬라어인 에로스이다. 에로스는 감각적인 매력과 새 생명의 출산에서 경험된다. 이러한 사랑은 욕망과 애정과 모두 관계한다. 사실, 판 오이연은 이러한 형태의 사랑을, 문화와 기술을 만들어 내는 것으로 표현하면서, 삶에서 성 이외의 영역으로 확대시킨다. 아마 판 오이연이 제시한 것들보다 더 좋은 다른 구분들도 있을 것이다. 우리가 어떠한 유형의 분류를 택하든 분명한 것은 사랑이라는 것은 인간 삶의 모든 영역을 포함하고 있는 것임을 나타내 보여야 한다.

6. 참고문헌

Fletcher, Joseph. *Situation Ethics:* The New Morality. Philadelphia: The Westminster Press. 1966.

Ridderbos, S. J. *Ethiek van het liefdegebod.* Kampen: Kok. 1975.

Schrage, Wolfgang *Die konkreten Einzelgebote in der pau-*

linischen Paränese. Gütersloh: Mohn. 1961.

Thielicke, Helmut. *Theological Ethics.* Edited by William H. Lazareth. Vol. 1: *Foundations.* Grand Rapids: Eerdmans(reprint). 1979.

Van Oyen, H. *Evangelische Ethik: Grundlagen.* Basel: Reinhardt. 1952.

Veenhof, Jan. *Geist und Liebe: Die systematischen Voraussetzungen der Ethiek Hendrik van Oyens.* Amsterdam: Rodopi. 1978.

Velema, W. H. "De liefde is de vervilling van de wet." *Uwknecht hoort. Theologische opstellen aangeboden aan W. Kremer, J. Van Genderen, en B.J. Oosterhoff.* Amsterdam: Bolland. 1979.

……… 개혁주의 윤리학 ………………

제 8 장
양 심

1. 고대의 구분

사랑 하나만으로 우리의 도덕적 행위를 위한 충분한 지침을 얻을 수는 없다. 우리에게는 다른 것도 필요하다. 우리가 이미 살펴본 것처럼, 사랑은 율법을 성취하지만 그것이 하나님의 계명을 대체하지는 못한다. 도덕적 지침을 위한 다른 능력으로 흔히 양심을 추천할 수 있다. 양심의 기능에 대하여(특별히 이전 시대에) 수많은 논의가 이루어졌다. 오늘날에도 우리가 우리 자신에게 가끔 던지는 다음 질문은 중요하다. 내가 하고 싶은 것을 내 양심이 허락하는가? 여기서 양심에 대해서 우리가 정확하게 무엇을 다루어야 하는가?

먼저 나는 중세 시대에 양심을 의미하는 단어로 정교하게 만들어진 *synteresis*와 *conscientia*의 구분에서 시작하고자 한다. *synteresis*라는 용어는 특이한 기원을 가지고 있다. 교부 제롬(c. 347-419)은 자신의 에스겔서 주석에서 에스겔 1장에 등장하는 사람, 사자, 황소, 독수리 라는 네 가지의 살아있는 생물에 관하여 쓴 바 있다. 제롬은 이러한 네 가지 생물의 이미지를 사용하여 자신의 인간학, 즉 인간에 대해 바라보는 관점을 정립한다. 인간, 사자, 황소는 각각 인간의 지성, 의지, 욕망을 가리킨다. 반면 그것들 위해 맴도는 독수리는 지성, 의지, 욕망을 교정하기 위해 하나님의 조명을 받은 양심이다. "synteresis"라는 단어는, "보존하다"는 뜻을 가진 단어 synterein과 관련되어 있다. 따라서, synteresis는 인간의 삶에서 신적인 명령을 보존하는 자 혹은 보호자로 볼 수 있다.

synteresis라는 용어는 오랜 기간 동안 사용되지 않다가, 중세 때에야 비로소 매우 중요한 역할을 하게 되었다. 중세기에 synteresis는 인간으로 하여금 선으로 향하고 악을 피하도록 만드는 본성의 빛을 가리켰다. 심지어 synteresis는 행위의 근본적인 원리를 오류 없이 알도록 하는 인간의 능력을 묘사하기도 했다.

그렇다면 사람이 그런 고상한 능력을 구비했음에도 여전히 잘못을 범할 수 있다는 것을 그 당시에는 어떻게 설명했을까? 신학자들에 의하면, 그 결함은 synteresis에 있는 것이 아니라(결국 synteresis에는 잘못이 없고), 일상적인 문제에 synteresis를 **적용**하는 과정에서 생긴 것이다. 일상적인 문제를 synteresis를 적용하는 것은 바로(양심을 가리키는 라틴어 단어인) conscientia의 역할이었다. 자신의 양심 안에서 사람은 잘못을 범할 수 있다.

제롬의 사상에서 빠졌던 부분을 우리는 이후에 알렉산더 할레시우스(Alexander Halesius), 토마스 아퀴나스(Thomas Aquinas), 그 외 다른 이들에게서 발견한다. 양심은 '알맹이'와 '적용'의 두 가지 요소로 구성된다. 양심의 '알맹이'는 오류를 범할 수 없는 특징을 가지고 있다. 그것이 바로 synteresis이다. 그러나 '적용'은 오류를 범할 수 있다. 그것이 바로 conscientia이다. 신학자들의 견해에 따르면, 양심의 적용은 **실천적 삼단논법**의 경로를 통해 진행된다. 삼단논법은 두 개의 판단을 포함하는데, 좀 더 포괄적인 것이 대전제에 포함되어 있고, 좀 덜 포괄적인 것이 소전제에 포함되어 있으며, 뒤이어서 결론이 나온다. 우리는 이것을 다음 실례로 설명할 수 있다.

대전제: 모든 죄인은 죽는다(모든 사람들이 이것을 알고 있다. 죄에 기초한 죽음의 선언은 *synteresis*에 의해 이해된다).
소전제: 나는 죄인이다.
결 론: 나는 죽을 수밖에 없다(이 결론은 보편적인 성격을 띤 *synteresis*가 알고 있는 내용이, 나라는 개인에게 구체적으로 적용된 것이다. 이렇게 결론을 내리는 것은 양심의 기능이다).

다른 실례를 들어보자.

대전제: "여호와의 사심을 가리켜 맹세하노니, 이 일을 행한 자는 마땅히 죽을 자라!"(다윗이 나단에게 이 말을 했다〈삼하 12:5〉. *synteresis*가 이점을 그에게 지적했다).
소전제: "당신이 그 사람이라!"(나단이 다윗에게 이 말을 했다 〈삼하 12:7〉).
결 론: "내가 여호와께 죄를 범하였노라," 따라서 나는 죽음의 자녀이다(이것은 다윗의 *conscientia*의 선언이다〈삼하 12:13〉).

중세 동안에 사람들은 *synteresis*는 잘못를 범할 수 없지만, *conscientia*는 잘못을 범할 수 있다고 주장했다. 왜냐하면 사람들은 종종 보편적인 원리를 특별한 상황에 적용할 때 실수를 범하기 때문이다. 이 과정에 도움을 주기 위해서 교회가 개입한다. 고해성사에서 사제는 '양심상의 문제' (소위 말하는 *casus conscienciae*)에 대해서 결정적인 말을 할 수 있다. 여기서 우리는 경우론(casuistry)의 한 단초를 보게 된다. 사람이 잘못을 범할 수 있지만, 다행히도 교회의 전문가들이 존재하여 그들이 가진 여러 경우에 대한 지침의 도움으로 자신이 처한 도덕적 딜렘마로부터 빠져 나올수 있었던 것이다!

중세 뿐 아니라 그 이후에도 사람들은 인간의 *syneresis*를 오류를 범할 수 없는 양심의 핵으로 계속 믿었다. 개신교의 신스콜라주의는 *syneresis*와 *conscientia*의 이러한 구분을 그대로 빌려왔는데, 아주 최근에 이르기까지 이러한 구분이 작용하고 있다(사실, 1937년 즈음 네덜란드 암스테르담의 자유 대학에 제출된 한 신학 논문은, 양심에는 뿌리가 있으며 그것은 피조물 중의 하나가 아니라고 까지 주장한다 〈Prins 1937: 508〉).

2. 양심이란 무엇인가?

"**양심**"이란 **사람 안에 있는 권위인데, 그 권위는 사람으로 하여금 자신이 내린 과거나 미래의 결정 앞에 서게 하고, 또한 그러한 결정들을 용인할 것인지 반대할 것인지를 평결한다.**

그러나 이러한 정의는 양심의 구체적인 내용물에 대해서는 아무런 말도 하지 않는다. 왜냐하면 양심의 구체적인 내용물은 꽤 다양할 수 있기 때문이다. 여기서 우리가 말하는 것은 사람이란 자의식을 가진 존재이며, 자기 자신의 행동에 대해서(행동하기 전이든지 이후든지) 평결을 내린다는 사실이다. "미래의 결정을 평가함"(*conscientia antecedens*)와 "과거의 결정을 평가함"(*conscientia consequens*)라는 고전적인 용어는 바로 이러한 두 순간(행동이전과 이후)을 지칭한다.

구약에는 "양심"이란 용어가 직접 등장하지 않는다. 그러나 구약에서는 양심의 기능이 자연스럽게 제시된다. 우리가 "양심"이라 부르는 것을 구약에서는 "마음"이라 부르고 있다. 하나님이 자신의 백성들에게 포로로 끌려가는 벌을 내리시려고 할 때, 그 분은 남은 자들게 관하여 "그 대적의 땅에서 그들의 **마음**을 약하게 하리니, 바람에 날리는 잎사귀 소리에도 놀라 도망하게 될 것"이라고 경고하신다(레 26:36, 강조는 첨가). 포로기간 중에 그 분은 그들에게 "떠는 마음"을 주실 것이다(신 28:65).

우선 구약에서 양심과 상황, 시대와 발전이 서로 밀접하게 엮여 있음을 알 수 있다. 그랄 왕 아비멜렉이 꿈에서 아브라함의 아내 사라를 돌려보내라는 경고를 받았을 때, 그는 '온전한 마음으로' 그렇게 행동했다고 대답했다(창 20:5). 우리는 그것을 '깨끗한 양심으로'라고 말할 수 있을 것이다. 아비멜렉이 또 다른 아내를 취하려 했다는 사실 때문에 양심의 가책을 받지 않았음을 주목하라. 아비멜렉은 깨끗한 양심으로 그런 일을 할 수 있었다. 심지어 아브라함마저도 일부 다처주의자였다(창 25:1-6). 만약 오늘날 깨끗한 양심으로 그렇게 행동한다면 그는 양심이 아예 마비된 사람일 것이다! 오늘날 우리의 양심은 일부다처제를 혐오한다. 여기서 이미 우리는 양심이 불변하는 내용을 가지고 있지 않음을 본다.

신약 성경에서도 우리는 양심에 해당되는 단어인 *suneidesis*를 발견할 수 있다. 그러나 신약에서도 여전히 양심은 변하지 않는 어떤 것이 아니라 아주 다양하게 기능하고 있음을 알 수 있는데, 예를 들자면, 바울은 "내가 자책할 아무 것도 깨닫지 못하나", 즉 다른 말로 "내 양심은 깨끗하다"고 말할 수 있었지만, 곧바로 "이를 인하여 의롭다함을 얻지 못하노라 다만 나를 판단하실 이는 주시니라"라고 덧붙인다(고전 4:4). 내 양심으로 나의 잘못을 발견하지 못할 수도 있지만, 그러나 그것이 하나님 앞에서 나를 의롭게 하지는 못한다. 양심은 상대적인 것이고, 항상 하나님의 평가에 복종하는 것이다.

한 가지 더, 신약이 **연약한** 양심에 대해서 말하고 있는 것은 인간의 양심이 변할 수 있고 오류를 범할 수도 있음을 확언해 준다. 바울은 우상으로부터 아직 자유하지 못한 사람들이 있음을 말한다. 그 이유로 인해 그들은 고린도 시장에서 파는 음식을 담대히 먹을 수가 없었는데, 이미 고기가 이방 신전에서 이미 희생 제물로 사용되었기 때문이었다. 만약 그들이 그 음식을 먹는다면, 그들의 양심이(연약한 것 만큼) 더럽혀진다(고전 8:7, 10, 12). 어떤 사람의 양심은 그것을 감당할 수 있지만, 다른 사람의 양심의 감당할 수 없다(고전 10: 28-29; 이 문제에 대한 더 폭넓은 논의는 Kloosterman 1991을 보라).

바울은 믿음에서 떨어진 사람들이 화인을 맞게 될 것을 디모데에게 말한다(딤후 4:2). 그들은 악한 양심을 가지고, 이전에 그들이 배웠던 모든 것들과 반대로 행동한다. 마음과 양심 둘 다 더럽혀 질 수 있다(딛 1:15). 이 사실로부터 우리는 사람의 마음이 부패하면, 그 양심이 아무런 영향도 받지 않을 수 없음을 알 수 있다.

따라서 인간의 양심에는 수많은 측면이 있다. 확실히 우리는 양심을 (오류를 범할수 없다는 것은 말할 것도 없고) 신성한 능력으로 보아서는 안 된다. 양심은 하나님과 인간이 만나는 성전이 아니다. 그런 이유로 "*suneidesis*"와 "*conscientia*"의 문자적 의미를 "하나님과 함께하는 지식"(knowing with God)으로 표현하는 것은 적절치 못하다. 종종 우리는 양심을 그렇게 표현하는 것을 보게 된다. 심지어 존 칼빈 마저도 양심을 하나님과 인간 사이의 "확실한 매개체"라 부른다 (*Institutes* 3.19.15). 그러나 "함께 하는"(with)이라는 단어는, "자기 자신과 함께하는 지식"(knowing with oneself)으로 해석하여 자신의 생각과 행동을 의식하고 있다는 의미로 보는 것이 더 타당한 이해이다.

3. 선한 양심

특별히 19세기와 20세기 초반에 지난 수 세기 동안 차지하고 있었던 양심의 견고한 위치는 와해되기 시작했다. 프리드리히 니체(Friedrich Nietzsche, 1844-1900)와 지그문트 프로이드(Sigmund Freud, 1856-1939)라는 두 명의 학문적 거장이 그렇게 만드는데 지대한 공헌을 했다.

『도덕의 계보』(On the Genealogy of Morals, 독일어 원판 1887년)라는 책에서 니체는 양심을, 사회가 사람을 길들이고 그의 원초적인 생명의 본능을 억압함으로, 사람에게 부과한 병적인 증후군으로 묘사한다. 프로이드는 사람의 본질을 '이드'(라틴어 id)라는 비인격적인 것으로 그리고 있다. 이드란 사람의 내적인 충동 혹은 생물학적인 욕망, 성적 충동으로부터 나오는 모든 것으로 구성되어 있다. 이드 안에서는 욕망의 충동들이 아무런 제제도 받지 않으면서 왕 노릇을 한다. 그러나 '자아'(ego)는 주어진 환경에 적응해야 한다. 인간의 욕망은 제멋대로 살려 두어서는 안 되고 제어되어야 한다. '리비도'(이드에 의해 자극된 충동들)의 외적인 표현은(특히 부모님의) 명령과 금지에 의해 억제된다. 자기 정체성의 형성은 '자아'와 외적 권위 사이에서 진전되는데, 특별히 외적인 권위는 그의 아버지 안에서 구체화된다. 따라서 '자아' 그 자체 안에서 '초자아'(super ego)라는, 그를 다스리는 권위가 생긴다. '초자아'는 깨끗한 양심에게는 상을 주고 악한 양심에는 벌을 내리면서 자아의 모든 행동을 비판적으로 평가한다. 초자아는 도덕이 구체화된 것이다. 욕망의 충동은, 피할 수 없는 현실의 요구들과 영원히 투쟁하게 된다. 자아는 분열의 위협과 함께, 한편으로는 주도권을 잡으려고 하는 이드의 충동에 의해, 다른 한 편으로는 이드의 요구를 부정하려는 초자아의 제약에 의해, 양쪽으로부터 위태로움에 빠지게 된다. 프로이드는 양심을 이드와 초자아 사이의 긴장아래 살아가는 '자아'에 의해 만들어진 죄책감으로 본다.

그리스도인은 이런 관점에 기초한 인간학을 받아들일 수 없다. 만약 그것을 받아들인다면, 그 다음에 우리는 만물의 시작이 인간 욕망의 혼돈이라고 믿어야 한다. 프로이드의 도덕은 인간 존재가 하나님의 형상으로 지음을 받았다는 여지를 전혀 남기지 않으며, 심리학적 재앙을 포함한 모든 재앙의 근원이 인간이 죄에 빠졌기 때문이라는 여지도 거의 남지 않는다.

그럼에도 니체와 프로이드가 분명하게 우리에게 가르쳐 주는 바는 인간 양심의 내용이 상당히 차이가 있다는 것이다. 실제로 우리는 '유일한' 양심을 말할 수 없다. 그것은 아예 존재하지 않기 때문이다. 어떤 사람은 마음에서 감히 엄두도 못내는 것을 어떤 사람은 양심의 거리낌도 없이 한다. 양육과정과 사회적 환경은 우리의 양심이 형성되는 데 큰 영향을 미친다. 우리는 대략 1960년 이후부터 도덕적 환경이 변했음을 안다. 낙태, 동성애와 같이 30년 전에는 비난을 받았던 행동을 오늘날은 많은 사람들이 아무런 문제없이 받아들이고 있다.

그렇다면, 우리는 '깨끗한 양심' 혹은 '떳떳하지 못한 양심'에 대해서 말할 수 있는가? 물론 가능하다. 그러나 그것은 우리가 인간의 양심을 성경 말씀과 긴밀하게 연결시킬 때에만 그렇다. 깨끗한 양심이란 하나님을 향해서 깨끗한 양심이다. 그 때문에 바울은 하나님 앞에서 자신의 공적 행위에 관하여 전적으로 깨끗한 양심을 가졌다고 말할 수 있었다(행 24:16). 바울에게 있어, 선한 양심은 신실한 믿음과 함께 보조를 맞추어 간다(딤전 1:5; 1:19과 3:9도 참조). 당신이 올바르게 살려고 한다면, 깨끗한 양심을 가졌음을 확신할 수 있다(히 13:18). 우리는 단지 "진노를 피하기 위해서 뿐 아니라 '양심' 때문에" 정부에 복종해야 한다(롬 13:5). 이 말은 곧 우리가 정부의 처벌을 피하기 위해서 뿐 아니라, 하나님이 그것을 우리에게 요구하시기 때문에 복종해야 한다는 것을 의미한다. 깨끗한 양심은 항상 하나님의 계명에 대한 순종과 함께 간다.

이미 나는 깨끗한 양심조차도 하나님 앞에서 우리를 의롭다고 하지 못함을 지적한 바 있다. 그럼에도 불구하고, 우리는 여전히 깨끗한 양심에 대해서 말할 수 있다. 왜냐하면 성경에서 그렇게 하고 있기 때문이다. 수많은 문제들에 관하여 우리는 담대하게 우리가 선한 양심으로 그렇게 행했다고 선언할 수 있어야 한다. 그렇게 함으로서 우리는 하나님과 사람 앞에서 우리의 행위에 관하여 설명할 준비가 되었음을 선언한다. 그러나 은혜가 없이 깨끗한 양심은 없다. 깨끗한 양심이 하나님 앞에서 우리를 "의롭다"하지 못한다(고전 4:4). 심지어 그리스도인의 양심도 영속적이지 않고 변한다. 올바른 그리스도인임에도 여전히 편협한 시각을 가지고 있는 사람들의 "약한" 양심을 생각해 보라. 고린도의 그리스도인들은 단호하게 희생제물을 먹지 않았다. 오늘날에도 단호하게 새로운 찬송가 부르는 것을 거절하거나 집에 텔레비전을 두는 것을 허용하지 않은 그리스도인이 존재한다. 다른 한편으로 그리스도인 즉 양심의 자유를 행사하는 자들은 그와 같은 행동이나 생각을 그들의 약한 양심의 탓으로 돌린다.

이런 모든 것들에 고려해볼 때, 우리는 양심에 호소하는 것이 결코 최종적인 것이 아니라고 결론을 내릴 수 있다. 양심 또한 하나님의 말씀에 복종되어야 하며, 그리스도의 보혈로 정결케 되어야 한다.

4. 양심에 대한 호소

우리의 양심은 오류를 범할 수 있다. 따라서 우리가 올바른 행위를 위해 어떤 다른 지침들도 필요하지 않은 것처럼, 우리의 양심에만 의

존할 수도 없다. 이것은 양심의 역할이 별로 중요하지 않다는 말이 아니다. 하나님은 그리스도인뿐 아니라 비그리스도인에게 조차도 양심에 대한 권리를 요구할 것이다. 다시 로마서 2장 15절을 생각해보자. 거기에서 우리는 율법이 이방인의 마음에 새겨진 율법의 역할에 관해서, 심판의 날에 "그들의 양심이 증거가 되어 그 생각들이 서로 송사하며 혹은 변명하게 될 것을"을 보게 된다. 하나님의 율법은 너무 깊이 각인되어서 그들이 원하든 원하지 않든 간에 비그리스도인들에게도 계속 영향을 미치고 있다. 많은 사람들의 양심에 거리낌이 없다고 해서 단순히 각인된 하나님의 율법을 없애버릴 수는 없다. 그리고 그 사실은 심판날 모든 양심들이 말하기 시작할 때 나타날 것이다. 물론 사람이 너무 하나님의 계시를 대적함으로 양심이 더 이상 작용하지 않을 수도 있다. 심지어 하나님의 존재를 부인할 정도까지 무감각해질 수 있다. 그러나 이처럼 양심이 왜곡되었다고 해서 우리가 양심의 소리를 소홀히 여겨서는 안 된다. 양심에 호소하는 것은 사람의 가장 깊은 신념에 호소하는 것이다. 비록 우리가 그러한 신념들에 동감하지 않는다고 우리가 그것들을 무시할 수는 없다. 사도 바울이 비록 이방 신전에 제사를 드린 음식을 먹도록 허용했던 강한 신자들의 관점에 동의함에도 불구하고, 그들과는 다른 신념을 가진 그리스도인들의 양심을 존중했던 것을 기억하라.

종종 양심에 호소하는 것으로 인해 심각한 결과들이 나온다. 정부가 병역 의무를 위해 사람들을 징집할 때 군복무에 반대하는 것을 생각해 보라. 그들 가운데에는 양심적으로 군복무를 절대 하지 않겠다고 확신한 그리스도인들이 항상 있어왔다. "살인하지 말라"라는 계명 때문에 그들은 군에 들어가지 않는데, 왜냐하면 그들은 다른 인간을 향해 무기를 잡는 것을 거부하기 때문이다. 그러나(나를 포함해서) 모든 그리스도인들이 이와 동일한 신념을 가지고 있는 것은 아니다. 그러나 그것 역시 군복무를 거부하는 것이 과거에 전혀 지지를 받지 못해다거나, 현재에도 별로 심각하게 지지를 받고 있지 않다는 것을 의미하지는 않는다. 우리는 초대교회 때부터 군 복무를 거절하고 자신들의 그러한 신념 때문에 목숨마저 내어놓는 그리스도인들의 증언들을 알고 있다(그리스도인들이 로마 군에서 복무하기를 거절하도록 만든 다양한 동기들에 대해 더 심도 깊은 논의를 보고 싶으면, Douma 1988: 48-78을 보라). 이러한 증언들은 너무나 감동적이어서 그들이 양심적으로 반대하는 것이 진정이라는 것을 믿는 것은 어렵지 않다. 다른 전쟁에는 반대하지 않지만, 오직 핵전쟁에 대해서는 이의를 제기하는 젊은 사람들의 양심적인 반대가 등장한지는 얼마 되지 않았다. 그러나 그것은 그러한 양심적인 반대가 설득력 있음을 발견하는 것이 어려운 경우이다. 무슨 기준으로 어떤 종류의 전쟁은 반대하고 어떤 종류의 전쟁은 반대하지 않을 수 있는가? 심지어 어떤 형태의 군복무에 대해서 거부하면서도, 시민들을 압제하는 체제를 무력으로 전복하는 일에는 아무렇지도 않게 참여하는 사람의 입장은 더더욱 불분명하다. 우리는 공정하게 양심적인 반대가 일관적이 되도록 기대해야 한다. 오늘 거절한 것을 내일 허용하려고 해서는 안 된다. 그런 경우에 대해서, 고드프리드 보만스(Godfried Bomans)가 한 때 주목한 것이 적절하게 맞아 떨어진다. 많은 이들이 자신의 깨끗한 양심을 불완전한 기억력 탓으로 돌린다!

5. 참고문헌

Douma, J. *Gewapende vrede*. 4th edition. Kampen: Van den Berg. 1988.

Kloosterman, Nelson D. *Scandalum Infirmorum: Christian*

Liberty and Neighber Love in the Church. Neerlandia, Alberta: Inheritance Publications. 1991.

Prins, P. *Het geweten*. Delft: Meinema. 1937.

제9장
아디아포라

1. 주요 이슈

이미 제4장에서 우리는 성경에서 그리스도인들이 무엇을 어떻게 해야 할 것인가 아니면 하지 말아야 할 것인가에 대해 구체적으로 또는 직접적으로 명령하거나 금지하지 않는 것들이 많이 있다는 것을 살펴보았다. 이로써 우리는 무엇이 중요한지 우리 스스로 성숙하게 분별해야 한다는 것을 다시금 깨닫게 된다(빌 1:9-10). 우리는 성경의 큰 틀 가운데서 성령의 인도하심을 따라서 우리에게 주어진 자유를 활용하여 결정한다. 왜냐하면 우리는 하나님의 노예가 아니라 자녀이기 때문이다. 본 장에서 자유의 개념에 대해서 좀 더 많은 내용을 제시하고 다룰 것이다. 아디아포라(adiaphora)라는 용어로 알려진 고대의 윤리적 이슈를 통해 그리스도인의 자유의 문제를 다룰 것이다(이 주제에 대한 더 깊은 논의와 참고도서를 보고 싶다면 이 장 뒤에 소개된 나의 책 Douma 1974를 보라).

'아디아포라'라는 용어의 뜻이 무엇인가? 아디아포라란 사람들이 선하다고 할 수도, 악하다고도 할 수 없는 사물이나 행동을 말한다. 우리는 그 사물을 수용할 수도 있고 거절할 수도 있다. 그리고 그 행동을 할 수도 있고 하지 않을 수도 있다. 더욱이 그것들은 "선하다" 혹은 "악하다"는 도덕적 판단에 종속되지 않는다. 헬라어 단어 *adiaphora*는 '중립적인 것'을 의미한다. 따라서 아디아포라는 선하지도 악하지도 않는 특징을 지니고 있다. 아디아포라는 "도덕적으로 중립"을 묘사하는 용어로 사용되며, 선과 악 사이에, 절대적인 명령과 절대적인 금지 사이에 위치하고 있다. 아디아포라는 '해야 하는 것'과 '하지 말아야 할 것'에는 적용되지 않는 영역에 속한 것이다. 그 영역 안에서 거기서 사람들은 자유롭게 어떤 행동을 할 수도 있고 하지 않을 수도 있다.

과연 아디아포라는 존재하는가? 이것이 본 장에서 다룰 질문이다. 이 질문에 대한 대답들은 일치하지 않는다. 우선 사람들이 아디아포라를 긍정하거나 부정하는 각각의 이유들을 먼저 살펴보자.

아디아포라가 존재한다는 긍정적인 입장은 이렇다. 대부분 그리스도인들은 하나님과 관계없는 일도 별 의식없이 일상적으로 행한다. 예를 들어, 산책을 할 때 오른쪽이으로 가야 할지 왼편으로 가야 할지를 앞두고 일일이 "하나님, 당신의 뜻은 무엇입니까?" 이렇게 묻는다면 이것은 누가봐도 우스광스러운 일이라고 생각할 것이다. 만약 삶의 매 순간마다 모든 부분에서 일일이 우리가 하나님 앞에서 어떻게 행동할 것인지 세세하게 물어야 한다면, 사는 것 자체가 너무 곤욕스럽게 될 것이다. 만약 자기 나름대로 기준을 가지고 고급스러운 과자를 사는 것은 사치스러운 것이라고 주장하면서 맛있는 과자를 사는 것 마저도 정죄하는 사람들이 있다고 가정해보자. 그렇다면 우리는 그런 사람들에게 정죄당할 위험을 피하기 위해 커피나 차를 사 먹을 때마다 신중하게 생각하고 때로는 그런 행동을 삼가야 할 것인가? 생존에 반드시 필수적인 것만을 먹고 그 외 다른 것은 삼가야 한다면, 우리가 매일 매일 생존하는 데 필요하지 않는 음식을 먹을 때마다 스스로 이 음식을 먹는 것이 필요한가를 자문해야 되지 않겠는가? 기독교 윤리는 그리스도인의 자유를 보호하고 옹호해야 한다. 달리 말하면 우리는 그리스도인들이 취할 것인가 말 것인가에 대한 다양한 선택들을 보호해 주어야 한다. 다행히도 사람들은 아디아포라의 존재를 받아들일 수 있다고 생각한다. 왜냐하면 만약 아디아포라의 존재를 받아들이지 않으면 사는 것이 너무 번거로워지기 때문이다.

한편으로 아디아포라의 존재를 부인하는 사람도 있다. 그 이유는 대충 이렇다. 그들은 우리가 비본질적 행동과 선택이라고 부르는 것들도 종종 당사자나 다른 사람들의 인생에 광범위한 영향을 미친다고 주장한다. 그들은 우리가 일단 아디아포라의 존재를 받아들이기 시작하면, 그렇게 내디딘 첫걸음이 미끄러운 경사면에 발걸음을 내디딘 것으로 결국은 점점 미끄러져서 밑으로 굴러 떨어져 버릴 것이라고 주장한다. 그래서 점점 더 많은 결정들을 개인적인 선호에 일임함으로 결국 전체 삶 속에서 그리스도께 순종하는 삶은 뒷전으로 밀려 버린다는 것이다. 그들은 만약 우리가 진정 그리스도의 종이라면, 자기가 자신의 주인이 되는 순간은 한 시라도 한 순간이라도 있어서는 안된다고 주장한다.

아디아포라의 문제는 전통적으로 오락(entertainment)의 영역에서 무엇이 허용되고 허용되지 않는가에 초점이 맞추어져서 논의되어왔다. 이것은 오늘도 마찬가지이다. 그리스도인들이 사교춤을 춰도 되는가? 카드놀이는? 담배를 피우는 것은? 술은? 경비가 많이 드는 휴가는? 그 외 당양한 질문들이 있다. 이런 모든 것들을 하나님이 금하셨는가? 아니면 그것은 "도덕적으로 중립적인 문제"와 연관되므로, 그리스도인들이 자유롭게 결정해도 되는 영역인가? 이 질문은 아디아포라의 문제를 다룰 때 늘 제기되는 문제이다.

2. 스토아학파로부터 생겨난 용어

먼저 아디아포라라는 개념의 뿌리를 연구해보는 것이 유익할 것이다. 아디아포라라는 용어와 개념은 스토아 학파로 부터 유래되었고 그들의 철학사상에서 형성되었다. 스토아 학파는 선과 악 사이에 아디아포라라고 불리우는 제3의 영역을 규정했다. 그들은 우리의 삶에서 그 자체로 이익도 주지 않고 손해도 끼치지 않는 모든 것을 아디아포라라고 불렀다. 거기에는 많은 것들이 포함되어 있었다. 생명, 건강, 즐거움, 육체적 미, 힘, 부, 좋은 명성, 귀족 출신 같은 것들이 이 영역에 속하였다. 그러나 죽음, 질병, 고통, 육체적 추함, 약함, 가난, 나쁜 평판, 천한 혈통과 같은 것들도 아디아포라의 영역에 속했다. 왜 그럴까? 이런 것들은 각각 이렇게도 볼 수 있고 저렇게도 볼 수 있는 것들이기 때문이다. 부는 좋게 사용될 수도 있고 잘못 사용될 수도 있다. 가난은 사람을 도둑질로 내몰 수도 있지만, 도덕적으로 깨끗하게 만들 수도 있다. 우리가 좋게 사용할 수도 있고 나쁘게 사용할 수도 있는 것을 "선하다"고 부를 수는 없다. 심지어 생명도 그 자체로 선한 것은 아니다. 자살을 선택해야 하는 일이 일어날 수도 있기 때문이다.

만약 스토아 학파가 그렇게 많은 것들을 아디아포라로 보았다면, 도대체 그들에게 본질적으로 선한 것은 무엇인가? 스토아 학파 사람들은 본질적으로 선한 것은 모든 것에서 자유롭게 되는 것이었다. 인간은 스토아적인 체념으로 모든 것(번영과 역경, 건강과 질병, 생명과 죽음까지도)을 수용해야만 한다. 인간은 '무관심'(*apatheia*)(문자적으로 "감정이 없음")의 태도를 가져야 한다.

사실 스토아 학파가 생명과 죽음, 건강과 질병, 부와 가난의 자리를 동일한 범주에 두려는 입장을 계속 옹호하고 주장했는데 사실상 이것은 불가능한 일이었다. 그 둘을 동일하게 보려는 관점에도 불구하고,

사람들은 본성에 따라서 생명과 건강과 같은 것들은 추구하고 죽음과 병과 같은 것들은 피하려고 한다. 비록 생명과 건강이 본질적으로 선하지는 않다 하더라도, 그것들은 어떤 '기피하는 것들'과는 달리 일반적으로 사람들이 훨씬 '선호하는 것들'이었다(헬라어로, *the prohegmena and the apoprohegmena*). 이성의 안내를 받으며 사람들은 일반적으로 사람들이 취하고 싶어하는 것을 훨씬 좋아하고 사람들이 기피하고 싶어하는 것들은 거부한다. 이 두가지에 덧붙여 스토아 학파는 *oudetera*(문자적으로는 "둘 중 어느 것도 아닌"으로 번역되는)라는 세 번째 범주를 구분했다. 세 번째 범주는 건강과 질병, 생명과 죽음, 부와 가난이 자극하는 그런 욕망이나 혐오감을 전혀 일으키지 않는 행동들이다. 그것은 어떤 사람의 머리카락 수가 홀수인가 짝수인가, 손가락을 펼 것인가 오므릴 것인가, 지푸라기를 잡을 것인가 무시할 것인가와 같이 전적으로 중립적인 것들이다. 스토아 학파의 이러한 견해들에 대해서 곰곰이 생각해 볼 때, 우리는 그들의 견해와 기독교 신앙의 차이를 발견하게 된다.

제일 먼저, 우리는 스토아 학파 윤리의 '합리주의적' 성격을 발견할 수 있다. 스토아 학파는 모든 행동이 사고를 통해 인간 이성에 비추어 투명해야 한다고 생각했다. 각각의 행동은 인간 내부로부터 진행되어야 하고, "외부의" 힘에 의해 자극받아서는 안 된다. 지혜롭기를 원하는 사람은 '무관심' 내지 '초연'(apathy)을 보여야 하기 때문에, 자발적으로 기쁨을 표현하거나 하염없이 눈물을 흘리거나 분노해서는 안된다. 이성에 의해 지도를 받지 않는 모든 것은 결국은 사라지고 마는 것이다. 칼빈은 스토아 학파에 대해서 그들이 어리석게 행동한다고 말한다. 왜냐하면 그들은 잘될 때나 어려울 때나 한결같이 행동하는 사람만이 수양되고 성숙한 사람이라고 간주했기 때문이다. 그러나 성경은 이와 다르게 가르친다. 애통하는 자가 복이 있다고 성경은 말한다

(마5:4). 예수님도 영혼이 고통스러워 죽을 지경에까지 처하셨음을 성경은 말해주고 있다(마26:38).

둘째, 아디아포라에 관한 그들의 관점이 얼마나 개인주의적인가를 주목할 수 있다. 인간이 자기가 살아가는 세계로부터 떨어져 나가버렸고, 따라서 세계 자체가 전부 아디아포라가 되었다. 그러나 인간이나 세계나 그 자체로 존재하는 것은 하나도 없다. 하나님의 손으로 지음을 받은 하나의 세계만 있을 뿐이다. 그 세계 안에서 모든 만물들이 서로 연결되어 있고 모든 피조물들은 각기 나름대로의 모양과 사명을 부여받고 있다. 스토아 학파는 하나님이 만드신 세계의 다채로움을 하나의 단조로운 잿빛 아디아포라로 퇴색시키고 말았다.

셋째, 생명과 죽음, 건강과 질병, 부와 가난이 '본질적으로' (inherently) 하나의 범주에 속한다는 것은 옳지 않다. 우리는 죽음, 질병, 가난이 전혀 없는 그런 세계로 가고 있는 도중이다. 그곳으로 가는 도중에는 때때로 악한 것들이 우리에게 좋을 수도 있고, 선한 것들이 우리에게 악할 수 도 있다. 예를 들어 성경은 종종 부의 위험에 대해서 경고한다. 그러나 죽음, 질병, 가난이 생명, 건강, 부와 더 이상 병존하지 않게 될 때에, 상황은 바뀔 것이다. 따라서 지금 이 땅을 살아갈 동안은 좋은 것과 나쁜 것에 대해서 냉정하게(무관심하게) 반응하지 않는 것이 적절하다. 그것들은 모두 하나님이 손으로 지으신 것이다. 그것들 중 어떤 것도 아디아포라에 속하지 않는데, 왜냐하면 그것들은 우리를 향한 하나님의 자비와 사랑의 계획에 포함되기 때문이다.

넷째, 아디아포라에 관한 스토아 학파의 사상의 '정치적 무능함' (political barrenness)을 지적할 수 있다. 스토아 학파는 오로지 내면적인 태도만을 강조하며 외적인 환경의 개선을 간과한다. 가장 좋은 실례가 바로 노예 제도이다. 스토아 학파가 이념으로 발전시킨, 모든 사람들이 본질적으로 평등하다는 사상은 노예제도를 폐지하는 데까지

전향적으로 연결되지 못했다. 그들이 보기에는 자유인이나 노예가 살아가는 외적인 환경이 그다지 중요한 것은 아니었고 주변 환경에 대한 사람의 내적인 태도만이 중요한 것이었기 때문이었다. 심지어 사람이 노예로 태어나서 죽는다 하더라도, 자신의 도덕적인 의무를 수행하고 산다면 행복하게 살 수 있다는 것이다. 그러나 그에 비해서 기독교 신앙은 내면과 외향 사이의 이러한 부조화를 받아들일 수 없다. 그리스도인은 외면세계를 아디아포라로 규정하지 않기 때문이다. 복음은 세상 안에서의 소금이다. 그리스도는 우리의 내면적인 죄를 사하셨을 뿐 아니라, 눈먼 자를 뜨게 하셨고, 주린 자에게 음식을 주셨고, 귀신을 내어 쫓음으로 인간의 외적인 환경을 치유하시면서 삶을 풍요롭게 회복시키고자 하셨다.

3. 아디아포라에 관한 두 가지 논쟁

스토아 학파에서부터 우리가 살아가는 현재까지는 시간적으로 먼 간격이 있다. 아디아포라라는 주제에 관해 역사적으로 논의된 모든 것을 설명하는 것은 불가능할 뿐 아니라 사실 그럴 필요도 없다. 그러나 이 주체의 중요성을 좀 더 명확하게 보여주기 위해서, 아디아포라에 관한 두 차례의 격렬했던 논쟁에 대해서 살펴볼 필요가 있다.

아디아포라에 관한 첫 번째 논쟁은 종교개혁기에 발생했다. 1548년 흔히 말하는 라이프찌히 잠정협정(Leipzig Interim) 때 로마 카톨릭 교회와 루터파 신학자들을 화해시키기 위해 아디아포라가 고안되었다. 루터파의 입장에서 루터의 친구 멜랑흐톤은, 견진성사(堅振聖事), 종부성사(終傅 聖事), 공적인 예배에서의 많은 의례들에 관해서 로마 카톨릭에 많은 부분을 양보하고 말았다. 멜랑흐톤은 그런 것들을 아디아포라에 해당되기 때문에 양보해도 된다고 믿었다. 그러나 그 결과는 루터파와 로마 카톨릭의 연합이 아니라, 루터파 내부의 분열이었다. 사실 그것은 이미 예상된 일이었다. 교회의 종, 예배시의 촛불, 성직자의 예복은 중립적인 것으로 보일 수 있다. 그러나 멜랑흐톤을 반대하는 자들은 그러한 것들이 자신들이 처한 역사적 상황으로부터 분리될 수 없다는 사실을 깊이 인식하고 있었다. 오랜 기간동안 아디아포라를 옹호하는 사람들은 주어진 문제를 역사적 상황에서 분리하여 다루었고 사물을 그 자체로 평가하곤 했다. 그러나 멜랑흐톤이 아디아포라로 보았던 그러한 문제들은 이미 구체적인 역사적 상황 안에서 영향을 끼치고 있었고, 또한 교회의 신조와 깊은 관계가 있기 때문에 다른 사람들의 반감을 일으키는 것이었다. 따라서 그 당시 사람들이 그런 문제들을 소박하게 아디아포라라고 생각하기에는 불가능했다.

아디아포라에 관한 두 번째 논쟁은 17세기 말 경에 루터파 진영에서 다시 일어났다. 이번에는 경건주의자들이 아디아포라에 대한 개념들을 받아들이지 않았다. 그들은 오페라 관람, 카드놀이, 춤추는 것과 같은 것들에 대해서 완강하게 거부했다. 그들은 그러한 활동들이 잘못된 것은 단지 남용의 위험 때문이 아니라, 그것들을 사용하는 것 자체에 문제가 있기 때문이라고 경건주의자들은 규정했다. 이러한 경건주의자들에 따르면, 하나님의 영광을 자신의 목표로 삼고 믿음과 예수 그리스도의 이름으로만 수행하는 행동들만이 선하다. 유머어나 농담과 같은 행동은 하나님이 명령하신 것이 아니라 단지 인간의 쾌락을 위해 만들어진 것이기 때문에 그들은 그런 것들이 본질적으로 죄악으로 보았다.

한 경건주의자는 단지 두 종류의 욕망, 즉 성령에 의해 움직이는 욕망과 타고난 죄스러운 욕망만이 있을 뿐이라 주장했다. 또 다른 경건주의자는 그리스도인들은 오로지 묵상, 기도, 영적인 음악을 통해 직접적으로 종교적인 방식으로만 기쁨을 누릴 수 있다고 주장했다. 사람들간의 교제와 사귐도 신앙적인 것을 이탈해서는 안된다는 것이다. 여가 시간조차도 종교적 활동을 하거나, 아니면 공부나 수공예와 같이 쓸모 있고 의미 있는 활동을 하면서 보내야 한다는 것이다. 이처럼 그들에게는 해야 할 것과 하지 말아야 할 것들이 정확하게 규정되어 있었다. 연회는 일반적으로 죄악으로 간주되었다. 왜냐하면 연회에서의 즐거움은 필요 이상의 쾌락을 추구하는 것이고 연회에서 나누는 대화들은 필연적으로 세속적인 유머가 포함되기 때문이다. 연회에서 흔히 춤을 추게 되는 데 그 때에는 음악이 사용되게 된다. 그 때의 음악은 거룩한 목적이 아니라 쾌락을 위해 오용되는 것이라고 보았다. 극장 역시 이교적인 기원을 가지고 있기에 잘못된 것으로 여겼다. 산책하는 것조차도 종종 금지되었는데 왜냐하면 그것이 하나님 안에서 안식하지 못하는 마음의 표현일 수도 있었기 때문이었다. 경건주의의 본거지인 할레(Halle)의 고아원에서는 어린이들이 놀이를 하는 것조차도 엄격히 금지되었다.

이런 견해들에 대해서 평가를 할 때, 먼저 우리는 경건주의자들이 그 시대의 해이해진 생활방식에 저항했다는 사실을 간과해서는 안된다. 그것은 높이 평가받아야 할 일이다. 그러나 그럼에도 불구하고 그들은 아주 일상적인 활동들까지 정죄하는 극단적인 태도를 보인 것에 대해서는 지적하지 않을 수 없다. 예를 들어, 성령에 이끌린 욕망과 타고난 죄악된 욕망, 이렇게 오직 두 종류의 욕망만이 존재한다고 말하는 것은 일상을 너무 극단적으로 단순화시킨 것이다. 그들은 이런 이중적인 접근으로 인간의 모든 삶을 보고 다루었다. 그 행동과 삶은 성령의 인도를 받는 삶이었는가? 아니면 죄가 지속적으로 지배하던 삶이었는가? 이런 식의 이분법적인 시각을 가지고 보게 되면 인간의 자연스러운 감각적 본능의 욕구들을(보면서 아름다운 것을 발견하고, 들으면서 음악을 즐기고, 냄새 맡으며 꽃이나 음식의 향기에 매료되는 것과 같은) "타고난 죄 된 욕망"이라는 범주로 동일시해 버릴 수 있다.

인간은 냄새 맡고, 맛 보고, 듣고, 보고, 만지는 능력들을 사용하는 존재이다. 칼빈의 식대로 표현하자면, 우리는 인간으로부터 모든 감각들을 빼앗아 인간을 한 조각의 나무로 만들어서는 안 된다. 칼빈이 말한바, 주님이 이처럼 화려함으로 꽃을 장식하여 그 광채로 우리의 눈을 사로잡게 하시고서 우리가 눈을 들고 코를 사용하여 그것을 보고 향기로운 냄새를 맡으며 즐기는 것은 허용하지 않는 그런 모순적인 일은 결코 하지 않으셨다는 것이다.

우리는 오락과 여가의 영역에 대해서도 동일하게 말할 수 있다. 일과 휴식, 노동과 여가의 리듬은 , 비록 죄로 인해 부정적인 영향을 받았음에도 불구하고 노동과 휴식에 관한 창조의 질서는 여전히 유효하다. 그러므로 고아원에서 어린이들이 뛰고 노는 시간을 주지 않고 그것을 금기시 하는 것은 하나님이 창조하신 질서를 거스르고 그것을 죄로 여기는 잘못을 범하는 것이다.

우리는 자연이 죄에 의해 지배되는 일이 없도록 해야 한다. 그렇게 해서 냄새를 맡는 것, 맛을 보는 것, 휴식하는 것과 같은 일상적인 모든 일들이 죄악으로 취급되는 일이 일어나지 않도록 해야 한다. 그러나 경건주의자들에게는 "일상적인 것"은 없다. 그들에게는 모든 것들이 "영적인 것"이고 "영적인" 맛을 내어야 했다. 그들이 보기에는 은총이란 자연을 치유하는 것이라기보다 오히려 자연을 뒤 엎는 것이고 흡수해야 하는 것이다. 그들이 보기에 그리스도인의 삶이란 온종일 의식적으로 하나님만 묵상하고 동행해야만 하는 것이다.

그러나 사실상 그리스도인이라 할지라도 온종일 의식적으로 하나님께만 전념하는 것은 불가능하다. 고랑을 내며 밭을 가는 농부는 하나님에 대해서 묵상할 시간이 별로 없다. 한참동안 놀기에 바쁜 사람도 마찬가지이다. 인간은 신이 될 수 없다. 주일날 우리는 교회에서 하나님이 우리에게 말씀하실 때 전적으로 주의를 기울여야 한다. 그러나 주중에 우리는 하나님이 우리를 부르신 노동에 전적으로 헌신하도록 해야 한다. 노동에 적용되는 사항은 휴식에도 그대로 적용된다.

스토아 학파와 정반대의 입장에 있었던 경건주의자들이 아디아포라를 거부면서 사람들은 의식적인 사고를 거쳐 행동해야 한다고 주장했는데, 이는 스토아 학파와 주장과 똑같은 것이다. 이것은 참으로 아이러니가 아닐 수 없다. 우리는 이 두 집단의 윤리에서, 비록 그것을 성취하는 방법은 다르지만, 철저한 합리주의적인 경향을 동일하게 발견할 수 있다. 스토아 학파가 인간으로 하여금 끊임없이 자신의 내면으로 방향을 돌리게 한다면, 경건주의자들은 끊임없이 하나님을 향하여 집중하도록 한다. 그럼에도 이 두 집단은 세계 안에서 하나님이 인간에게 부여한 관계들을 인간에게서 쉽게 제거해 버린다. 스토아 학파가 인간 바깥의 세계를 중립적인 곳이고 선언한다면, 경건주의자들은 그곳은 금지된 곳이라고 선언한다. 두 경우 모두 창조 세계를 향해 자기의 전 인격을 다하여 노력하고 성취해 나가야 할 인간으로 하여금 진보와 발전을 꿈꿀 수 없게 한다.

4. 아디아포라는 없다

교회사적인 검토에 이어 이제 아디아포라가 존재하는지 아닌지에 대해서 신학적으로 입장을 제시하고자 한다. 실제로 우리의 일상 행동에 관해서는 성경이 계명의 형태로 일일이 다루거나 언급하고 있지는 않다. 하나님은 인간에게 땅에 충만하여 땅을 다스리고 정복하라는 명령을 주셨지만(창 1:28) 우리가 구체적으로 어떻게 해야 하는가는 성경은 말하지 않는다. 선악과를 먹는 것은 사람에게 금지되었지만, 다른 모든 열매에 대해서는 선택의 자유가 허용되었다(창 2:16-17). 신약 시대에 신자들은 결혼을 할 수도 있었고, 미혼으로 남을 수도 있었다

(고전 7장). 고기나 여러 종류의 음식을 먹을 수도 있고 먹지 않을 수도 있었다(롬 14:1; 고전8장과 10장). 특별한 절기를 지킬 수도 있었고, 지키지 않는 것도 무방했다(롬 14:5-6). 좋은 것이 있지만 그보다 '더 나은 것'이 있을 수도 있다(고전 7:38). '더 나은'과 같은 단어는 부과된 어떤 "의무"가 전혀 없다는 것을 가정한다. 결혼하지 않는 것이 결혼하는 것보다 더 낫지만, 정욕에 불타는 것보다는 결혼하는 것이 더 낫다(고전 7:9). 어떤 경우에라도 심지어 사람이 살아가면서 매우 중요한 결정을 할 때조차도 하나님으로부터 오는 특별 계시에 호소하기 보다는 자유함 가운데 적절한 길을 분별해야만 하고 또 분별할 수 있다. 모든 행동을 "주님이 이렇게 말씀하셨다"라는 면허로 정당화하면서, 인간의 자유와 분별력을 부인하는 것은 그리스도인의 자유를 제한시키는 것이다. 왜냐하면 성경이 명백하게 그러한 행동들을 명령하거나 금지하지 않기 때문이다.

그러나 그것이 아디아포라가 존재하지 않음을 의미하는가? 만약 그 단어를 문자적으로 이해한다면, 우리는 아디아포라를 인간이 주권적으로 결정할 수 있는 중립적인 영역으로 적용할 것이다. 그러나 이런 관점은 인간은 자신의 전 인생을 (가장 중요한 결정에서 별로 중요하지 않는 결정에 이르기까지) 하나님의 법 아래에서 살아간다는 고백과 양립하기 힘들다(마 22:37-40; 고전 10:31). 가장 사소한 문제라도 그것은 우리의 전체 생애라는 보다 넓은 상황 안에 속해 있으며, 결코 하나님의 주권과 상관없이 "중립적인" 영역으로 제외시킬 수 없다. 이 점에서 우리는 경건주의자들의 주장을 인정해야 한다. 그런 이유에서라면 나는 "아디아포라"라는 용어가 적절하지 못하다고 그들이 내린 결론에 동의한다.

나는 아디아포라를 선하다고 부를 수도 없고 악하다고 부를 수도 없는 것이라 정의했다. 그러나 우리는 "아디아포라"라는 용어를 "사물"

혹은 "행동들"을 지칭하는 데 사용할 수 없다. 스토아학파에 관해 토론을 하면서 우리는 그들이 아디아포라의 개념을 사용하면서 하나님이 창조하신 피조물에 대해 잘못된 관점을 가지고 있음을 살펴보았다. 그들은 인간 스스로를 자율적인 존재로 규정하고 다른 피조물을 초월한 위치에 올려 놓았고, 하나님이 선하게 창조하신 모든 종류의 사물들을 아디아포라로 규정했다. 그러나 성경은 이와 다르게 말한다. 이것을 보여주는 가장 좋은 실례가 로마서 14장 14절이다. 거기서 바울은 "무엇이든지 그 자체로 불결한 것은 없다"(무엇이든지 스스로 속된 것이 없으되)라고 말한다. 여기서 바울이 말하는 바를 주목하라. 무엇이든지 "그 자체로" 불결한 것은 없다. 그러나 그는 아디아포라를 옹호하는 것으로 마무리 하지 않는다. 바울은 사물이 "그 자체로" 선하거나 악한 것이라고 말하지 않는다. 다만 '불결하지 않다'고 특징을 짓고 있다. 그리고 그는 그것들이 주 예수 그리스도 안에 있음을 확신했다. 마찬가지로 그는 다른 서신에서 모든 피조물이 선하매 감사함으로 받으면 버릴 것이 없다고 확신했다. 왜냐하면 그것은 하나님의 말씀과 기도로 거룩하여지기 때문이다(딤전 4:4-5). 그리스도를 아는 모든 사람에게 그 어떤 것도 "그 자체로" 불결하거나 중립적으로 보이지 않는다. 모든 것이 선하다. 이는 땅과 그 안에 충만한 것이 모두 주의 것이기 때문이다(고전 10:26; 마 28:18).

5. '~로 부터의 자유'(Freedom from)와 '~를 위한 자유' (Freedom for)

여기서 잠시 한숨을 돌리는 것이 좋을 것 같다. 아디아포라에 관해 이야기하면서 우리는 쉽게 중립적 결정이 이루어지는 영역을 만드는 노선으로 치우칠 수 있다. 왜냐하면 우리가 그 영역에서 스스로 모든 것을 결정할 때 믿음과 그리스도를 다루지 않기 때문이다. 그러나 영혼과 육체, 생명과 죽음 모든 영역에서 자신이 예수 그리스도께 속했다고 고백하는 그리스도인들이 그것을 받아들이기는 곤란하다. 그리스도인은 머리부터 발끝까지 완전히 그리스도께 복종하는 자이다. 그렇다면 그리스도인에게 자유가 무슨 의미가 있는가? 여기에 대한 대답으로 나는 그리스도인의 자유에는 두 가지 측면이 있음을 지적하고 싶다 (더 깊은 논의는 Douma 1992: 26-32 참고하라).

먼저 그리스도인은 모든 것들로부터 자유하다. 우리는 죄로부터 자유하며(롬 6:19), 압제하던 율법의 멍에로부터 자유하며(롬 7:1-6), 사실상 참 신이 아닌 거짓 신들로부터 자유하다(갈 4:8). 이런 모든 거짓 "주인들"은 이제 더 이상 우리를 주장하지 못하는데, 이는 온갖 형태의 종노릇에서 우리를 자유케 하신 예수 그리스도의 구원으로 인해서이다. 바울은 그리스도인에게 멍에를 메어 자유를 빼앗으려는 모든 사람에게 단호하게 경고한다. "그리스도께서 우리로 자유케 하려고 자유를 주셨으니 그러므로 굳세게 서서 다시는 종의 멍에를 메지 말라"(갈 6:1). 교회의 역사가 진행되는 동안 신자들은, 비록 그것이 로마 카톨릭 측으로부터 오는 것이건 개신교 측에서 오는 것이건 상관없이, 갖가지 형태의 예속으로부터 위협을 받았다. 경건주의 역시 그리스도인의 자유를 위협한 한 가지 형태이었다. 우리는 이점을 이미 살펴보았다. 자신과 자신의 주변이 항상 "영적인 일들"로 채워져야 한다고 생각하기 때문에 즐거운 축제를 즐길 수 없다거나 아이들과 노는 것을 거절해야 한다면 그것은 그리스도인의 자유를 위협하는 것이다. 모든 멍에로부터 자유케 되는 대신 다시 우리의 삶을 속박하는 갖가지 규칙들의 멍에 아래 인간은 다시 노예가 된다.

그러나 모든 인간의 멍에로부터 자유케 되는 것은 그리스도인의 자유의 한 단면일 뿐이다. 자유의 다른 면은 우리가 예수 그리스도를 향해 자유롭다는 것이다. 율법주의, 이방 신들, 축제나 음식을 즐기는 것에 대해서 의도는 좋지만 좁은 시각을 가진 의견들로부터의 자유를 누린다는 것은 또 다른 큰 무엇인가를 향한 자유이다. 이제부터 하나님과 이웃을 섬기는 것은 자유이다. 만약 당신이 바울처럼(고전 9:19) 모든 사람으로부터 자유하다고 말할 수 있다면, 동시에 바울이 모든 사람들에게 종이 되었다라는 말도 덧붙임으로 그에게 동참해야 한다. '모든 사람으로부터 자유하다'는 말과 '모든 사람에게 종이 되었다'는 말은 동전의 양면과 같다.

이것을 아디아포라의 문제에 매우 적절하게 적용된다. 경건주의자들이 삶을 속박했을 때, 그들은 '~로 부터의 자유'로 알려진 그리스도의 자유를 무색하게 만들었다. 그러나 우리의 삶이 그리스도의 영역이고 어떤 중립적인 영역도 존재하지 않기에, 그들이 "아디아포라"라는 용어를 거부한 것은 절대적으로 옳다. 그들의 유일한 문제는 그 자유가 담고 있는 내용을 잘못 지적했다는 점이다. 왜냐하면 그들은 그리스도인들이 그리스도께로부터 부여받은 성숙함을 가지고 스스로 결정을 내려야하는 아주 폭넓은 영역을 볼 수 없었기 때문이다. 이러한 지식으로 무장해서, 이제 우리는 아디아포라의 물음에 우리 스스로의 대답할 준비가 되어 있어야 한다.

6. 여가의 문제로 축소시켜 적용하지 말라

비록 우리의 행위가 그리스도 앞에서 우리의 자유와 항상 연결되어 있지만, 우리는 그리스도인의 자유를 폭넓게 누리고 있다. 다만 우리는 이러한 자유의 영역이 실제로 어느 정도인가를 주목해 보아야 한다. 우리는 그 영역을 단순히 여가 활동의 정도로 축소시켜서는 안 된다. 왜냐하면 우리는 여가라는 영역을 넘어선 범위에서 행동하기 때문이다. 우리가 놀 때 뿐 아니라 매우 광범위한 결정들을 내릴 때에도 마찬가지이다. 여기에 대해서 두 가지를 언급하겠다.

한 사람의 인생에서 결혼을 해야 하는가, 하지 않아야 하는가를 결정하는 것은 중요하다. 결혼할 기회가 있었음에도 결혼을 하지 않은 사람은 하나님 앞에서 그 이유를 설명할 수 있어야 한다. 결혼한 사람도 마찬가지이다. 그러나 이 모든 경우에 우리는 결혼의 문제에 대해서 최종적인 결정을 내리게 하는 구체적이고 개인적인 가르침을 성경에서 발견할 수 없다. 인생의 반려자를 선택하는 것에 대해서도 동일하다. 우리는 "아내를 얻는 자는 복을 얻고 여호와께 은총을 받은 자니라"라는 잠언 18장 22절을 읽는다. 그러나 분명히 남자(총각)가 직접 그 아내를 찾아야 한다. 아내를 찾는 과정에서 우리는 성경에 제공하는 여러 가지 지침들을 염두 해야 할 것이다. 그는 이러한 "일"에는 "기도"가 포함되어야 함도 알게 될 것이다. 분명히 이것은 아디아포라가 아니라, 명백하게 자유의 문제이다. 우리는 이 여자 혹은 다른 여자와 결혼해야 한다고 하나님께로부터 직접 음성을 듣지 않는다. 직업을 선택하는 것도 동일하다. 성장과정이나 교육적 배경이 우리를 어떤 방향으로 이끌 수는 있다. 그러나 그러한 경우에라도 우리가 자유롭게 선택하는 폭넓은 영역이 있다. 때로는 이 선택은 너무나 중요하기에 우리의 전 인생의 진로를 결정할 수 있다. 그리스도 앞에서 자유를 행사할 수 있는 문제들은 우리의 인생에서 주변적인 문제에만 국한되는 것이 아니다.

우리는 "아디아포라"라는 용어를 쓰지 않는 것이 좋다. 그러나 우리는 사람들이 그 용어를 사용함으로 옹호하려고 했던 그리스도인의 자유마저 포기해서는 안 된다. 그리스도인의 자유란 우리가 그리스도를 섬기는 자리에 있게 하며, 모든 다양한 삶의 방식들을 누릴 수 있게 한다. 우리는 이 자유를 단순히 여가의 영역에서 뿐 아니라 아주 중요한 결정을 할 순간에도 적용해야 한다.

7. 허용가능한 것(The permissible)

프리드리히 슐라이에르마허(Friedrich Schleiermacher, 1768-1834)는 '아디아포라'보다, '허용 가능한 것'(the permissible)이라는 표현을 썼다. 그러나 그는 '허용 가능한 것'이라는 용어가 윤리학에 속했다기보다 법률학에 속했다고 보았다. 재판관은 윤리적으로 잘못된 모든 것을 벌할 수는 없다. 한 가지 예를 들어보자. 만약 내가 비싼 시계를 시멘트 바닥에 내동이 쳐서 깨뜨렸다면, 그것은 윤리적으로는 비난받을 수는 있지만, 그것 때문에 재판관이 나에게 벌금형을 선고할 수는 없다. 우리의 사적인 생활이나 사고와 상상력의 영역에 속하는 다양한 행동을 재판관이 건드릴 수는 없기 때문이다.

우리 사회에서 법관은 그가 판결을 내릴 때 윤리적으로 비난받을만한 일이지만 그것을 법적으로 처벌할 수 없는 그러한 불완전한 현실에 직면 한다 그럼에도 불구하고 내 생각에는 "허용 불가능한 것"(impermissible)이라는 용어는 윤리학에서 사용할 수 있다. 그러나 그 때 '허용 불가능한 것'이란 우리가 동의하지 않는 것들, 그리고 우리가 성경을 사용해 정죄하지 못하는 문제들에도 때로는 적용된다. 어떤 사람은 행동할 때 자신의 행위가 하나님의 뜻이라 확신할 수 있을지 모른다. 그러나 그렇다고 하더라도 그는 자기와 다르게 생각하는 사람들을 정죄할 권리를 가질 수는 없는 것이다.

네덜란드 신학자 스킬더는 이러한 문제를 논의하면서, "아디아포라"라는 용어 사용을 적극적으로 옹호하려고 했는데, 특별히 교회 안에서 여러 상호관계에 대해 관련해서 그러하였다. 스킬더에 따르면, 만약 우리가 모든 것들을 하나님과 그분의 법과 연관시킨다면 엄밀히 말해 "아디아포라"는 존재하지 않는다. 그러나 만약 종종 하나님의 말씀에 대한 해석을 하는 자들이 부족하여 종종 실수할 수 있다는 점을 생각한다면, 아디아포라는 분명히 존재한다. 명확성이 부족하기 때문에, 그리스도인들 사이에서 어떤 사람이 다른 사람들을 강요할 수 없는 서로 다른 확신들이 존재하기 때문이다.

스킬더가 논의한 바 있는 이러한 현상을 "아디아포라"라고 칭하는 것은 적절하지 못하다고 생각한다. 오히려 그것들을 "허용되어진 것들"로 부르는 것이 좋을 듯하다. 물론 이 표현은 우리가 창조적이고 성숙한 자유를 활용하지 못한다는 뉘앙스를 풍길 수 있다. 왜냐하면 "허용할 수 있는 것"이라는 말이 사람이 자신의 창조적인 자유를 행사할 수 있는 존재이기에는 뭔가 부족한 자, 즉 제재를 받으며 때로 허락을 받으며 살아야 하는 존재라는 인상을 풍기기 때문이다.

스킬더가 말하는 것은 우리가 때로 "불행하게도 우리는 우리가 취할 행동에 대해 의견이 서로 다르다"라고 말해야 할 상황들에 대한 것이다. 이것들은 우리가 서로 유감스럽게 생각하지만 서로 의견의 일치가 되지 않는 것들이 엄연히 존재한다는 것이다. 그러나 우리는 우리와 의견이 다른 사람들은 성경의 가르침과 달리 행동하는 자들이라고 단정할 권리는 갖고 있지 않는 것이다. 그러므로 서로 밀접하게 연관된 교회 공동체에서 조차도 실제로 우리가 없었으면 하고 바라는 그러한 견해의 차이가 존재한다. 그러나 우리가 서로 힘들어 하는 여러 가지 차이점과 함께 또 좋아하는 것들에 있어서도 차이점이 존재한다. 우리가 함께 즐기는 것들에 있어서의 차이는 그리스도인의 자유와 그 자유를 성숙하게 누리는 데 매우 기여하는 것이다.

8. 선한 것을 분별하기

우리는 "아디아포라"라는 용어를 사용하지 않는 것이 더 좋다. 우리의 자유를 누리는 것에 관련되어 설명할 때, 왜 우리가 그런 부정적인 용어를 취해 설명할 필요가 무엇인가? 우리가 진정한 의미에서 그리스도인의 자유를 누린다고 하면 우리는 삶의 어떤 부분에서도, 마치 선과 악이 아무런 역할도 하지 못하고, 마치 우리 자신이 스스로의 왕인 것처럼 살기를 원하지 않을 것이다. 그리스도인에게 그런 종류의 중립성은 존재하지 않기 때문이다. 인생의 모든 부분에서 우리는 그리스도에게 속해 있고, 그분 안에서 우리는 자유를 누리는 것이다. 그 자유는 우리에게 허용된 재량권과 결코 모순되거나 긴장을 야기하지 않는 그러한 자유이다.

이점은 우리가 앞서 살펴보았던 빌립보서 1장 9-10절에서 잘 나타난다. 거기서 바울은 자신의 기도에서, 지극히 선한 것을 분별하기 위해 지식과 모든 총명으로 우리의 사랑이 점점 더 풍성해지기를 기도했다. 여기서 '지극히 선한 것'이라는 말에 헬라어 단어 *diapheronta*가 사용되었다. 바우어(Bauer) 사전에서는 *diapheronta*를 *adiaphora*와 대조해서 설명하고 있다(Bauer 1979: 190). 바울이 이러한 단어를 사용한 것은 그리스도인은 결정을 내리기 위해 알아야 할 것들을 저절로 아무런 댓가를 치르지 않고 알 수 있는 사람이 아님을 보여준다. 바울과 마찬가지로, 모든 신자는 성경의 조언을 구하지만 그 때 마다 항상 해답을 얻지 못할 수 있는 것이다. 그리스도인은 지극히 선한 것을 분별할 수 있는 통찰력과 분별력을 가져야 한다. 우리가 이러한 분별력이 필요하다는 사실은 (내가 앞서 언급했듯이) 결코 창피한 것이 아니다. 그리스도인의 삶의 그 어떤 부분도 "중립적"인 것은 없다. 왜냐하면 우리는 그리스도의 주재와 요구에 부응하면서 우리의 인생을 살아가야 하는 자들이기 때문이다. 이와 연관해서 빌립보서 1장 10-11절은, "진실하여 허물없이 그리스도의 날까지 이르고 예수 그리스도로 말미암아 의의 열매가 가득하여, 하나님의 영광과 찬송이 되라"고 우리에게 말한다. 직업과 결혼, 노동과 놀이, 인생의 크고 작은 일 가운데 우리는 하나님께 영광과 찬송을 돌리는 삶을 사는 것이 가장 중요한 것이다.

이렇게 살게 된다면 그리스도인의 삶은 결코 짐스러운 일처럼 되지 않는다. 알더르스(W. J. Aalders)가 말한 것처럼, 경건주의(적어도 확실한 형태)는 "남몰래 쉬고 삶을 누리는 것" 이상을 넘어가지 못한 다. 알더르스는 "단순히 자기에게 주어진 일을 하면서 하나님을 섬기고 있다는 사실을 기쁨으로 생각하고 살아가는" 도살장 주인을 즐겁고 행복하게 살고 있는 것으로 그리고 있는 키에르케고르의 설명을 상기시킨다(Aalders 1947: 420)

인생을 너무 근엄하게 살아가고 모든 것에 관해서 자신의 견해를 강하게 고집하는 것(심지어 쉴 때 조차도)은, "그리스도"안에서 살기를 원하는 사람에게는 불필요하다. 그리스도께서는 우리를 위해 값을 치르시고 대속하셨기에 우리는 누구에게도 얽매일 필요없이 자유 가운데 살고 행할 수 있는 것이다.

9. 참고문헌

Aalders, W. J. *Handbook der Ethiek* 2nd ed. Amsterdam: Holland. 1947.

Bauer, W. A. *Greek-English Lexicon of the New Testament and Other Early Christian Literature.* 2nd ed. Ed. by W. F. Arndt, F.W. Gingrich, and F. W. Danker. Chicago: University of Chicago Press. 1979.

Douma, J. "Zijn er adiaphora?" *Almanak Fides Quadrat Intellectum.* Kampen: Zalsman, 1974.

Douma, J. *Christelijke levensstijl.* Kampen: Van den Berg. 1992.

제 10 장
의무들 간의 충돌

1. 무엇이 문제인가?

행동이 자유롭다는 것은 한 가지 이상의 길을 선택할 수 있음을 의미한다. 직업을 선택하는 것과 같이 인생의 중요한 결정을 내릴 때를 생각해 보자. 여러 가지의 다양한 가능성 가운데 한 가지를 선택하는 것은 그렇게 고통스러운 것이 아니다. 그러나 무엇을 선택할지 갈등의 상황에 직면하는 경우라면 차원이 달라진다. 선택의 순간에 우리는 이것 아니면 저것 둘 중 하나를 선택해야 하는데, 그때에는 아무 것이나 자유롭게 결정하면 될 때처럼 결코 느긋해 질 수 없는 것이다.

선택으로 인해 생기는 고통 때문에 우리는 주어진 상황에서 심각한 상처를 받을 가능성이 있다. '만일 한 가지는 행하지만 다른 한 가지는 무시하게 되어 결과적으로 죄를 짓는 것은 아닌가'라는 의문이 들기 때문이다. 이러한 질문에 답하기 위해 이번 장에서는 '의무들간의 충돌'(라틴어 용어로 *collisio officiorum*)이라는 주제를 다루려고 한다. 먼저 이 문제를 분명하게 보여주는 몇 가지 실례를 들어보자.

산모의 생명을 위협하는 임신의 상황을 생각해보자. 이 때 의사는 반드시 산모와 태아의 생명 중에서 하나를 선택해야 한다. 만약 산모의 생명을 구하기로 선택한다면, 그것은 곧 태어나지 않은 아이의 생명은 포기한다는 것을 뜻한다. 마찬가지로 그 반대 상황이 일어날 수도 있다. 그러나 이 두 가지 상황 모두 희생이 동반될 수밖에 없다. 제2차 세계 대전 때 독일군을 피해 은신한 사람들에게 자기 집을 피난처로 제공해 준 사람들의 이야기가 있다. 사람이 숨어있는지 조사하기 위해서 독일군들이 찾아 올 때마다, 그 사람들은 한 가지 선택을 해야만 했다. 만약 있는 그대로의 사실을 말하면 은신한 사람들이 적군에게 발각되고, 그들을 살리기 위해서는 거짓말을 해야 했다. 또 다른 예가 있다. 배가 난파되어 두 사람이 하나의 널판지를 붙잡고 있다. 그런데 그 널판지는 오직 한 사람의 무게만을 지탱할 수 있다. 어떤 선택을 할 것인가? 다른 사람의 생명을 희생시키고 자기가 살든지, 아니면 자기가 죽고 다른 사람의 생명을 구하든지 선택을 해야 한다.

마지막 실례는 다른 윤리학 책에서 자주 등장하는 것으로 20세기 중반에 실제로 일어났던 상황이다. 제2차 세계 대전 기간에 개혁파 교회의 군목이었던 알라르드 삐에롱(Allard Pieron)은 일본군의 포로가 되었다. 그는 배에 실려 일본으로 끌려가는 중이었다. 그런데 그 때 배가 어뢰를 맞았다. 피어런은 구명 보트에 올랐다. 그런데 그 구명 보트에는 정원보다 한 명이 더 많았다. 구명보트에 있는 모든 사람들의 생명을 구하기 위해 한 사람이 자신의 생명을 희생해야 했다. 피어런은 자원했고 끝내 그는 다른 사람을 위해 자신의 목숨을 희생했다.

2. 모든 계명이 절대적인 것은 아니다

정상적인 상황이라면 우리는 거짓말을 해서는 안 된다. 마찬가지로 정상적인 상황이라면 우리는 이웃의 생명을 보호해야만 한다. 그러나 2차 세계 대전 때의 상황에서 보았던 것처럼, 만약 그 두 가지를 동시에 할 수 없다면 어떻게 해야 하는가? 분명히 그 두 가지 의무를 동시에 만족시키는 것은 불가능하다. 그러나 그 둘을 따로 따로 받아들인다면, 그 두 가지 의무 모두 하나님이 명령하신 것이다. 이런 상황에서 우리는 어떻게 이 문제를 풀어야 할까?

먼저, 고통스럽겠지만 분명한 선택을 할 수 있는 상황의 예를 들어보자. 한 청년이 자신의 부모로부터 하나님의 이름을 모독하라는 요구를 받았다고 생각해보자. 그리스도인으로서 이 청년이 신자로서 문제를 어떻게 해야 할지는 너무나 분명하다. 사람의 명령보다 하나님의 명령이 더 우선되는 것이다. 우리는 사람보다 하나님께 순종해야 한다 (행 4:19; 5:29). 여기에 의무들 간의 갈등이 존재하지만, 선택은 너무나 명확하다. 우리가 이런 갈등에 직면하는 것은 사람으로 인한 것이지 하나님으로 인한 것이 아니다. 다시 말해 그런 상황에서 우리는 하나님을 따르고 부모를 거역하는 한 가지 선택만을 할 수 있을 뿐이다. 그 두 가지 의무를 동등한 차원에서 바라보아서는 안된다. 지금 이야기는 우리가 실제로 다루는 문제를 잘 보여주는 것이다. 그런데 이런 의문이 생기게 된다. 이 청년은 제3계명을 존중해야 한다. 그렇지만 제5계명도 동일하게 하나님의 명령이지 않은가? 그런데 왜 제5계명 보다 제3계명을 더 존중하는 선택을 해야만 하는가?

여기에 대한 답은 하나님의 모든 계명은 그 자체로 '절대적'이지 않기 때문이다. '절대적인 계명'이란 다른 계명에 상관없이 각각의 구체적인 상황에서 무조건적인 순종을 요구하는 계명이다. 십계명의 첫 번째와 세 번째 계명이 바로 그런 계명이다. 우리는 하나님 앞에서 다른 신들을 섬기거나, 하나님의 이름을 망령되이 일컫는 것과 관련해서 어떠한 타협을 해서도 안된다. 그러나 조셉 플레쳐(Joseph Fletcher)는 다른 입장을 취하고 있다. 그는 한 사람이 다른 사람의 생명을 구하기 위해서 자신의 신앙을 형식적으로는 버려도 된다고 주장한다(Fletcher 1966: 72). 플레처는 필요에 따라 사람의 생명이 하나님께 영광을 돌리는 것보다 더 중요하다고 생각하기 때문이다.

아버지와 어머니를 존경하라는 명령은 그 자체로 절대적이지 않다. 누구든지 자신의 부모를 그리스도보다 더 사랑하는 자는 그리스도께 합당하지 않다(마 10:37). 심지어 그리스도의 이름을 위해 자신의 부모를 버려야 하는 상황이 벌어질 수도 있다(마 19:29). 십계명의 모든 명령이 절대적인 성격을 지니는 것은 아니다.

이것은 '의무들 간의 충돌'이라는 문제를 더욱 첨예하게 보여준다. 이 문제에 대한 가장 핵심적인 질문은 '하나님께서 우리를 모순적인 계명 앞에 서게 한 것이 아닌가'라는 의문이다. 하나님이 우리에게 요구하는 것과 사람들이 우리에게 요구하는 것 사이에 의무의 갈등이 일어날 수 있다. 그러나 우리가 모순되는 계명들의 충돌을 생각한다면, 사실상 하나님이 우리를 일부러 그런 상황 가운데 몰아넣고 있다는 말이 아닌가하는 의문을 품을 수 있다.

만약 십계명의 모든 명령들이 각각의 상황에서 무조건 순종해야 하는 절대적인 것이라면, 우리는 하나님이 우리를 충돌하는 의무들 앞에 세웠다고 결론을 내려야 한다. 그렇다면 우리는 하나님 안에 이중성이 존재하는 것을 인정해야 한다. 그분이 우리에게 동시에 모순적인 일을 요구하는 셈이 되기 때문이다.

3 비극(the tragic)

의무들 간의 충돌이 가능하다고 일단 가정해 보자. 어떤 사람들은 하나님이 우리를 양립할 수 없는 갈등으로 몰아붙인다고 실제로 믿고 있다. 여기에 대해서 우리는 헬라 연극에서 익히 알려진 비극이라는 주제를 생각할 수 있다. 헬라인들은 사람이 저지를 수 있는 범죄는 상대적으로 사람이 해결할 수 없다고 생각했다. 그래서 그들은 운명을 믿으며 여러 가지 신들을 섬겼다. 그러나 간혹 어떤 신이 다른 신을 부정하거나, 한 신의 절대적인 명령과 다른 신의 절대적인 명령이 상반되는 상황이 벌어질 수 있다. 그런 경우 운명에 복종해야만 하는 인간은 이같이 서로 반대되는 의무들로 인해 갈등을 빚을 수밖에 없다.

그러나 그리스도인은 다양한 신들의 충돌되는 요구로 인해 우리가 희생이 될 수 있다는 주장을 수용할 수 없다. 그렇다면 "비극"이라는 개념은 우리가 사용해도 괜찮을까? 어떤 사람들은 괜찮다고 생각한다. 왜냐하면 이처럼 서로 갈등하는 요구들은, 하늘에서 갈등하는 신들로부터 나온 것이 아니라, 이 세상 속에 내재하고 있는 불화에서 비롯된 것이라고 생각하기 때문이다. 이러한 주장은 『사랑하라는 계명의 윤리』(*Ethiek van het liefdegebod*)라는 책에서 리델보스(S. J. Ridderbos)가 주장한 것이다. 그 책의 부제는 『비극/타협』(Tragic/compromis)이다. 그는 기독교 신앙의 영역에서 비극의 요소를 추방해서는 안 된다고 주장했다. 왜냐하면 비극의 요소가 추방되면 기독교 신앙의 종말론적인 강조가 희석될 가능성이 있기 때문이었다 (Ridderbos 1975: 158). 개혁파 윤리학자 펠러마(W. H. Velema) 역시 계명들 간의 갈등이 가능하다고 보았다. 만약 계명들간의 갈등을 인정하지 않으면, 타락으로 인해 생겨난 피조계의 긴장이 너무 쉽게 제거될 수 있기 때문이라는 것이다. 그의 이러한 주장은 『가혹한 요

구: 그리스도를 따르는 것과 타협 사이의 윤리학』(*Nuchtere noodzaak. Ethiek tussen navolging en compromis*)이라는 책에 있는 "에덴과 종말 사이의 윤리학"(Ethiek tussen Eden en eschaton)이라는 부분에 잘 나타나 있다. 그럼에도 펠러마는 리델보스와는 대조적으로 헬라의 연극에 등장하는 "비극"이라는 요소는 도입하지는 않았다.

물론 우리는 이 세상에서 죄가 우리 삶의 많은 부분들을 왜곡시켰다는 리델보스의 견해에 동의할 수 있다. "죄"는 하나님에 대한 우리의 관계를 성찰하는 것과 밀접하게 연관되어 있다. 그렇다고 죄가 비극적 성격을 가지고 있는가? 그렇지 않다. "비극"의 특징은 분명히 우리가 거기에 어떤 영향력도 끼칠 수 없다는 사실이다. 죄가 비극적 성격을 띤다고 단정한다면, 그 죄는 우리가 전혀 예상하지 못하게 아무런 경고도 없이 우리를 덮칠 것이다. 그러나 성경은 우리는 가만히 있는데 죄가 우리를 덮친 것으로 묘사하지 않는다. 성경은 분명히 우리가 하나님의 계명에 불순종한 것에서 죄가 생겨난 것으로 묘사한다. 세계와 우리의 삶에는 엄청난 간격이 벌어졌지만 하나님의 계명에는 어떤 간격도 벌어지지 않았다. 사실 그분의 계명은 짐스러운 것이 아니다(요일 5:3). 그렇다면 어떻게 그분의 계명이 우리를 비극적 상황으로 몰고 간다고 상상조차 할 수 있겠는가?

4. 섬김의 거짓말(Mendacium officiosum)

하나님이 우리를 서로 상충하는 의무들 앞에 세웠다고 느끼게 하는 고통스러운 상황은 이웃을 사랑하라는 계명으로 인해 생겨난다. 다른 사람에 대한 우리의 관계를 다루는 모든 계명이 이웃을 사랑하라는 계명으로 요약된다. 그렇다면 사랑하라는 계명은 모든 갈등의 상황에서 적절한 결정을 내리게 하는 유용한 수단이 된다. 하나님의 계명에 순종하면서 동시에 위대한 사랑의 계명을 부정하는 것은 불가능하다.

이것을 설명하기 위해서 2차 세계 대전 중에 사람들을 숨긴 채 자신의 집이 수색을 당한 사람들을 생각해 보자. '누군가를 숨기지 않았느냐'는 적군의 질문에 대해서 그들은 "그렇다"고 대답할 수 없었다. 그들은 사실과는 달리 "아니오"라고 답했다. 그들은 제9계명을 무시해서가 아니라 숨어 있던 사람들을 보호하기 위해서 그렇게 했다. 사실상 그런 상황에서는 침묵도 도움이 되지 않는다. 왜냐하면 침묵 자체가 메시지를 던져주기 때문이다! 오해의 의미를 띤 대답이나 행동은 더욱 도움이 안된다. 왜냐하면 그런 반응은 자신이 적군을 속이기 위해 거짓말을 하고 있다는 것을 드러내기 때문이다.[1]

이웃을 구하기 위해, 다시 말해 이웃을 사랑하라는 계명 때문에 거짓말을 할 수 있다. 우리는 그것을 '봉사의 거짓말'(mendacium officiosum)이라고 부른다. 즉 다른 사람을 섬기기 위해서 사용하는 거짓말이라는 의미이다. 위급한 상황에서 거짓말이 이웃이나 우리 자신을 구하는 유일한 수단이 될 수 있기 때문이다.[2]

---

1) 종종 *dissimulatio* (어떤 사람을 오도하기 위해 이중적인 의미로 단어나 어구를 사용하는 것)와 *simulatio* (사무엘상 21:13-15에서 아기스 왕 앞에서 다윗이 미친 척 했던 것과 같이, 남이 오해하도록 행동하는 것)를 구분하기도 한다. 계속해서 *restrictio mentalis* 를 언급할 수 있다. 그것은 사람이 단어를 사용할 때, 그것을 절대적으로 받아들이면 사실이 아니지만 심리적 유보를 첨가해서 받아들이면 사실이 되는 경우이다. 어떤 사람은 적군에게 "우리는 아무도 숨기지 않았습니다"라고 말할 수 있다. 그러나 사실상 그렇게 말하지는 않았지만 "우리집에는 당신이 체포할 사람 아무 사람도 숨기지 않았습니다"라고 생각한다. 여기에 대한 다른 구분들에 대해서는 Lee 1979:71-77을 보라. 계속된 내용은 실질적으로 이보민 박사의 연구를 참고한 것이다.

2) 고전 윤리학에서 봉사의 거짓말(mendacuum officiosum)은 다른 두 가지 거짓말, 즉 해가되는 거짓말(mendacum perniciosum), 농담으로 하는 거짓말(mendacium iocosum)과는 구분된다. 농담으로 하는 거짓말(mendacium iocosum)에서는 듣는 사람

그러나 숨은 사람들을 구해주는 것이 아무리 중요하다고 할지라도, 거짓말을 하는 것이 제9계명에 상충되는 것은 아닌가라고 여전히 반문할 수 있다. 제9계명은 우리 이웃에 대해서 거짓 증거 하지 말 것을 요구한다. 그러나 그들은 분명히 숨어있는 사람들을 찾기 위해 문 앞에 서 있는 이웃에 대해 거짓말을 한 것이다! 아니면 독일군은 단지 우리의 적이며 이웃이 아니라고 말할 것인가? 우리의 적 역시 이웃이라고 대답할 수 있다. 그리고 가장 포악한 적군마저도 구하기 위해서 목숨을 걸고 뛰어들어야 하는 상황이 일어날 수도 있다. 그러나 다른 이웃의 손아귀로부터 벗어나려고 하는 그 이웃을 구하기 위해서 거짓말을 사용해야만 하는 일이 발생할 수도 있다. 그 상황에서 위대한 계명으로서 사랑이 우리에게 요구하는 것은 명확하다. 사랑의 계명을 존중하는 사람이라면 동시에 제9계명을 지키면서 죄를 범할 수 없을 것이다.

계명을 '어기는 것'과 '죄를 범하는 것'을 구분하여 생각할 수도 있다. 안식일에 성전에서 봉사하는 제사장들은 안식일을 어겨도 죄가 되지 않는다(마 12:5). 어떤 일을 해도 되고 다른 일을 해서는 안 되는 경우도 있다. 보통 사람이 일상적인 상황에서는 허용되지 않는 것들이, 특수한 상황에 있는 특정 사람들에게는 허용될 수도(때로는 명령된 것일 수도) 있다(Lee 1979: 122). 제5계명은 부모를 공경할 것을 요구한다. 그러나 자녀가 부모에게 복종할 수 없는 상황이 일어날 수 있다. 제6계명은 살인을 금하고 있다. 그러나 정당방위로 침입자를 죽여 자기 생명을 구한 사람은 6계명을 어겼지만 죄를 범한 것은 아니다. 제8계명은 도둑질을 금하고 있다. 그러나 굶어 죽지 않기 위하여

이 진실과 거짓을 쉽게 구분하기 어렵다.

빵 한 덩어리를 훔쳤다면 이것 역시 긴급 상황이며, 비록 그가 계명을 어기기는 했지만 그 계명에 대해서 죄를 범한 것은 아니다. 제9계명은 우리가 절대로 거짓말을 해서는 안 된다는 것으로 의도되지 않았다. 긴급 상황에서 거짓말을 한 예는 성경에서도 등장한다. 그럼에도 성경은 그들의 거짓말에 대해서 정죄하지 않았다. 애굽에서 이스라엘 산파들(출1:15-21)이나 라합의 이야기(수 2, 약 2:25-26), 그 외에도 이와 관련된 여러 가지 이야기가 등장한다(삿 3:15-23, 4:18-21, 5:24-30, 삼하 17:19-20). 정확하지 않은 정보를 알려줌으로 우리가 이웃의 생명을 구할 수 있으며, 마찬가지로 정확한 정보를 알려줌으로 (예를 들어, 험담에서처럼) 이웃에게 심각한 상처를 줄 수도 있다. 형식적으로 우리는 다른 사람에게 진실만을 진술하는 것으로 제9계명과 조화를 이룰지 모른다. 그러나 그런 "진실"에 대한 집착 때문에 우리는 사랑의 계명을 범하게 되는 것이다.

5. 다른 실례들

앞서 제시했던 실례들 중 지금까지 고찰하지 않았던 예들을 다시 살펴보자. 산모의 생명과 태아의 생명 사이에 선택을 해야 하는 사람은 고통스럽다. 비록 가슴이 아프지만 그들은 태아의 생명보다 산모의 생명을 선택한다. 그러나 우리는 다른 대안적 선택을 생각할 수도 있다. 어머니가 아이를 위해서 희생을 하는 것이다. 제6계명이 모든 인간 생명을 절대적으로 존중할 것을 요구한다는 점을 가정한다면, 우리는 산모의 생명과 태아의 생명 사이에 선택하는 비극을 다루고 있는 지도 모른다. 우리가 어떤 선택을 하던 간에, 우리는 죄를 짓는다고 생각할지 모른다. 그러나 제6계명은 이처럼 절대적인 성격을 가지고 있지 않다. 따라서 두 가지의 가능성 중에서 선택하는 것은, 아무리 그것이 비통하더라도 의무들간의 충돌을 만들지 않는다. 하나님은 산모의 생명을 구하는 것과 동시에 태아의 생명을 구하도록 명령함으로 우리를 도덕적으로 분열시키시는 분이 아니시다. 오히려 그분은 우리가 지극히 선한 것을 분별하도록 요구하신다. 그렇기에 이런 경우 우리가 책임있는 선택을 한다면 그것은 하나님의 계명을 어기는 죄를 범하는 것이 아니다.

물에 빠진 두 사람의 실례도 자세히 살펴보면 의무들 간의 갈등을 보여주는 것이 아니다. 이 상황에서 자살을 금지하는 것과 자기를 부인하라는 요구는 서로 갈등을 일으키지 않는다. 그런 상황에서 이웃을 위해 자기의 생명을 희생하는 사람은 자살을 하는 것이 아니다. 이것을 자살이라고 말한다면 구체적인 상황을 고려하지 않은 결과이다. 이 점은 피어런 목사가 다른 사람을 위해 자신을 희생하여 구명선에서 뛰어내리기 직전에 했던 말을 들어보면 너무나 명백하다. "저는 기꺼이 죽을 각오가 되어 있습니다. 나에게는 자기 피로 값주고 나를 사신 구세주가 있습니다." 이와 같이 말하는 사람은 자살을 하려는 것이 아니라 이웃의 유익을 위해 자신을 희생하려는 것이다. 그의 선택은 비극의 흔적이 전혀 없는 자유로운 선택이며 이웃 사랑의 본보기이다.

우리는 실제로 자살과 관련된 좀 더 어려운 상황의 실례들을 들 수 있다. 혹독한 심문을 받으면서 자기 친구들을 배신할 수도 있는 사람이 어떻게 해야 하는가? 친구들을 구하기 위해서 자기 생명을 버릴 수 있는가? 그리스도인은 "그 때에 너희들의 말할 것을 주시리니"(마 10:19)라는 그리스도의 말을 마음에 두면서, 그렇게 하는 것에서 뒷걸음질을 칠지도 모른다. 만약 누군가가 친구들의 목숨을 살리기 위해 자신을 희생해야 한다면, 우리는 그 결정을 정죄할 수 없다. 그러나 이것 역시도 의무들 간의 갈등을 말하는 것이 아니다.

6. 신중함

지금까지 논의한 실례들은 일상적인 생활에서 발생하는 것들이 아니다. 사람들은 임신 중의 위기와 관련해서 산모와 태아의 생명을 선택해야 하는 상황을 직면하는 일은 거의 없다. 다행히도, 전쟁 시 사람을 숨겨야 하는 상황이나, 배가 난파되어 익사 직전의 상황, 고문에 직면해야 하는 것은 대부분 사람들의 삶과 별로 연관성이 없다. 그러나 일상적인 생활에서 갈등이 일어날 수도 있다. 아픈 사람이 시한부 인생을 살지만 아직 그 사실을 받아들일 수 없을 때와 같은 긴급한 상황의 거짓말이 하나의 실례가 된다. 그런 상황에서 우리는 어떻게 해야 하는가? 많은 윤리학 책에서 자신의 아이를 보기 요청하지만, 자신의 사랑하는 아이가 죽었다는 소식을 들으면 죽을 지도 모르는, 심각하게 병든 어머니의 실례를 언급한다. 그 때 우리는 피히테(Fichte)처럼 "만약 그 진실 때문에 어머니가 죽는다면, 죽게 내버려두라" (Thielicke 1979:1:520-521에서 재인용)라고 말해야만 하는가? 그것은 가혹한 선택이다. 오히려 나는 펠마가 언급한 것처럼 우리가 진실을 말함으로 어느 누군가가 파멸되는 것은 하나님의 뜻이 아니라고 말하고 싶다(1973: 69).

그럼에도 소심함이나 불성실함으로 인해 불치병에 걸린 환자에게 진실을 알리지 않는 상황이 종종 발생한다. 버스커스(J. J. Buskes)는 이런 상황에 대해서 다음과 같이 말한다. "자신의 질병에 대한 진실을 환자가 받아들일 능력이 있다는 사실이 우리가 그에게 말해야 하는 결정하는 기준인가? 일상적인 생활에서도 만약 우리가 서로에게 조금만 관심을 기울인다면 우리가 받아들일 수 없는 것을 서로에게 말한다…

죽음은 너무 극단적인 사건이라고 해서, 우리는 사랑하는 사람이 죽어간다는 것을 알면서도 그를 오도함으로 그에게 죽을 준비를 할 기회를 박탈해서는 안 된다"(1964: 127). 버스커스도 모든 규칙에는 예외가 있음을 인정한다. 그럼에도 여기서 그가 규정한 규칙은 매우 중요하다. 우리는 제9계명을 너무나 쉽게 범해서는 절대 안된다. 고통스러울 때조차도 우리는 진실을 말해야 한다.

이런 경우에 분명한 통찰력과 분별력도 필요하다. 우리는 신중하게 진실을 다룰 수 있어야 한다. 이것을 위해 우리에게 하나님의 성령의 인도하심이 절대적으로 필요하다. 우리의 삶에서 제9계명을 지킬 때에도 역시 진리 안에서 자라는 일이 일어난다. 본회퍼는 여기에 대해 아름다운 실례를 제공한다(1955: 367). 선생님이 한 학생에게 학급 앞에서 그의 아버지가 종종 술 취한 채 집에 오지 않는지를 물었다. 비록 그것이 사실이었지만, 그 아이는 그것을 부인했다. 그 선생님의 질문이 그 아이가 대처할 수 없는 상황을 만들었다. 본회퍼가 든 실례에 대해서 이보민 박사는, 만약 그 아이가 좀 더 나이가 들고 성숙했다면 "쉬는 시간에 말씀드릴께요"라고 대답할 수 있었을 것이라는 의견을 덧붙인다.

7. 참고문헌

Bonhoeffer, D. *Ethics*, Ed. by Eberhard Bethge, New York: Macmillan Publishing Co., Inc. 1955.

Buskes, J. J. *Waarheid en leugen aan het ziekbed*. 3rd ed. Baarn: Ten Have. 1964.

Fletcher, J. *Situation Ethics*. Philadelphia: Westminster Press. 1966.

Lee, B. M. *Mendacium officiosum*. Groningen: De Vuurbaak. 1979.

Ridderbos, S. J. *Ethiek van het liefdegebod*. Kampen: Kok. 1975.
Thielicke, Helmut. *Theological Ethics*. Vol 1: Foundations. Edited by William H. Lazareth. Grand Rapids: Eerdmans(reprint). 1979.
Velema, W. H. *Leer er mee te leven*. Kampen: Kok. 1973.
Velema, W. H. "Ethiek tussen Eden en eschaton." *Nuchtere noodzaak. Ethiek tussen navolging en compromis*. Kampen: Kok. 1997.

……… 개혁주의 윤리학………………

제 11 장
절 충

1. 덜 만족스러운 것을 수용함

지금 논의하는 주제는 앞에서 논의한 "아디아포라"와 "의무들간의 충돌"과 밀접한 관련이 있다. 먼저 우리가 지금까지 논의했던 것을 간단하게 요약해보자. 우리는 삶의 모든 영역에서 하나님의 계명을 적용한다. 따라서 내가 보기에 어떤 특정 영역에서 우리가 내리는 결정이 아디아포라의 성격을 띤다고 가정하는 것은 적절하지 못한 듯 하다. 비록 우리가 여러 가지 문제에 대해서 외부로부터 어떤 압력도 받지 않고 결정하는 것이 사실이지만, 그런 자유를 누릴 때 우리는 끊임없이 하나님의 뜻을 구해야 한다. 그리스도인의 자유를 행사할 때에도 우리는 항상 그리스도 그분과 연결되어 있다. 따라서 그리스도를 생각하지 않고 우리 스스로의 길을 갈 수 있는 중립 지대는 결코 존재하지 않는다.

그 다음에 우리는 의무들 간의 충돌에 대해서 논의를 했다. 때때로 우리는 하나님이 우리를 서로 충돌하는 의무들 앞에 세워서 우리로 하여금 그분의 계명을 순종하는 것을 어렵게 만드신 것은 아닌가 하는 의문을 가진다. 사람들이 여러 부분에서 부족하고 하나님 앞에 죄인으로 서 있다는 것을 인정함에도 불구하고, 우리는 하나님이 우리에게 부과한 의무들이 서로 충돌하기 때문에 죄를 지을 수밖에 없는 상황에 빠지는 것이 결코 아님을 앞에서 정리하였다.

이번 장에서는 세 번째의 중요한 문제를 다룬다. 비록 우리가 하나님의 계명을 명확하게 이해할 때에도, 사람들에게 그것을 항상 강요할 수 있는 것은 아니다. 이것은 우리 자신이 하나님의 명령을 순종하는 데 있어서 부족한 점도 있지만 한편으로는 다른 사람들이 우리가 하나님의 계명에 순종하는 것을 방해하기 때문이다. 지금 내가 다루려고 하는 것이 바로 이 점이다. 우리가 생각하기에 반드시 지켜야 한다고 믿는 바를 행동할 때 그것을 인정하지 않는 사람들을 얼마나 의식해야 하는가? 우리가 어느 정도까지 우리 행위를 그들의 기대에 맞추어야 하는가? 여기에 대해서 다루는 것이 바로 '절충'(compromise)의 문제이다.

"절충"이라는 단어는, "해결에 이르다, 의견일치에 이르다"라는 뜻을 가진 라틴어 *compromittere*로 부터 왔다. 나는 절충의 개념을 다음과 같이 정의하고 싶다. 절충이란, 하나님의 계명에 기초해서 누군가가 얻으려고 애쓰는 것보다 조금 덜 만족스러운 것을 어쩔 수 없이 수용하는 것이다.

2. 몇 가지 실례들

위에서 내린 정의를 설명하기 위한 몇 가지 예를 들어 보자. 성경은 엄중하게 이혼이 악하다고 경고한다. 그러나 많은 사람들이 혼인 서약 이행하지 못하고 이혼을 한다. 이런 상황 가운데서 이혼으로 인해 생긴 결과를 다루어야하는 정부가 이혼을 합법화하는 정책을 추진해도 되겠는가?

성경은 분명히 "살인하지 말라"라고 가르친다. 우리는 이 가르침이 태아들을 보호하는 의무를 포함하고 있다고 확신한다. 그러나 많은 여성들이 낙태할 수 있는 권리를 요구하고, 대부분의 사람들이 낙태의 범위를 법적으로 확대시키기를 원한다면, 과연 그리스도인이 거기에 협력할 수 있는가?

성경은 우리가 이웃을 사랑해야 한다고 가르친다. 이 가르침으로부터 우리는 인종을 차별하는 것은 이웃 사랑을 어기는 것이라 추론할 수 있다. 만약 아랍 국가들이 반유대주의적 사고로 인해 서구의 사업 파트너에게 그들이 유대인이 아님을 증명하라고 요구한다면, 우리가 사업이 방해받지 않도록 하기 위해 거기에 대한 보증서 내지 확인서를 발급해도 되겠는가? 만약 교회의 당회가 그와 유사한 목적으로 사용하기 위하여 세례증서를 발부하는 것이 가능할까?

2차 세계 대전 때에 독일은 자국 내에서 서서히 일어나는 국가사회주의에 저항해야만 했다. 그러한 상황 가운데, 공무원만이 애국자들에게 실질적인 도움을 줄 수 있다는 이유로 마을의 지도자가 국가사회주의에 동의하면서 공직에 머무는 것이 가능한가?

3. 올바른 윤리적 절충의 특징

이런 사례들에 대한 대답과는 별개로, 먼저 우리가 이처럼 타락한 세상 속에서 살아가는 한 절충을 피할 수 없다는 점을 분명히 해야겠다. 비록 이혼이 남자와 여자를 창조하셨을 때의 하나님의 창조원리와는 충돌하지만, 모세는 이스라엘 백성들 사이에 "마음이 완악함"을 인하여 이혼을 허락했다(신 24:1-4; 마19:3-9). 바울은 성적으로 부도덕하여 교회로부터 이미 출교된 사람들과의 접촉은 금했지만, 일반적으로는 세상에서 성적으로 부도덕한 자, 탐욕스러운 자, 도둑질 하는 자, 우상숭배자와의 접촉은 금하지 않았다. 만약 그렇게 되면 우리가 세상 밖으로 나가야 하기 때문이라고 그는 계속해서 말한다(고전 5:9-13). 그런 부류의 사람들은 우리 주위에 존재하며, 그리스도인들은 늘 그들을 상대해야 한다.

악이 강하게 영향을 미치는 이 세상에서 그리스도인은 종종 공적인 삶에서 복음을 노골적으로 드러내 놓고 구현시킬 수 없다. 불행히도 교회 안에서조차 그럴 수 없는 상황이 존재한다. 예수님이 언급했던 마음의 완악함을 떠올려보라. 하나님의 백성인 이스라엘 백성들도 완악하며 하나님의 법도를 어겼다. 앞서 언급했던 절충의 정의를 다시 생각해 보라. 얼마나 자주 우리는 교회에서 하나님의 계명에 기초해서 우리가 추구해야만 하는 수준보다 '덜 만족스러운 것'을 수용하고 있는가? 교인들 사이에 일어나는 분쟁이나, 교회의 다양한 집단들 간의 차이점을 무시하는 것을 지적할 수 있다. 교인들 간의 개인적인 원한관계는, 그 어느 한쪽도 서로 손상된 관계에 대해 죄를 고백하는 절차도 없이, 종종 베일에 가려진 체 "해결된다." 이것 역시 절충이다. 나쁜 상황이 더 악화되는 것을 막기 위해서, 어느 누구도 치리를 받거나 죄를 공인하는 절차도 없이, 그 문제에 대해 더 이상 논란을 벌이지 않는다. 근본적인 교리가 서로 일치하는 교단들은 그리스도께서 친히 기도하신 하나됨을 표현하기 위해 공식적으로 연합해야 한다(요 17:20-21). 그러나 슬프게도 많은 교단들이 다양한 일치의 노력들을 수용하기보다 제각기 독립적으로 자기 길을 걸어가는 것이 더 안전하다고 생각한다. 이러한 현실 역시 절충의 요소를 가지고 있다. 그렇다면 우리가 관용하고 추구해야 할 수용 가능한 절충은 어떤 특징을 가지고 있는가?

첫째, 상충하는 이해관계 사이의 갈등이 있어야 한다. 절충이라고 말해지는 것들이라고 다 윤리적인 차원과 윤리적인 의미의 절충이라고 할 수 없다. 현대의 승용차는 속도와 안락함의 요구 사이에 적절하게 절충을 하고 있다. 그러나 그것은 윤리적인 의미에서의 절충이 아니다. 설교자가 개인적 연구, 목회적인 사역, 자신의 가족 등을 위해 시간을 사용하는 문제도 마찬가지이다. 적절하게 시간을 사용하기 위해 우리가 직면하는 어려움은 갈등의 상황에서 겪는 압박만큼 크지 않다.

진정한 윤리적 갈등은 단순한 견해에 관한 것이 아니라 비중 있는 신념에 관한 것이다. 신념이란 우리가 믿고 서 있는 곳, 우리가 쉽게 포기하지 못하는 근본적인 성격을 가지고 있다(van den Bergh 1965:3). 이러한 이유로(내가 주장하는 윤리학의 성격이 기독교 윤리학이라는 기초에서) 나는 절충을 정의할 때 하나님의 계명을 언급했다. 때로는 고통스러움을 동반하지만 내가 언급한 절충의 진지함이 없음에도 사람들은 다양한 문제와 의견에 관해 일치에 도달할 수 있다.

둘째, 필연성의 요소가 반드시 있어야 한다. 진정한 절충은 회피할 다른 길이 없을 때에 이루어진다. 절충을 거부함으로 당하는 손해가 절충을 받아들임으로 생기는 것보다 더 커야 한다. 윌리엄 퍼킨스(William Perkins)는 최선만을 얻으려고 애쓰다가 차선책도 놓쳐 버리는 것에 대해서 경고한 바 있다. 그는 "지나치게 의인이 되지 말며"라는 전도서의 지혜로운 충고를 언급했다(전 7:16). 여러 가지 실례들 가운데에서 그는 이스라엘 중의 이혼의 예를 든다. 이혼을 허락하심으로 하나님은 악을 억제하셨는데, 그렇게 하지 않으면 그 악과 싸울 수 없었다. 하나님이 이혼 증서를 주라는 율법을 주신 것은, 사람들이 아무런 제제도 없이 죄를 짓도록 하기 위함도, 죄를 완전히 제거하기 위함도 아니라, 악을 억제하기 위해서였다. 절충과 관련된 상황에서 우리는 항상 믿음과 선한 양심을 유지해야 한다. 그럼에도 우리가 강에서 배를 탈 때처럼 일시적인 양보가 필요할 수 있다고 그는 주장한다. 종종 물의 흐름을 거슬러 헤엄치는 것은 불가능하다.

셋째, 올바른 절충에는 인내가 중요한 역할을 한다. 하나님은 이 세상에 대해 오래 참으시며 따라서 우리의 태도 역시 그분의 태도를 반영해야 한다. 우리는 이미 "세상이 망하더라도, 정의가 실현되게 하라"(Fiat iustitia, pereat mundus)는 라틴 격언에 친숙해 있다(2장 8절을 보라). 물론 그것은 이해심이 없는 열정을 표한하기 때문에 기독교적 격언은 아니다. 그 격언은 니느웨 성이 멸망되는 것을 보기 원하는 요나를 떠올리게 한다(욘 4:1-3). 요나와는 달리 하나님은 니느웨를 남겨두셨고, 불경건한 세상에 대해서 과거에도 오래 참으셨고 지금도 참고 계신다(롬 2:4; 9:22; 벧후 3:9). 절충 없는 극단주의는 새로운 세상을 꿈꾸며, 그리스도인들이 여전히 사랑으로 오래 참으며 실천해야 한다는 것을 망각시킨다(고전 13:4).

넷째, 개인적인 고통이 뒤따르지 않는 절충은 존재하지 않는다. 모든 윤리적 절충은 불행이다(Velema 1968: 159이하). 그러나 절충은 결코 명확한 해법이 아니다. 절충을 받아들여야 함에도 불구하고 최선을 포기할 수 없다. 우리는 절충을 통하여 이룰 수 있었던 것보다 더 큰 것은 결코 달성할 수 없다 라는 식의 생각에 쉽게 안주하려고 해서는 안된다. 안된다. 우리는 최대한의 것에 도달할 수 없지만, 최소한의 것에 만족해서도 안 된다. 그러므로 우리는 계속해서 지금보다 더 하나님의 말씀에 귀를 기울이는 사회를 만들기 위해 노력해야 한다.

4. 절충의 한계

절충에는 본질적으로 한계가 있다. 종종 하나님의 율법에 기초해서 우리가 추구해야하는 것보다 조금 덜 만족스러운 수준에서 절충을 해야 하는 것이 일반적이다. 그러나 여기서 "조금 덜"이란 말은 "아무 것도 아닌"이라는 의미와는 전혀 다르다. 시대의 흐름에 편승하고 다수의 반대를 두려워하는 그리스도인은 하나님의 계명을 온전히 지키지 못한다. 사실상 그런 그리스도인은 참된 절충에 도달하지 못하고 오히려 타협하는 것이고 결국 패배를 경험할 뿐이다.

절충에도 넘어서는 안 되는 경계가 있기 때문이다. 주님에 대한 우리의 분명한 신앙고백에 손상을 주는 그런 절충에는 동의할 수 없다. 우리는 사람보다 하나님께 순종해야 한다(행 5:29). 어쩌면 하나님보다 사람에게 순종함으로 자신이나 다른 사람의 생명을 구할 수 있는 상황이 발생할 수도 있다. 인간의 생명을 지키는 것이 아무리 가치가 있지만, 그렇다고 해서 생명을 보존하기 위해 하나님의 계명에 순종하는 것을 포기해서는 안된다.

아마 우리 중 이웃을 살인할 수 있는 면허를 만들자는 절충에 동의할 사람은 아무도 없을 것이다. 필요에 따른 낙태를 합법화하는 것에 찬성하는 것이 바로 그런 경우이다. 낙태에 대해서 우리는 어떠한 여지도 남겨서는 안된다. 낙태와 관련하여 절충하는 것은 항상 태아를 죽이는 일에 우리가 그것에 대한 책임을 지겠다는 것을 의미하는 것이다. 우리가 반대를 하더라도 낙태가 합법화 될 것이기 때문에 그것을 법으로 규정하여 쉽게 하지 못하게 함으로 낙태라는 악을 제한시키는 것이 더 좋지 않은가라는 주장을 하지만 이 주장은 문제가 있다. 생사와 관련된 상황에서 우리는 한 사람을 구하기 위해 다른 사람을 버리는 선택을 해서는 안 된다. 그러나 현존하는 낙태 정책을 조정하는 노력에 협력하는 것은 그것과는 다른 문제이다. 비록 낙태를 찬성하는 법률을 전적으로 뒤집는 것에는 성공할 수 없다 하더라도, 더 적은 희생자가 나도록 모든 개선책을 제시해야 한다.

잠시 여기서 낙태를 찬성하는 법과 이혼에 대한 법에는 차이가 있음을 지적하고 싶다. 사람의 불법을 억제하기 위해 정부는 법적 중재를 통해서 가능한 한 이혼을 제한해야 한다. 그러나 필요에 따른 이혼에 관한 법률을 허용하는 것과 아울러 정부는(태어나지 않은) 인간을 죽이는 것을 허용하고 있다. 결혼의 종말은 생명의 종말과는 다른 것이다. 이혼과 관련된 법적인 중재는 무방비 상태의 인간 생명을 죽일 가능성을 열어주는 낙태에 관한 법적인 중재와는 다른 것이다.

우리가 수용 가능한 절충의 또 다른 한계는 우리가 더 나은 방향으로 호전될 수 없을 경우이다. 여기서 나는 독일이 네덜란드를 점령했을 때 마을의 지도자가 처한 상황을 생각하고 있다. 아마 그는 이미 역할이 모호해진 공직에 남아 있음으로 애국자들을 도우려는 고상한 생각을 가지고 있을지 모른다. 그러나 만약 적군에게 협력해야 한다면, 자신이 선이 아닌 악을 행하는 것이 아닌가라는 의문이 일어난다. 악이 팽배하면 할수록 선은 더욱 분명해진다.

우리는 "예"라고 말할 수 있는 필적한 상황이 있다고 하더라도 담대하게 "아니오"라고 말해야 한다. 앞서 어느 누군가가 유대인을 증명해야 하는 실례를 떠올려 보라. 사람들은 어떤 방법으로든 차별 대우를 한다. 단번에 모든 형태의 차별을 공격하는 것은 불가능하다. 그러나 특별한 상황에서는 인종 차별이라는 악을 거부하겠다는 신호가 필요하다. 반유대주의적 정서를 만족시키기는 증거들을 제공하기를 거부하면서, 교회와 다른 단체들은 그러한 신호를 보내야 한다.

5. 절충은 죄를 짓는 것인가?

어떤 사람들은 모든 절충이 죄를 짓는 것이라 믿는다. 물론 많은 경우에 그것이 사실일 수 있다. 왜냐하면 우리가 미숙하게 하나님의 영광과 이웃의 복지를 함께 주장하기 때문이다. 그렇다고 모든 절충이다 죄를 짓는 것인가? 만약 그렇다면, 우리는 이혼 증서를 써줄 것을 허용한 모세의 죄를 감히 정죄해야 하지 않을까? 그러나 모세는 하나님을 섬기면서 그렇게 했다. 만약 하나님이 허락하시고 우리가 그의 길을 따랐다면, 우리가 죄를 짓는 것인가?

해가 되는 것과 죄를 짓는 것에는 차이가 있다. 의심할 여지없이 모든 절충은 해로운 것을 포함한다. 결국, 우리는 하나님의 계명에 기초해서 조금 덜 만족스러운 결정해야 한다. 거기에 해로운 것이 포함된다. 절충이 불가피 하다는 사실에 대해 우리는 분명히 유감스러움을 느낀다. 다른 사람들과 더불어 우리는 이 세상이 잘못 돌아가는 것에 대해 죄책감을 느낀다. 그러나 그렇다고 해서 모든 경우의 절충이 우리를 타협시킨다는 의미는 아니다. 하나님이 이 세상에서 우리에게 임무를 주시는 한, 하나님에 대해서 적대적인 환경 속에서 자신의 위치를 벗어나지 않으면서도 자신이 원하는 것보다는 조금 덜 만족스러운 것을 수용해야 하는 요셉과 다니엘 같은 이들이 있을 것이다. 그들은 조금 덜 만족스러운 것을 수용함으로 자기 자신과 환경에 해를 끼쳤다. 그렇다고 그들의 절충을 우리가 죄라고 부를 수 있는가?

실제로 죄책감이 없이는 도달할 수 없는 절충이 있다. 성경 열왕기서에서 나아만이 말한 것은 충격적이다. 문둥병 치유을 받고 난 후 그는 번제나 희생 제물을 하나님외의 다른 신에게는 드리지 않겠다고 선언했다. 그러나 그는 우상 림몬이 있는 이방 땅으로 돌아간다. 거기에서 그가 림몬의 산당에서 아람 왕을 물리적으로 시중들어야 할 때, 그 또한 그 우상 앞에 절을 할 수밖에 없을 것이다! 거기에 대해서 나아만은 엘리사에게 하나님의 용서를 요청하였다(왕하 5:18-19). 엘리사는 "평안히 가라"라고 대답한다. 이 말에 대한 해석은 다양하다. 어떤 사람은 엘리사가 그의 요구를 허락하고 하나님의 대언자로 나아만이 요구한 용서를 보증했다고 이해한다. 이스라엘의 하나님을 섬기기 위해서 나아만은 궁중에서의 자신의 위치와 생명을 위태롭게 할 필요가 없었다. 어떤 사람들은 이렇게 판단하는 것을 유보한다. 엘리사는 그것을 허락한 것이 아니라, 나아만에게 계속해서 하나님의 인도와 그분의 은총을 구하도록 명령했다는 것이다. 나는 첫 번째 주장을 지지한다. 내 의견에 "평안히 가라"라는 말은 엘리사가 자신의 입장을 표명하기를 거절한 대답이 아니다. 엘리사는 나아만이 원했던 것에 대해 반대하지 않았다. 그는 "좋다, 그러나…"와 같이 대답하지 않았다. 그렇다면 여기에 대해서 우리가 더 왈가왈부할 이유가 없지 않은가?

6. 참고문헌

Perkins. William. *Alle de Verken*, Amsterdam. 1659.

Van den Bergh, R. *Het compromis*. Publikatie Netherlands Gesprek Centrum. Kampen: Kok. 1965.

Velema, W. H. "Grenzen en gestalten van het compromis." *Theologia Reformata*. 11: 159 ff. 1968.

제 12 장
경 우 론

1. 일반적인 것에서 특수한 것으로

앞선 여러 논의에서 우리는 책임있는 행위의 요소로서 그리스도인의 자유가 얼마나 중요한가를 살펴보았다. 우리는 여러 상황 가운데에서 무엇을 해야 할지를 직접적으로 지시해주는 하나님의 계명을 알고 있다. 그와 동시에 우리는 성경에 직접적인 대답이 없는 여러 가지 상황에 직면하기도 한다. 제9장 "아디아포라"를 다루면서 우리는 우리의 삶의 인도하는 중요한 결정들에 대해서 매우 인격적으로 접근해야 한다는 점을 살펴보았다.

우리는 많은 것을 다른 사람으로부터 배운다. 종종 우리는 어떤 결정을 내리기전에 다른 사람의 조언을 듣기 좋아한다. 어쩌면 우리가 처한 상황에서 주어지는 하나님의 명령에 관하여 다른 사람들이 더 나은 통찰력을 가지고 있는지도 모른다. 이것은 우리가 처한 상황을 객관적으로 평가하는 데에도 동일하게 적용된다. 과연 우리들이 다양한 요소들을 고려하고 있는가? 한 부분에는 얼마만큼의 비중을 두어야 하고, 다른 부분에는 얼마만큼의 비중을 두어야 하는가?

여기에 대한 실례가 있다. 제 6계명은 우리에게 살인을 금하고 있다. 그런데 6계명이 안락사와 무슨 관계가 있는가? 인위적인 의학 처방으로 겨우 생명을 부지하는 혼수상태의 환자가 있을 때, 우리가 호흡기를 빼어 그를 죽게 하는 것은 제6계명에 위배되는 것인가? 불치병으로 자기가 곧 죽을 것을 아는 사람이 생명을 조금 더 연장시키기 위한 수술을 거부할 수 있는가? 그런 상황에서 우리가 다른 이들로부터 조언을 구하는 것은 이해할만하다. 다른 사람의 조언을 듣고 그 문제에 대해서 좀 더 정확하게 알게 된다면, 그것은 우리의 자유가 침해되는 것이 아니라 오히려 우리의 자유를 적절하게 사용하도록 하는 것이다.

이와 관련되어 우리는 경우론(casuistry)[1]이라는 주제를 살펴볼 것이다. "경우론"(境遇論)이라는 용어는 "경우"(case)를 의미하는 라틴어 *casus* 로부터 나왔다. 경우론은 일반적인 법칙을 특수한 경우에 어떻게 적용시켜야 하는지 가르쳐 주는 학문이라고 볼 수 있다. 사람들은 종종 '양심의 경우'(*casus conscientiae*)에 대해서 말한다. '양심의 경우'란 직접적이고 구체적인 하나님의 명령이 없는 다양한 경우에 우리가 어떻게 선한 양심을 가지고 행동해야 하는가를 다루는 것이다.

2. 경우론의 나쁜 이미지

우리가 상황 윤리를 선택한다고 가정해 보자. 상황 윤리에서는 경우

---

[1] 일반적으로 철학사전과 윤리학사전에서는 Casuistry는 "결의론"(決疑論)으로 번역하고 있다. 의문을 해소해 주는 것이라는 뜻이다. 그러나 역자는 경우론이라고 번역하는 것이 본 뜻을 정확하게 전달한다고 생각하여 이 번역을 채택한다(역자주).

론이 들어 설 자리가 아예 없다. 왜냐하면, 우리가 이미 제7장에서 살펴본 것처럼, 모든 사람들에게 유효한 어떤 일반적인 규칙이 존재한다는 사실 자체를 상황 윤리에서는 부정하기 때문이다. 상황 윤리학자들이 말하는 계명이란 오직 사랑뿐이다. 사랑하면서 행동한다면 무엇이든지 원하는 대로 할 수 있다. 상황 윤리에서는 계명이 상황 속으로 들어가는 것이 아니 상황으로부터 도출된다. 그들이 보기에 각각의 상황이 독특하기 때문에 다양한 여러 경우들 가운데 등급을 매길 수 있는 "경우"란 존재하지 않는다. 특별한 상황에서 어떻게 행동해야 하는지를 사전에 결정할 수 있다는 생각은 상황윤리에서 통하지 않는다. 이 점은 조셉 플레처의 상황윤리에서 명백하게 나타난다(Fletcher 1966: 148).

그러나 상황 윤리를 지지하지 않는 윤리학자들 가운데서도 경우론에 회의적인 학자들이 많다. 그것은 충분히 납득할 만한 현상이다. 오랜 역사를 통해 경우론은 자주 어두운 면을 보여 왔다. 과거의 경우론은 전적으로 명령과 금지로만 엮어져 있었고, 하나님과 이웃을 향한 개인적 자유와 책임을 위한 어떤 여지도 남기지 않았다. 이점은 613개의 명령과 금지들을 가졌던 바리새인들을 생각해 보면 알 수 있다(613개의 숫자는 십계명에 사용된 히브리어 문자의 갯수에 대응된다). 로마 카톨릭의 도덕 신학자들도 마찬가지이다. 그들이 주장한 경우론은 교회의 신앙고백 지침서에 부분적으로 포함되어 있는데, 여러 가지 죄를 가장 큰 것부터 가장 작은 것까지 서열을 매기고, 분석하고, 평가한다.

이백년(17-18세기) 이상 동안 로마 카톨릭의 도덕 신학은 경우론에서 개연론(probabilism)의 문제 주변을 맴돌았다. 그 당시의 도덕 신학의 격전지를 잠깐 돌아보는 것이 도움이 될 것이다. 개연론은 그 당시를 주도권을 잡으려고 경쟁하던 많은 도덕 체계 중 하나였다. 모든 도덕 체계가 법과 자유 사이의 갈등이라는 문제를 풀기 원했다. 율법의 분명한 요구가 없을 때, 어디까지 자신이 가진 행동의 자유를 누릴 수 있는가(이하의 내용은 Gallagher 1974: 139이하에 기반을 두고 있다)?

어느 누군가가 A와 B 사이에 선택을 해야 한다고 가정해 보자. A라는 행위는 우리가 도덕적으로 선하다고 확신할 수 있다. 그러나 B라는 행위는 그 도덕적인 성격이 의심스럽다. 그렇다면 다양한 도덕적 체계 중에서 어떻게 선택했겠는가?

① 교본론(tutorianism)으로 알려진 도덕 체계는 가장 안전한 길을 선택하도록 가르친다. 따라서 그는 A라는 행동을 선택해야 한다.

② 비교개연론(probabiliorism)이라고 부르는 도덕 체계는, B라는 행동이 도덕적으로 악하기보다 선할 가능성이 더 많은 한, B를 선택해도 괜찮다고 가르친다.

③ 개연론(probabilism)으로 알려진 도덕 체계에서는, B라는 행동이 도덕적으로 잘못되었다는 것이 명백하다고 하더라도 행동 B에 선하다고 부를 수 있는 어떤 가능성이 존재한다면, B를 선택해도 된다고 가르친다. 만약 B라는 행동을 옹호하는 몇몇 저술가들의 이름을 언급하기만 해도 그 행동을 정당화시키기에 충분하다.

④ 방종론(laxism)이라고 부르는 도덕 체계는 한계까지 나아간다. 만약 잘 알려진 단 한 명의 작가라도 그것을 선하다고 한다면, B라고 부르는 행동을 할 수 있다. 그러나 이러한 방종론은 교회로부터 공개적으로 정죄되었다.

더 나아가 개연론을 적용하면서 심각한 도덕적 해악이 야기되는 것을 막기 위해 다양한 예외들이 만들어졌다. 성례 집행이 유효한가, 개인의 구원이 위협받지 않을까, 이웃 혹은 교인들과의 관계에서 손해를 입히지 않는가와 같은 문제는 보다 확실한 방법이 제시되어야 했다. 그 때 B라는 행동보다는 A라는 행동이 선택되었다. 나무 사이에서 무언가 움직이는 것을 발견한 사냥꾼의 경우를 생각해보자. 그는 사슴이 움직이는 것을 보았다고 가정할 수 있다. 그러나 그가 보았던 나무 사이에서 움직이는 것이 사람일 가능성도 어느 정도 존재한다. 그 경우에 사냥꾼은 불확실한 것 보다 확실한 것을 선택해서 총을 쏘지 말아야 한다.

여러 가지 형태로 확장되어 발전된 경우론에 대해 수많은 반발이 생겼다는 것은 놀랄 일이 아니다. 안토니우스 다이아나(Antonius Diana)라는 이름으로 『도덕적 해답』(*Resolutiones Morales*)이라는 책을 쓴 어떤 사람은 2만 가지가 넘는 양심의 경우에 대해서 다루었다. 경우론을 반대한 유명한 사람 중에 파스칼(Blaise Pascal, 1623-1662)이 있다. 그는 예수회의 여러 경우론에 대항해서 『시골사람의 편지』(*Lettres Provinciales*)라는 책을 썼다.

따라서 경우론은 교훈 위의 교훈이나 규칙위의 규칙으로 전락하거나, 아니면 하나님께 드려야 할 순종을 아주 세밀하게 분류하는 폐쇄된 체계로 전락할 수 있다. 바리새인에 대해서 예수님이 날카롭게 정죄하던 것에서 우리가 분명히 보듯이, 두 가지가 동시에 발생할 수도 있다. 그들은 박하와, 회향과, 근채의 십일조는 드렸지만(별로 중요하지 않는 채소들), 반면에 그들은 율법에서 가장 중요한 문제인, 의와 인과 신은 버렸다. 그들은 하루살이는 걸러내고 약대는 삼켰다(마 23:23-24). 바로 이것 때문에 경우론은 악명을 얻을 수밖에 없었다.

3. 개신교 경우론

종교개혁자들은 이전 시대에 로마 가톨릭이 만들었던 다양한 명령과 금지 조항들을 비판했다. 그러나 그것 때문에 개신교회에는 경우론이

들어설 자리가 아예 없었을까? 그렇지 않다. 루터파와 개혁파는 자기 나름대로의 경우론을 발전시켰는데 이러면서 새로운 관행들이 금방 생겨났다. 그러면 이것 때문에 우리가 모든 종류의 경우론을 거부하는 것을 조심해야 한다고 결론을 내려야 할까?

윤리적 문제들을 다루는 개신교 지도자들은 경우론에 대해 로마 카톨릭이 저질렀던 실수를 피하려고 했다. 이점에 대해서 윌리엄 퍼킨스(William Perkins, 1558-1602), 윌리엄 에임스(William Ames, 1576-1633), 히스베르트 푸치우스(Gisbert Voetius)와 같은 신학자들의 작업을 생각할 수 있다. 그들은 경우론에 대한 수많은 논문들을 썼는데, 그 안에는 우리가 주목해야할 몇 가지의 특징이 있다.[2]

① 그들은 성경을 신앙과 도덕의 유일한 권위로 보았다. 반면 다른 권위에 대해 호소하는 일은 거의 혹은 아예 없었다.

② 그들은 도덕의 일반적인 원리들을 강조했다. 그들은 "경우들"을 모범으로서 선택했고, 정확한 적용에 대한 책임은 개별 신자들에게 남겨두었다.

③ 그들은 경우론을 고해 성사를 담당해야 할 신부뿐 아니라 모든 사람이 접근할 수 있는 대중적인 학문으로 만들었다. 모든 사람이 스스로 고해할 수 있었다.

④ 그들은 로마 가톨릭이 가르쳤던 '가벼운 죄'와 '도덕적 죄'의 구분을 부시했다. 비록 여러 가지 죄 가운데 실제로 등급의 차이가 있다

---

2) 이러한 다섯 가지 특징들에 대해서는 Sprunger (1972: 164)와 Beardslee(1965: 278, 22번 각주)를 보라. 푸치우스와 다른 사람들의 교본론에 대해서는 푸치우스의 책 (Voetius 1959: 32)을 보라. 가장 안전한 길을 선택하는 것이 가장 최선의 선택이었는가 하는 질문은 더 논의해야 할 문제이다. 종종 이러한 선택은 어느 정도 보수주의를 포함하고

고 하더라도, 원칙상 모든 죄는 도덕적인 성격을 지니고 있다. '가벼운 죄'와 '도덕적 죄'의 구분을 이렇게 거부하는 것은 라틴 전통의 경우론에 깔려있는 기초를 허무는 것이었다.

5. 그들은 온 힘을 다해서 개연론을 반대했다. 그럼에도 우리는 푸치우스, 에임스 등의 사람들은 가장 안전한 길을 선택하는 교본론과 밀접하게 연결되어 있음을 발견할 수 있다.

4. 재논의: 반대 견해들

분명히 바리새인이나 로마 카톨릭 교회와는 다른 방식으로 경우론이 실현될 수 있다. 그렇다면 우리가 전적으로 수용 가능한 경우론은 없을까? 우선 보다 더 진전된 형태의 경우론 마저 반대하는 견해들을 살펴보자. 그들의 견해에 따르면, 경우론은 강제적으로 하나님의 계명을 산산조각 내어 버린다. 그렇다면 칼빈이 『기독교 강요』(3.2.16-24: 4.10도 보라)에서 죄를 큰 가지, 잔 가지, 잎으로 구분한 것은 여러 형태의 경우론을 특징짓는 것이 아닌가? 경우론은 항상 윤리적 원자론으로 결말이 나지 않는가? 모든 것이 작은 조각들로 나누어질 때, 하나님의 계명의 통일성 특히 포괄적인 사랑의 계명이 고려되었는가? 나무를 보면서 숲도 보는 것이 여전히 가능한가? 경우론은 너무나 많은 것을 다루는데, 좀 더 간단한 해결책이 제시될 수는 없는가? 더욱이 경우론은 너무 부정적이고 율법적인 특징을 띠지 않는가? 경우론은 항상 지금까지의 허용될 수 없는 모든 것들을 세세하게 취급해 왔다. 사

있다. 새로운 방법이 더 좋을 수 있다. 그러나 새로운 길이 위험을 포함하고 있고 실제로 모두가 함께 원하는 것을 하려고 하기 때문에, 많은 사람들이 새로운 방법으로 행동하는 것을 피한다. 교회에서 새로운 찬송가와 새로운 성경번역을 수용하는 문제를 생각해 보라!

실 한계를 넘어서는 두려움은 강박관념이 될 수 있다. 그러한 두려움을 가지고 행동하는 것은 그리스도 안에서 자유의 복음에 눈뜨지 못하게 한다. 더욱이 경우론은 사람들로 하여금, 정확하게 무엇을 할 수 있고 무엇을 할 수 없는지를 일종의 전문가에게만 의존하게 한다. 무엇보다도 경우론은 우리가 결정을 내려야 하는 구체적인 상황의 독특성을 무시하지 않는가?

이러한 반대의견들은 충분히 고려할 가치가 있다. 모든 면에서 경우론에는 위험이 잠복되어 있다. 그러나 내가 지금 요약한 이러한 반대 의견들이 실제로 설득력이 있는가? 나는 그렇지 않다고 생각한다. 왜냐하면 위의 반대 의견들에 대한 충분한 반론을 펼칠 수 있기 때문이다.

첫 번째 반론으로, 하나님의 계명을 특수화시키는 것과 산산조각을 내는 것은 서로 다르다. 출애굽기 5장과 신명기 20장에서 십계명이 주어진 후 성경에는 "만약 이런 혹은 저런 일이 일어날 때에는…"으로 시작하는 수많은 특수화된 조항들이 나타난다. 이처럼 히브리어 ki 혹은 im으로 소개되는 경우론적인 계명들은, "너는… 해야 한다" "그는 … 해야 한다", "그들은… 해야 한다"로 시작되는 정언적(定言, categorical) 형태로 주어진 계명(소위 명백한 계명)과는 구분된다. 건전한 형태의 경우론에서는 특수화된 조항이 개인적인 상황에서 벌어질 수 있는 세부적인 것으로 내려가지 않는다. 오히려 상황의 유형들을 제공함으로 그 상황이 처음 나타났을 때보다 좀 더 보편적인 특징을 갖게 한다.

두 번째 반론은, 비록 경우론이 율법주의로 갈 수 있지만 그와 동시에 큰 공헌을 할 수도 있다는 점이다. 알더르스(W. J. Aalders)가 언급하듯이, 누군가에게 "당신의 양심에 따르시오"라는 말은 대담하게 들릴 수 있지만 한편으로 너무 잔인할 수도 있다(de Vos 1961: 224에서 재인용). 교회에서 우리는 혼자 고립되어 있어서는 안된다. 지극히 선한 것을 분별하기 위해서 다른 사람들의 도움을 받아야 한다.

세 번째 반론으로, 우리가 처한 삶의 상황이 항상 다른 사람과 비교할 수 없을 정도로 그렇게 독특하지 않다는 점이다. 우리 모두는 매일 살아가면서 당면하는 문제들을 잘 알고 있다. 사실상 매일 매일의 삶 속에서 우리가 내리는 여러 가지의 결정들에는 독특한 것이 거의 없다. 우리는 경우론에 접근할 때 표준화된 기성복을 입는 방식의 접근들을 경계해야 한다. 그러나 마찬가지로 우리는 많은 사람들이 맞춤복보다는 이미 치수가 정해진 기성복을 입는 것을 건전하게 바라볼 수 있어야 한다. 그리스도인의 자유는 그리스도의 몸된 지체로서 우리 모두가 비슷한 삶의 양식을 보여준다는 점을 무시하지 않는다.

5. 도덕적 조언

"경우론"이라는 용어는 좋지 않는 어감을 가지고 있다. 만약 우리가 다른 용어를 사용하기 원한다면, "도덕적 조언"(Moral counsel)이라는 말을 생각해 볼 수 있다. 왜냐하면 "도덕적 조언"이란 건전한 경우론이 실제로 담아내고자 했던 내용이기 때문이다. 도덕적 조언을 통해 우리는 이웃의 삶을 제한하는 것이 아니라, 이웃의 삶이 발전되도록 기여할 수 있다. 종종 제기되듯이, 도덕적 조언은 우리의 인격적 책임을 축소시키지 않는다. 오히려 우리의 인격적 책임을 분명하게 성장시켜 준다. 우리는 살아가면서 발생하거나 발생할 수 있는 여러 다양한 상황에서 어떻게 행동해야 하는가를 알아야 한다. 그런데 왜 우리가 다른 사람의 선한 조언을 받아들이기를 거부하겠는가?

자기 스스로 인생의 길을 걸어가야만 한다고 생각하거나, 스스로 걸어 갈 수 있다고 생각하는 사람만이 그러한 조언을 거부할 것이다. 그러나 자신이 현재 직면하고 또 앞으로 직면할 많은 문제들을 다른 사람들과 함께 공유하고 있음을 인정하는 사람은 행복하다. 그는 혼자 고립되어 있지 않고 교회 안에서 성도의 교제 속에 함께 살아가기 때문이다. 우리는 그리스도의 지혜의 분량이 충만한 데까지 인격적인 성숙함에 도달해야할 것이다(엡 4:12-13). 도덕적인 조언은 그 목표에 도달하도록 돕는다. 우리는 (개인적 책임감과 함께 그 문제에 대한 지식도 함께 갖추어) 스스로 결정을 내리기 위해 필요한 여러 정보들을 도덕적 조언을 통해 취할 수 있다. 이러한 도덕적인 조언은 교회에서 늘 제공되어 왔다. 암브로스(Ambrosius)나 어거스틴(Augustine)과 같은 분들의 도덕적 조언이 대표적인 예이다. 칼빈은 결혼과 같은 여러 가지 질문들에 대해서 수많은 편지들을 통해 조언한 바 있다.

사실상 이전 시대에 쓰여진 경우론의 지침들은 거의 소용이 없게 되었다. 오늘날 우리는 모든 실제적 혹은 상상할 수 있는 경우에 대한 대답을 준비하려고 노력할 필요가 없다. 따라서 우리는 이전 시대에 부정적이었던 지나치게 정교한 경우론은 필요하지 않다. 그러나 여전히 여러 가지의 "경우들"이 존재하며, 시간이 지나면서 다시 새로운 "경우들"이 생겨나게 된다. 우리는 그러한 경우들에 대해 함께 이야기하고, 그 경우들에 대해 다른 사람이 제공하는 조언을 받을 수 있다.

우리는 마치 "경우"가 윤리를 비인격적인 것으로 만들고 "상황"이 우리의 삶의 독특성을 실제로 보여준다는 식으로, "상황"에 비해 "경우"를 평가절하 시켜서는 안 된다. 수많은 상황들은 일상적이다. 비록 그 상황이 독특하다고 하더라도, 오직 한 사람이 그 상황에 연관되어 있을 만큼 항상 그렇게 특별하지는 않다. 수많은 사람들이 비슷한 상황에 직면한다. 그래서 이것이 결국 일반적인 조언이 가능한 경우들이 된다. 이렇게 여러 가지 경우를 일반화한다고 해서 각 사람의 삶에서 나타나는 특별한 것을 경시하는 것이 아니다. 각 사람은 자신의 개인적 삶에서 하나님의 특별한 인도하심을 인정해야 한다. 그러나 그렇다고 해서 우리가 동일한 하나님의 계명 아래 함께 서 있고, 우리가 처한 여러 특별한 상황에서 동일한 결정들 앞에 우리가 서게 되었다는 또 다른 사실을 손상시켜서는 안 된다.[3]

6. 참고문헌

Beardslee, John W. ed. *Reformed Dogmatics*. New York: Oxford University Press. 1965.

De Vos, H. "Casuistry." *Kerk en theologie*. Vol. 12. 1961.

Fletcher, Joseph. *Situation Ethics: The New Morality*. Philadelphia: The Westminster Press. 1966.

Gallagher, J. "Probabilism and Possible Abortifacients." *Death before Birth*. Ed. by E. J. Kremer and A. A. Synan. Toronto: Griffin House. 1974.

Kloosterman, Nelson D. "Casuistry as Ministerial Ethics." *Nuchtere noodzaak. Ethiek tussen navolging en compromis*. J. H. F. Schaeffer, J. H. Smit, and Th. Tromp, eds. Kampen: Kok. 1997.

Sprunger, K. L. *The Learned Doctor William Ames*. Chicago: University of Illinois Press. 1972.

Voetius, Gisbert. *Disputationes Selectae III*. Utrecht. 1659.

---

3) 넬슨 클루스터만(N. D. Kloosterman)은 도덕적 상황의 유비적 성격을 다음과 같이 규정한다. "역사의 연속성(모든 도덕적 상황을 포함해서)은 유비(analogy)의 사용을 가능하게 하며, 역사의 불연속성(도덕적 상황을 포함해서)은 유비의 사용을 필연적이게 한다." (Kloosterman 1997: 111)

········ 개혁주의 윤리학 ·····················

제 13 장
영 성

1. 영성과 윤리

지금까지의 기독교 윤리에 대한 논의를 마무리 하면서 나는 다시 처음 우리가 내렸던 정의(definition)로 돌아가기를 원한다. 우리는 기독교 윤리를 성경이 우리에게 제공하는 관점으로 도덕적 행위들을 반성하는 것이라고 서술했다(2장). 제3장에서 우리는 그 정의를 통해 기독교 윤리학의 영역에 한계가 있음을 보았다. 도덕은 사람과 사람 사이의 행위 영역에 대한 것이며, 윤리학은 사람과 사람 사이의 행위 영역에 대해 성찰하는 것이다. 윤리학은, 기도, 성경공부, 묵상, 교회 생활, 공예배와 같은 경험들처럼, 사람과 하나님 사이의 직접적인 관계를 성찰하고 반성하는 것이 아니다. 그러한 주제들은 기독교 윤리에서 광범위하게 다루는 주제가 아니다. 그럼에도 그러한 주제들은 기독교 윤리를 위해 중요하다. 왜냐하면 그것이 우리의 영성과 관련되어 있기 때문이다. 나는 영성을 우리가 삼위 하나님과 교제하고, 그분과의 관계를 성찰하는 것으로 이해한다.

우리 모두는 기독교 윤리가 영성과 밀접한 관계가 있다는 사실은 잘 알고 있다. 윤리와 영성의 관계는 두 개의 돌 판을 가진 십계명을 생각할 때 너무나 분명해진다. 십계명의 첫 번째 돌판은 하나님과의 관계를 다루며 두 번째 돌판은 이웃과의 관계를 다룬다. 만약 우리가 첫 번째 돌판을 무시한 채 두 번째 돌판을 다룬다면 기독교 윤리가 무슨 소용이 있겠는가? 만약 우리의 도덕적 행위가 기도, 성경공부, 묵상, 교회 생활, 공예배라는 근원에서 흘러나오지 않는다면, 우리의 도덕적 행위가 기독교적 행위로서 무슨 가치가 있겠는가?

3장에서 우리는 사람들 간의 관계는 '도덕적'이며, 사람과 하나님과의 관계는 '종교적' 혹은 '신성한' 것이라 규정한 헤이싱크(W. Geesink)의 언급을 이미 보았다. 그는 이런 식으로 윤리의 영역을 제한했다. 그러나 자신의 윤리학에서 헤이싱크는 자신의 개혁파 선조들이 그랬던 것처럼 본인이 영성이라고 부르는 것에 주의를 기울였다. 그가 영성에 주의를 기울인 이유는 영성이 인간의 성품 혹은 덕의 형성을 돕는 중요한 수단이 되기 때문이다(Geesink 1931: 2:243이하). 이미 우리가 보았듯이 윤리학은 필연적으로 인간의 덕에 주의를 기울인다. 그런데 덕이란 '무엇을 행하고 있는가' 보다, '어떠한 사람인가'라는 물음과 더 연관되어 있다. 그렇다면 우리는 어떤 사람인가? 바로 하나님의 자녀요, 그리스도에 의해 구속받았고, 성령의 인도하심을 받는 자들이다. 바로 이러한 '존재'의 원천으로부터 우리의 행위가 공급된다. 나는 영성(삼위 하나님과 우리가 만나는 것)을 우리의 도덕적 행위와 윤리적 반성을 위해 영양분을 공급받는 것이라 본다.

2. 고대에 취급했던 과목: 수련(Ascetics)

과거 신학을 공부할 때에는 현대 커리큘럼에서 사라진 중요한 과목이 포함되어 있었다. 지금 내가 영성이라고 부르는 것을 이전에는 '수련'(ascetics, 修練)이라고 불렀다. 예를 들어 푸티우스(Gisbert Voetius)는, 십계명에 관한 다양한 윤리적 질문들을 다룬 도덕 신학(theologia moralis)이나 경우론(casuistica)을 가르쳤을 뿐 아니라, 거기에 추가해서 수련 신학(theologia ascetica)을 동시에 가르쳤다. 수련 신학이라는 과목은 기도에 초점이 맞추어졌다. 그는 하이델베르크 교리문답 제32-44주(십계명을 다루는 부분)를 기초로 경우론을 가르쳤고, 제45-52주(주기도문을 다루는 부분)을 기초로 수련을 가르쳤다. 이런 방식으로 윤리와 영성을 신학적으로 가르치면서 우리가 하나님께 돌려야 할 전적인 감사의 삶(32-52주)에 강조를 두었다.

그러나 적어도 네덜란드의 신학교에서 수련이라는 주제는 신학 교육에서 이제 사라졌다. 20세기 초반에 아브라함 카이퍼(Abraham Kuyper, 1837-1920)는 여전히 경우론과 수련, 이 두 가지 주제 모두에 주의를 기울여야 한다고 주장했다(1909:3:415-435). 그러나 그의 이러한 주장은 20세기를 거치면서 별로 주목을 받지 못했다. 윤리적 질문들은 더 이상 논의할 것이 없을 만큼 충분히 논의가 되었다. 이것은 곧 경우론과 관련된 논의는 지속되었음을 의미한다. 그러나 수련이라는 주제는 우리의 관심에서 아예 사라졌다. 이것은 신학자들이 기도나 하나님과의 관계를 유지하는 다른 방법들에 대해 별로 신경쓰지 않는다는 말이 아니다. 단지 나는 윤리학의 분야에서 사실상 기도가 사라졌다는 사실을 지적하고 있다.

"수련"이라는 용어는 "자신을 훈련시키다"라는 의미를 가진 헬라어 동사 *askein*과 연관되어 있다. 수련이라는 단어를 생각하면 금욕이 재빨리 연상될 것이다. 그러나 헬라어 명사 *askesis*의 일차적으로 "연습" 혹은 "훈련"을 뜻한다. 따라서 수련은 금욕의 의미인 부정적인 것이 아니라, 연습의 의미에 가까운 긍정적인 것이다. 바울이 '하나님과 사람을 대하여 항상 양심에 거리낌이 없기를 힘쓰노라'고 한 사도행전 24장 16절을 생각할 수 있다. 바울은 그 활동을 묘사하기 위해 *askein*이라는 단어를 사용한다. 이러한 적극적인 의미는 *askein*의 동의어들을 살펴볼 때 보다 명확해 진다. 바울은 디모데에게 "경건에 이르기를 연습하라"(딤전 4:7)고 말한다. 여기 "연습하라"라는 단어는 *gumnazein* 인데, 이것은 "체육"(gymnastics)이라는 단어로 이미 우리에게 익숙하다.

우리가 앞서 언급한 푸치우스는 수련에 관해 괄목할만한 저서를 남겼는데, 1664년의 *Ta Asketika sive Exercitia Pietatis* 가 바로 그것이다. 그것은 문자적으로 '경건생활에서의 연습 또는 수련'(Ascetics or Exercises in Piety)으로 번역된다. 이 책에서 푸치우스는 그 당시 대학의 젊은이들의 경건을 위해 특별히 사용하기 위해서 여러 가지 경건 연습들에 관해서 다루었다.

푸치우스는 기도, 영적 묵상, 회개, 통회, 정기적인 기도(하루3번)로 하루를 보내는 것, 금식과 철야, 맹세, 고독, 침묵, 유혹, "영적 침체"와 같은 다양한 주제들을 다루었다. 그와 함께 하나님의 말씀을 듣는 것과 읽는 것, 교회에서 듣는 설교와 성례의 의미를 묵상하는 것도 중요하게 다루고 있다. 주일을 지키는 문제 또한 그의 논의에서 한 자리를 차지했다. 심지어 '안락사'도 그가 다룬 주제의 한 항목으로 등장한다. 그러나 여기에 나오는 안락사는 고대적인 의미로 기독교적인 방식으로 임종을 맞는 기술을 의미한다. 어떤 장에서는 아주 길게 기도에 대해 철저하게 분석하고 있다. 다음에 나오는 많은 질문들에 대해서 푸치우스 답하고 있다. 얼마나 자주 기도해야 하는가? 어디서 기도해야 하는가? 누구에게 기도해야 하는가? 어떤 태도를 가지고 기도해야 하는가? "쉬지 말고 기도하라"(살전 5:17)가 의미하는 바가 무엇인가? 기도의 내용이 어떻게 조직되어야 하는가? 우리가 어떻게 감사해야하고, 누구에게 감사해야만 하는가? 언제 빨리 기도할 수 있는가? 기도하는데 방해물이 무엇인가? 이 정도로 자세하고 진지하게 논의한 것을 보면 푸치우스가 삶 전체에서 기도를 얼마나 중요하게 생각했는지를 알 수 있다.

3. 왜 오늘날 수련이라는 과목이 사라졌는가?

오늘날 수련이라는 신학 과목아 왜 폐지되었을까? 수련이 없어진 데에는 세 가지 요소가 작용했다고 생각한다. 첫 번째, 경건의 훈련이 사람들로 하여금 일상적인 삶을 부정적으로 보는 방식으로 강조될 수 있기 때문이다. 아주 쉽게 우리는 두 부류의 사람들, 즉 요구한 것을 행하는데 만족하는 사람과, 요구된 것을 더 넘어서서 행하는 사람을 접할 수 있다. 여기서 나는 바로 초대 교회에 등장했던 계명(라틴어 *praecepta*)와 조언(라틴어 *consilia*) 사이의 구분을 생각하고 있다(이러한 구분은 고린도 전서 7:25에 나오는 사도 바울의 언급과 관련이 있는데, 라틴어 벌게이트 성경은 '내가 주께로부터 받은 계명은 없지만, 조언을 한다' *Praeceptum Domini non habeo, consilium autem do* 고 번역한다). 계명은 각 사람의 의무가 무엇인가를 지적하지만, 조언은 더 거룩한 삶을 위해 애쓰는 사람들을 위한 것이다. 예를 들어 조언은 수도자와 같이 가난, 순종, 순결을 의무로 맹세한 사람들에게만 부여되었다. 그들은 보통 사람들이 일상 생활에서 할 수 있는 것보다 더 하나님께 가까이 가기 위해서 세상을 떠난 사람들이다.

이런 식으로 "영적"이라는 말은 "자연적"이라는 것 보다 훨씬 중요한 것이라는 인식을 쉽게 받게 되었다. 심지어 개혁파 사상가들에서도 이러한 예를 쉽게 발견할 수 있다. 여기서 나는 자신의 경건 훈련에 대해서 책을 썼던 브라껄(Theodore a Brakel, 1608-1669)을 언급하고 싶다. 그는 자기 부인과 아이들, 교회와 목사로서의 자신의 직무, 자기 주변의 일상에서 일어나는 것에 대한 아무런 언급도 하지 않은 채 그 책을 썼다. 하지만 우리는 이와 같은 예를 성경에서 결코 발견할 수 없다. 성경에는 때에 따라 애통하고, 죄를 고백하고, 감사하는 사람이 등장한다. 그러한 표현은 항상 원수, 가족, 자신의 백성과 연관된다. 성경에 나오는 기도에는 세상이 포함되어 있다.

때때로 수련이 신비주의적 경향으로 흐르기도 했는데, 그러나 이런 식의 수련이 결코 개혁파 계통에서 번창할 수 없었던 것은 결코 놀랄 만한 일이 아니다. 신비주의는 경건 훈련을 영적인 곡예로 바꾸었다. 그것으로 인해 대부분의 사람들이 뒤로 물러서거나, '포도가 너무 높이 달려있기 때문에 딸 수 없다'고 한숨만 내쉰다. 이런 종류의 수련은 수련 입문자라는 엘리트 집단을 만들어 낸다. 그러나 성경이 묘사하는 경건훈련은 모든 그리스도인들을 위한 것이어야 한다.

둘째, 우리는 수련에서도 경우론과 비슷한 발전을 볼 수 있다. 즉, 모든 것은 명확하게 규정하고 도식화하는 것이다. 영적인 삶을 위한 어떤 모델이 만들어지고, 그것이 곧바로 모든 사람들을 위한 규정이 된다. 그리스도인의 자유에 대해서 어떤 여지도 남지 않는다. 그러나 표현의 영역에서도 자유의 공간이 필요하다. 우리가 경우론과 관련해서 지적한 너무 세밀한 적용들이 수련에서도 동일하게 나타나는 것이다.

수련이 폐지된 또 하나의 이유가 남아 있다. 우리는 지금 우리 모두에게 어려운 주제를 다루고 있다. 하이델베르크 교리문답은 기도는 우리가 하나님께 돌리는 감사의 주요한 부분이라 말한다(제45주). 그러나 기도를 위해 시간을 구별하는 것이 우리에게 얼마나 어려운 일인가? 기도는 내적인 평화와 고요함을 요구한다. 우리들은 우리 자신과 다른 사람들에 너무 바빠서, 우리가 하는 활동으로부터 스스로를 떼어

내고 하나님과 만나는 시간을 가지는 것은 정말 어렵다.

4. 영성: 필수불가결한 맥락

오늘날 우리가 과거 수련이라는 영역을 통해 얻었던 소중한 유익들을 놓치는 것은 참으로 유감스러운 일이다. 그럼에도 우리가 오늘날 "수련"이라는 용어에만 매여 있는 것도 더 이상 적절하지 못하다. 수련이라는 단어가 이제는 부정적인 인상을 가지고 있기 때문이다. 그러나 수련이 가지는 그런 부정적인 인상은 우리가 수련이라 부르지 않고 이제 영성이라고 부를 때 사라진다. 내가 마음에 두는 영성은 이 장의 서두에서 묘사했던 것과 같은 영성이다. 당연히 영성이라는 단어 자체에 설명이 필요하다. 몇몇 사람들의 사용에서 영성은 모든 것을 포함할 수 있다. 모든 위대한 종교는 영성과 수련을 포함한다. 그리스도인들에게 영성이란 용어는 우리가 성경에 계시된 삼위 하나님과의 교제를 성찰하는 것으로 요약된다.

다른 책에서 이미 나는 윤리학과 관련해서 영성이 의미하는 바가 무엇인가를 보다 광범위하게 논의한 바 있다. 나는 영성을 사도신경과 연관지어 논했다. 사도신경에는 삼위 하나님을 믿는 것이 무엇을 의미하는가에 대해 간단하게 요약되어 있다. 기독교 윤리는 이러한 영적인 맥락과 상관없이 별개로 결코 존재할 수 없다. 기독교 윤리는 사람과 사람간의 관계를 다룬다. 그러나 기독교 윤리가 어떻게 사람간의 관계를 다루는가는 영성에 달려있다. 영성은 기독교 윤리의 역동성을 결정한다.

위대한 신학자 칼 바르트(1886-1968)는 비록 미완이지만 『교회교의학』(*Church Dogmatics*)이라는 방대한 책을 저술했다. 여기서 그는 교의학과 윤리학을 서로 밀접하게 연관시키고 있다. 그는 교의학과 윤리학을 분리해서 다루지 않았다. 그 책에서 그는 먼저 교의적 측면을 다루고, 나중에 윤리적 측면을 다루었다. 구체적인 윤리적 주제를 다루면서 그는 주일 성수, 하나님에 대한 찬양과 신앙고백, 기도 이렇게 세 가지 주제를 조망하면서 시작하고 있다. 바르트와 같은 방식으로 윤리학에 접근하는 것은 보다 매력적이다. 우리는 한 주의 시작을 (주간에 일어나는 많은 윤리적 문제들도) 주일에서부터 시작한다. 우리가 진정으로 하나님을 찬양하고 기도의 능력을 깨달을 때, 율법주의나 인본주의와 같은 잘못된 길들은 아예 그 시작부터 발을 붙이지 못할 것이다.

윤리학은 답답하고 편협한 정신을 피하는 진지한 노력이다. 그러나 그것은 윤리학이 선한 영성에 의해 영양분을 공급받는 한에서 그러하다. 선한 영성은, 기도를 하든지 성경공부를 하든지, 일요일이든지 집에 있든지, 이론적인 것을 넘어서서 구체적인 경건의 훈련으로 가야만 한다. 영성은 장식이 아니라 책임있는 행위(responsible conduct)를 위해 절대적으로 필요한 것이다.

5. 참고문헌

Douma, J. *Christelijke levensstijl.* 2nd ed. Kampen: Kok. 1993.

Geesink, W. *Gereformeerde Ethiek.* Vol. 2. Kampen: Kok. 1931.

Kuyper, Abraham. *Encyclopaedie der Heilige Godgeleerdheid.* 2nd revised edition. Vol. 3. Kampen: J. H. 1909.

제 14 장
참고문헌

1. 일반 윤리학

Frankena, W. K. *Ethics. Englewood Cliffs*, NJ: Prentice-Hall. 1973.

Holmes, R. L. *Basic Moral Philosophy*. Belmont, CA: Wadsworth Publishing Company. 1993.

MacIntyre, Alasdair. *A Short History of Ethics: A History of Moral Philosophy from the Homeric Age to the Twentieth Century*. London: Routledge & Kegan Paul. 1967.

Mackie, J. L. *Ethics*. London: Cox & Wyman. 1990.

Singer. P., ed. *A Companion to Ethics*. Oxford: Blackwell. 1991.

2. 기독교 윤리학

Brunner, E. *The Divine Imperative: A Study in Christian Ethics.* New York: The MacMillan Company. 1937.

Douma, J. *The Ten Commandments: Manual for the Christian Life.* Translated by Nelson D. Kloosterman. Phillipsburg, NJ: P & R Publishing. 1996.

Henry, Carl F. H. *Christian Personal Ethics..* 2nd edition. Grand Rapids: Baker Book House. 1979.

O' Donovan, Oliver. *Resurrection and the Moral Order: An Outline for Evangelical Ethics.* 2nd edition. Grand Rapids: Wm. B. Eerdmans Publishing Company. 1994.

Thielicke, Helmut. *Theological Ethics.* Edited by William H. Lazareth. Vol. 1: *Foundations.* Grand Rapids: Eerdmans Publishing Company(reprint). Vol. 3: *Sexual Ethics.* Translated by John W. Doberstein. Grand Rapids: Eerdmans Publishing Company (reprint). 1979.

White, R. E. O. *The Changing Continuity of Christian Ethics.* Vol. 2: *The Insights of History.* Exeter: Pater Noster Press. 1981.

CHRISTIAN LITERATURE CRUSADE

사단법인 기독교문서선교회는 청교도적 복음주의신학과 신앙을 선포하는 국제적, 초교파적, 비영리 문서선교기관입니다.

사단법인 기독교문서선교회는 한국교회를 위한 교육, 전도, 교화에 힘쓰고 있습니다.

만일 당신이 예수 그리스도와 그리스도인의 생활에 대하여 알기를 원하시면 지체 말고 서신 연락을 주십시오. 주 안에서 기쁜 마음으로 도움을 드리겠습니다.

서울시 서초구 방배동 983-2
Tel. (02)586-8761~3

사단법인 기독교문서선교회

개혁주의 윤리학

Responsible Conduct : An Introduction to Christian Ethics

1994년 3월 25일 초판 발행
2003년 3월 10일 개정판 발행
2023년 3월 10일 개정판 6쇄 발행

| 저　　자 | J. 다우마
| 역　　자 | 신원하
| 펴 낸 곳 | 사)기독교문서선교회
| 등　　록 | 제16-25호(1980. 1. 18)
| 주　　소 | 서울시 서초구 방배로 68
| 전　　화 | 02) 586-8761~3(본사)　031) 942-8761(영업부)
| 팩　　스 | 02) 523-0131(본사)　031) 942-8763(영업부)
| 홈페이지 | www.clcbook.com
| 이 메 일 | clckor@gmail.com
| 온 라 인 | 기업은행 073-000308-04-020, 국민은행 043-01-0379-646
예금주: 사)기독교문서선교회

ISBN　978-89-341-0454-6 (93230)

* 낙장·파본은 교환해 드립니다.

CLC 도서안내

기독교 윤리학

노르만 L. 가이슬러 지음 / 위거찬 옮김 / 신국판 / 436면

본서는 윤리학에 관한 과거 저작들의 수정판이나 개작이 아니라 완전히 새로 쓰여졌다는 점에서 또 하나의 큰 의미를 지닌다. 저자는 본서를 통해 현재 그리스도인들이 직면한 윤리적 제 문제들을 하나님이 계시한 진리의 기준으로 꿰뚫어 볼 것을 도전하고 있다. 이 책이 기본적인 윤리적 대안들과 제 논점을 고찰하고자 하는 사람들에게 유용한 교과서가 될 것이다.

기독교문서선교회